三國

公元197—207

之 THREE KINGDOMS

决战中原

宿魏 著

辽宁人民出版社

© 宿　巍　2017

图书在版编目（CIP）数据

三国之决战中原：公元 197–207 / 宿巍著. —沈阳：
辽宁人民出版社，2018.1
ISBN 978–7–205–09092–0

Ⅰ.①三… Ⅱ.①宿… Ⅲ.①中国历史–汉代–通俗
读物 Ⅳ.①K234.09

中国版本图书馆 CIP 数据核字（2017）第 231594 号

出版发行：辽宁人民出版社
　　　　　地址：沈阳市和平区十一纬路 25 号　邮编：110003
　　　　　电话：024-23284321（邮　购）　024-23284324（发行部）
　　　　　传真：024-23284191（发行部）　024-23284304（办公室）
　　　　　http://www.lnpph.com.cn
印　　刷：辽宁星海彩色印刷有限公司
幅面尺寸：170mm×240mm
印　　张：16
字　　数：252 千字
出版时间：2018 年 1 月第 1 版
印刷时间：2018 年 1 月第 1 次印刷
责任编辑：赵维宁
封面设计：异一设计
版式设计：留白文化
责任校对：常　昊
书　　号：ISBN 978–7–205–09092–0
定　　价：39.80 元

一部《三国演义》令三国的故事在中国家喻户晓、妇孺皆知，刘备、诸葛亮、关羽、张飞等人物形象更是深入人心。茶余饭后，人们津津乐道于三国故事，诸如吕布戏貂蝉、关羽温酒斩华雄、诸葛亮借东风，一代代口耳相传，这些《三国演义》中的精彩描写，是很多人对三国历史的最初了解。

然而，故事不是历史，演义只是小说。《三国演义》中的很多人物、故事在历史中并不存在。吕布从未戏过貂蝉，因为历史上就没有貂蝉这个人；关羽更不曾斩过华雄，那是孙坚的功劳；赤壁的东风也不是诸葛亮借的。总之，三国的历史有很多事情没有说清，而这套书就是告诉大家历史上真实的三国。

三国并不是魏蜀吴，而是汉魏吴，刘备建立的是汉而非蜀，前者是受演义小说误导约定俗成的叫法，真正的三国其实是汉魏吴。

《三国志》是研究三国历史的重要史书，然而它是文言又惜墨如金，有时语焉不详，有时欲言又止。本套书根据正史，并吸收最新的研究成果，以通俗的语言、生动的故事，还原三国的本来面目。

历史上曾经出现过不止一次的三国鼎立，而此三国有它的特殊性，因为从时间上算，从184年开始到280年结束，它的前半程属于东汉，后半程属于西晋，留给三国鼎立的时间并不长。

虽然时间很短，却涌现了数不尽的英雄，留下了讲不完的故事。故事很长，还请您慢慢品读。

真实的历史并不枯燥，甚至比演义小说更精彩。拨开人为制造的重重迷雾，本书带您走进真实的历史，让您了解被刻意隐藏的三国真相。

目录

决战中原

第一章

问鼎中枢

——挟天子以令诸侯

（一）执掌大权

曹操将汉献帝接到许县，朝廷也随之搬到许县，小小的许县一下涌进这么多人，显得拥挤不堪。

之前名不见经传的中原小城一夜之间成为大汉王朝的政治中心。

汉献帝驾临前，曹操令人重新整修，但也只能勉强达到皇家最低限度的居住要求，这里不同洛阳、长安。小城不仅小，而且破，仅能安排下皇帝及朝廷主要衙署的办公场所。至于其余人等，只能城外安置。

随着形势的稳定，四方涌入许县的人日渐增多，曹操下令增筑一座外城用来接纳"外来人口"。原来的小城事实上成了内城——宫城，新建的外城规模比内城大出四五倍。

许县的东汉朝廷已经成为曹操的私家花园，为了让自己的花园里不长"杂草"，建安元年（196）九月，曹操迫不及待开始清除异己。一朝天子一朝臣，这是自古及今通用的政治法则。

就在很多衙门还在小城里四处寻找落脚之处的时候，曹操已经开始着手调整朝廷的人事结构，许多公卿大臣被体面地请出朝廷。

第一批被请出去的是位高但权不重的政治花瓶——三公，司徒淳于嘉、太尉杨彪、司空张喜同时被免去三公职务。几人中，资历最深的是太尉杨彪，之前在天子劫持事件中，杨彪为维护朝廷仅存的尊严，挺身而出，据理力争，当众质问军阀郭汜，虽未能扭转局势，但其不畏刀兵的勇气却令人肃然起敬，也赢得了朝野的一致赞许。

杨家跟袁家一样都是东汉一朝数得上的名门大族。

靠着高贵的出身，当然还有自身能力，杨彪从议郎开始，一路升迁，先后担任侍中、京兆尹、南阳太守、太仆、卫尉。兴平元年（194），杨彪接替朱儁出任太尉。司空、司徒、太尉，杨彪都做过。朝臣中能做一个就已足够荣耀，他却三个都当过，杨彪在朝廷的地位，用德高望重形容也不为过。

杨彪出身名门，在朝为官多年，资历深厚，知名度远非曹操能比。但人怕出名猪怕壮，杨彪的大名并未给他带来好运，反而惹来麻烦，曹操早就想收拾杨彪。

为了尽快在朝中树立威望，曹操首先将打击矛头对准了朝中元老，尤其是那些出身名门不肯依附的大臣。

许多大臣死于长安之乱，献帝逃难途中又失散不少公卿，留下大批空缺，对这部分本就空着的职务，不需撤换，很好安排，曹操将大批亲信补充进来。

之前因胁迫而封的车骑将军李傕、骠骑将军张济、后将军郭汜等被撤销，征北将军李乐、征西将军胡才、安东将军张杨等在逃难途中滥封的将军，或逃或亡，也要重新任命。

在曹操暗示下，朝廷对文武官员重新进行调整，该撤的撤，该免的免，该换的换，经过一番运作，朝廷面貌"焕然一新"。

但对杨彪这种在朝野都享有声望的人，曹操还是比较慎重。

不久，为庆祝乔迁新居，朝廷举行盛大宴会，朝中文武百官悉数到场。杨彪等人更是早早就到了，但主角曹操却迟迟不露面。如此重大的场合，满朝文武都到齐了，连皇帝陛下都到了，唯独不见曹操的人影。

曹操不来，宴会不能举行，皇帝跟百官只好等着，这时就看出谁才是真正的掌权者了。面对此情此景，元老重臣杨彪坐不住了。这简直是不把皇帝和朝廷放在眼里，憋了一肚子气的杨彪，又不好发作，只能坐在那里独自生闷气。随着时间的推移，脸色也越来越难看，从大红变成猪肝色。

等候多时，众人期盼已久的曹操姗姗来迟。

曹操器宇轩昂地走进会场，淡定地坐到自己的位置上，曹操的座位距杨彪很近，所以曹操很快就看见了杨彪那张因愤怒而扭曲变形的老脸。

虽然杨彪只是为了表达自己的愤怒，并没别的意思，完全是面由心生，但曹操却想多了，他不能不多想，乱世里阴谋诡计大行其道，稍不留神就会身首异处，长期搅在政治的旋涡里，对一切保持高度的警觉是生存的需要。曹操也是习惯成自然。

杨彪不自然的表情引起了曹操的怀疑，熟知历史的曹操自然就联想到鸿门宴，曹操想到这，不由得背后冷汗直冒。酒没喝上几口，就借口有事匆匆离开。回到自己的军营，曹操悬着的一颗心才落地，只有军营才安全。

事后，曹操派人探明杨彪等人并未搞阴谋诡计，只是虚惊一场。但本来兴致很高地去赴宴，却被吓了回来，就算没阴谋，受到惊吓也是不可饶恕的罪行。

本来就看你不顺眼，竟敢给老子脸色看。

这之后，曹操总找机会想"惩治"杨彪，但曹操知道杨彪出身世家名门，历任三公，在朝中人望极高，要收拾他并不容易，至少要找一个可以压服众人说得过去的借口，才好下手。要是找不出一个合适的理由，恐怕人心不服。

机会说来就来，给曹操提供机会的人正是曹操的对头袁术，袁术干了一件轰动天下的大事，连袁绍、曹操都不敢做的事，袁术不顾部下、盟友的强烈反对，公然在淮南称帝。

顺便提一句，袁术跟杨彪是儿女亲家，袁家与杨家都是高门大族，为在官场上彼此照应，政治联姻在当时的上流社会很流行。这是朝廷中那些混迹官场多年的官僚斗争经验的总结。

风云变幻的朝廷，到处都是陷阱，可靠的政治盟友是生存的需要，想在尔虞我诈的朝廷里生存下去、飞黄腾达，单凭一己之力是很难做到的，即使是袁氏这般的政治世家也是如此。

杨彪当初选择与袁术联姻，抱的无非也是这个目的，但令他万万没想到的是，本准备自保的政治联姻，反而给他招来一场杀身大祸，并险些为此丢了性命。

袁术在淮南称帝，大封文武，又是祭天又是封后，他自己是过瘾了，却把亲家杨彪给害惨了。袁术此时远在淮南，曹操暂时还奈何不了，但杨彪近在眼前，又是文官，收拾起来毫不费力。曹操缺的只是一个借口。

曹操正愁没机会！袁术就给他提供了一个冠冕堂皇的理由。这下曹操总算抓住了杨彪的把柄，袁术既是汉朝叛臣，作为叛臣家属，杨彪自然是逃不过去的，更何况曹操本就存心要整他。

曹操以杨彪跟袁术串通妄图谋害皇帝的罪名将杨彪关进监狱。给杨彪安上这么一个罪名，说明曹操压根就不打算让杨彪活着走出监狱，曹操存心要"法办"杨彪。罪名如成立，杨彪必死无疑。就在杨彪命悬一线，即将人头不保时，危急时刻，有一位世家子弟挺身而出，站出来为杨彪说话，此人就是鲁国大丈夫孔融

问鼎中枢

孔文举。

孔融被刘备成功解救后，虽然保全了性命，但处境艰难，局势日趋险恶，孔融这等书生身逢乱世，却是生不逢时，兵荒马乱，风雅名士如孔文举者没有了用文之地。名士风流的孔融惆怅之余，只能抚琴赋诗打发时光。

生在乱世的孔融是不幸的，偏偏他还有文人的傲骨与脾气，因为得罪董卓，被发配北海——黄巾重灾区，本是来"围剿"黄巾，却被黄巾围剿，要不是刘备及时出手相救，孔融早已不在人世。

但刘备只能救他一时，不能保他一世。况且，此时刘备自己也在四处漂泊，自身难保。之后的几年，北海局势依旧糟糕，黄巾及散布各地的土匪山贼此起彼伏，孔融无力征讨，只能困守孤城，苦度岁月。

乱世中，为求生存，各路诸侯都结盟互助，孔融也爱交友，但此友非彼友，袁绍、曹操的那种军事同盟，孔融才不感兴趣。他喜欢的是文人雅聚。

乱世中的孔融保持着清高文人特有的那份孤傲，与身处的时代显得是那么地格格不入。

三国之决战中原

即使实力雄厚如袁绍也要拉上曹操，联络刘表。兵精将勇，谋略过人如曹操也要有后援袁绍。徐州陶谦、幽州公孙瓒、淮南袁术更是结成攻守联盟，目的无非是在乱世中生存下去，各路诸侯几乎都有盟友，战国时代的远交近攻、合纵连横又重现当世。

但实力最弱守着几座破城度日的孔融，却依旧奉行"光荣独立"，对各方诸侯不理不睬。实力弱小又缺乏外援，这是乱世里最理想的吞并对象。于是，孔融"备受欺凌"，地盘越来越小，手下兵马越打越少。

眼见形势险恶，孔融的部下左承祖出于好心规劝孔融，尽快寻找一个强大的外援做依靠。但孔融不但不听还杀了左承祖。

一意孤行不听良言相劝，孔融终于品尝到了自己种下的苦果。

袁绍长子袁谭，字显思，豫州汝南人，受父命都督青州，后被曹操掌控的朝廷任命为青州刺史。但曹操给的不过是一张委任状，至于地盘，还要靠袁谭自己去抢。

袁谭初到青州，所据有的不过一个平原郡而已，这时的袁谭与其说是青州刺史，倒不如说是平原相更为恰当。

但袁谭颇有雄心，他不像书生孔融，只求高朋满座、杯中酒不空。袁谭的目标很明确，他要的就是青州。

到青州后，袁谭首先率兵北上进攻公孙瓒手下的青州刺史田楷，刘备就曾在田楷手下为将。袁谭与田楷恶战两年，最终田楷还是没能打过袁大公子，被后者赶出青州。

袁谭为扩充部队，派部下到青州各地到处招兵，但效果很令他失望，于是袁谭下令挨门逐户地核查适龄青壮年。那些有钱人家通过打点官差，被免除兵役，最后被征上来的都是贫苦百姓的子弟。贫苦百姓虽然没钱，但脚长在自己身上，交不起钱，可以逃。

于是在青州的市井集镇、田间地头，经常可以看到袁谭的手下在到处抓兵，情形类似民国时代的抓壮丁。

通过野蛮征兵（主要靠抓），袁谭的军力迅速壮大，实力跃升为一州之首，称霸青州。

成功驱逐田楷后，袁谭将孔融锁定为下一个目标。相比于田楷，孔融就容易对付多了，袁谭知道不会有人来救孔融，刘备那样的热心肠毕竟不多，可以放心地打、随心所欲地打。此时正是 196 年，孔融的救命恩人刘备正被袁术、吕布算计，自顾不暇也救不了孔融。

书生孔融哪里是军阀袁谭的对手，被追着打，连还手的机会都没有，一路打一路退，最后又回到老地方都昌城，坚守不出。

孔融缩在城里，不敢出战，但袁谭对付这套也有办法，不出来没关系，那就长期围困。反正也没人来救你，不用担心被人抄后路。

袁谭执着地带兵围攻小城都昌，从春天打到夏天，在袁谭不懈的围攻下，孔融部死伤惨重，袁谭可以从外面源源不断地补充兵员，孔融就没办法了，他连城都出不去，自然没处招兵，结果手下的人越打越少，最后只剩下几百人。

但困守孤城的孔融仍保持名士风度，每天依旧坐在几案上，谈笑风生。有时箭射到几案上孔融也不在意（很可能是装的）。但孔融气定神闲也挽救不了败局，最终都昌城还是被袁谭大军攻陷。

城破之时，孔融再也不装了，骑上匹快马，连老婆孩子也顾不上了，单人匹马逃进深山。这时曹操在许县重建朝廷，听说孔融的遭遇后，念在旧交的情分将孔融招进朝廷，曹操跟孔融早年在洛阳时就相识，也是故人。

（二）孔融救杨彪

曹操热情接待了失意落魄的孔融，考虑到孔融的家世背景及本人实际能力（除了喝酒写诗啥也不会），让孔融做了将作大匠。曹操是想利用孔融的名气，招揽天下才俊，使许县朝廷迅速得到天下认同。像孔融这样的名士越多越能加重朝廷的权威，曹操压根也没指望孔融能为他效力。

当孔融听说曹操要杀杨彪，反应异乎寻常地强烈，情绪激动的孔融连朝服都来不及穿，穿着一身便服就急匆匆来找曹操，替杨彪求情。曹操听说孔融急着要见自己，颇感意外。

思虑片刻，曹操就明白了，孔融一定是来给杨彪求情的，杨家跟孔家都是书香门第名臣之后，交情素来深厚。既然要见那就让他进来吧。这时的曹操可谓求贤若渴，与急速扩大的地盘相比，他更需要的是人才。因此，曹操特别需要孔融这样的社会名流为自己造声势扩大影响，所以曹操对名士是相当尊敬的，礼贤下士、海纳百川，方能招揽四方豪杰，令天下归心。所以尽管明知道孔融来找自己说情，曹操还是笑脸相迎。

孔融一进门也不客气，开门见山："杨公一门四代在朝为官，对朝廷忠心耿耿，古人有云：'父子兄弟罪不相及'，何况只是亲家。还请您明镜高悬对杨公高抬贵手。"

曹操故意装无辜，说："此事并非我意，这是朝廷的决定，我虽然身居高位但也要遵从皇帝的旨意。"孔融听了心里暗骂，你糊弄谁啊！我家也世代为官，官场这一套你懂我也懂，跟我打什么官腔，明明就是你要杀人，谁不知道现在许县城里你曹操一言九鼎。但心里这样骂，表面上还不能这么说。

孔融一肚子学问这时也不得不用了，说道："如果周成王要杀召公，周公能说不知道吗（周公是周武王的兄弟，辅佐武王的儿子周成王，在周朝大权在握说一不二，召公也是朝廷重臣，孔融的意思，你曹操就是当朝周公，这事你岂能不知）？如今天下士大夫之所以仰慕崇敬您，乃是因为您的仁德宽厚，如杀戮无辜大臣，必令天下寒心，谁还愿意归顺朝廷？我孔融堂堂鲁国男儿，明天就不再上朝！"

孔融戳穿了曹操的遮羞布还扬言罢朝，这样明目张胆地跟自己过不去，还以不上朝相威胁，孔融明知道这时曹操需要他的支持，就以此要挟，这让曹操十分难堪又非常恼火。

但眼下还不是跟孔融翻脸的时候。曹操的脸本就白，此刻早已被气得面无血色，咬着槽牙放了人，不过两人的梁子也就此结下。曹操把这笔账记在了孔融身上，大人物有大人物的肚量，君子报仇、十年不晚。虽然在很多人眼中曹操并不能算作君子。

孔融其实也并非不知"如此"任性的后果，但正所谓江山易改本性难移，孔融不知收敛的性格最终送了他的性命，性格决定命运。孔融最后还是难逃曹操的魔掌，杨彪最后的下场也比较惨，虽说自己逃过一劫，但儿子杨修终究还是没能逃过去。

自从回到许县，这些日子曹操的心情一直不错，许县朝廷已是他的天下。经过他不遗余力地调整与改造，朝廷里的各重要部门到处都有他的亲信，就连皇帝身边也全是他的耳目，小皇帝的一举一动都在他的掌握之中。

被视为朝廷中枢的尚书台，其最高长官是尚书令，这一重要职务，曹操交给了首席大谋士荀彧。荀彧练达持重，是尚书令的合适人选。曹操时常不在朝中，大小事务都交由荀彧处理，荀彧的忠心与才干让曹操少了后顾之忧，得以全力经略中原。

曹操先后任命钟繇、程昱为尚书仆射、尚书协助荀彧，但此二人，程昱同时兼任济阴太守，长期坐镇兖州，难以分身；钟繇不久也被派去关中镇抚马腾、韩遂。对此二人的任用，亦是曹操善于用人的典范。

程昱是兖州当地人，熟悉本地情况，在与吕布的两年争战中，程昱的胆识、忠诚、才干逐一得到检验，将兖州交付此人，实乃明智之举。

而派钟繇去关中也是事出有因，钟繇曾在朝中做过黄门侍郎，那时朝廷尚在长安，正值李傕、郭汜叛乱引发长安之乱。当时曹操刚当上兖州牧，派使者前往长安朝觐，李傕、郭汜本想扣留曹操来使，是钟繇从中斡旋，为曹操美言。钟繇因在长安日久，熟知关中事务，而荀彧也多次向曹操推荐钟繇，加之之前的出言相助，曹操这才将关中托付钟繇，钟繇以侍中、司隶校尉的身份，持节都督关中。曹操特许他，若事有紧急，不及上报，可先行处理的特权。

曹操手下的心腹将领曹（夏侯）家将，则主要统领部队担任地方郡守，夏侯惇先后做过兖州的东郡、陈留、济阴太守，夏侯渊出任过陈留（兖州）、颍川（豫州）太守。

曹操将皇帝接入许县后，想试一试汉献帝这个图章有没有效力，便下了一份诏书以训斥的口吻，责备盟友袁绍。

曹操跟袁绍是发小，从洛阳出逃后，开始各自的奋斗历程。但两人经常互相帮助，特别是袁绍，曹操被吕布抄后路无家可归时，要不是袁绍接济钱粮，派兵增援，全力支持，曹操要收复兖州还不知要付出多大代价。但曹操也为袁绍出力甚多，曹操多次率兵助袁绍围剿黑山、北征公孙瓒，打了不少仗。

袁绍跟曹操联手并肩作战同公孙瓒、袁术、陶谦对抗，两兄弟配合默契，将后者打得节节败退、丢城失地，但这种互相利用的"友谊"在乱世里注定长久不了。

以汉献帝名义给袁绍的这份诏书里，曹操以皇帝的口吻把袁绍狠狠地训了一顿，说袁绍地广兵强，却只顾自己四处扩张，不以汉家社稷为念。朕在长安受苦，你却在河北作威作福！袁氏世受汉恩，却不思报效，不来勤王救驾，太令朕失望了。

袁绍接到诏书，当场差点气晕过去。不用问，皇帝干不出这事，肯定是阿瞒这厮干的，这家伙从小就一肚子坏水。才把皇帝弄到手就开始冒坏。

尽管袁绍明知是曹操在背后捣鬼，但诏书毕竟是以皇帝名义发出的，袁绍虽说一直对董卓拥立的汉献帝缺乏热情，但皇帝毕竟是皇帝，自己名义上也是大汉臣子，自己能在河北有一呼百应的号召力，也是袁氏四世三公汉朝名臣之后的影响。

袁绍心里虽然极不情愿，但皇帝公开批评自己，身为大臣，袁绍还不得不做深刻检讨。明明吃了亏，袁绍还要苦着脸写检讨。当然了袁绍不会自己写，而是让手下的笔杆子陈琳捉刀代笔，而陈琳也不负才子之名，硬是将一篇检讨书写成了表功书。此书名义上是检讨，实际通篇写的都是袁绍的政绩，挂的是羊头，卖的却是狗肉。

在这篇奇文中，陈琳以袁绍的口吻一开篇就是表忠心，述说自己对国家的忠诚，说我袁绍忠勤于国事，当年在京师，大将军何进被宦官所害，远近惶恐，是臣亲率家兵奋勇向前，讨平凶逆。后值董卓乱政，又是臣据理力争，以致惨遭灭门之祸（指太傅袁隗等在京被杀）。

近年黄巾猖獗、黑山跋扈，又是臣亲统大军，深入捕剿，扫平河朔。

公孙瓒率兵南侵，臣赖陛下天威，每战必克，大挫其势。陛下遣太仆宣令，臣即日罢兵（言下之意，我可是唯陛下之命是从）。长篇大论，中心思想就是一句话：臣于陛下无罪，于社稷有功。

不管袁绍如何辩白，这一回合，他输了，输给了实力声望远不如他的曹操，虽说认错做检讨比较丢人，但袁绍也没啥损失。

但这是一个危险的信号，曹操已经羽翼丰满，即将展翅高飞，不再需要他，这是袁绍第一次输给曹操，但不是最后一次。两个北方枭雄的生死对决为期不远矣。

所谓训斥不过是政治恶作剧。

不久，曹操以朝廷名义任命袁绍为太尉，太尉乃三公之一。曹操给袁绍的待遇不算低，但袁绍并不领情。相反，得知自己被封太尉，袁绍大为恼火。

袁绍生气是因为他得到消息，曹操的官职是大将军，袁绍不要太尉，非要做大将军。

以名士领袖自居，一向自视甚高的袁绍，从心里瞧不起曹操，袁绍内心深处始终有一种居高临下的优越感。袁绍放出话来，曹操想干什么，难道他想挟持天子来命令我吗？曹操这个人，好几次都命悬一线，若非我出手相救，他早死多时了。

袁绍动怒，消息不久传到许县曹操耳里，曹操听说后，主动将大将军一职让给袁绍，并派将作大匠孔融持节作为特使，前往袁绍的邺城封拜，改封袁绍为大将军、邺侯。曹操自己"屈尊"做了司空、代理车骑将军。袁绍找回面子这才不闹了。

曹操之所以让步，是因为袁绍的话虽然难听，却是事实，袁绍确实帮过他好几次，而且都是在最关键的时候，所以曹操不反驳。不过，主因还是曹操此时的实力远不能跟袁绍相比，人在矮檐下不得不低头。为了扫平天下，必须隐忍，此所谓小不忍则乱大谋也。

（三）袁绍集团的主客之争

失去了才懂得珍惜。相信袁绍对这句话一定非常认同。当曹操利用皇帝颐指气使发号施令的时候，袁绍这才意识到，那个曾经被自己认为一钱不值的皇帝实在是个难得的宝贝。但后悔已经晚了。

本来，袁绍是有机会的，相对于曹操，兵强马壮的袁绍更有机会淘到这个宝贝。早在曹操行动之前，就有人给袁绍献计，让他将汉献帝接到自己身边加以利用，以皇帝之名对各路诸侯发号施令，中心思想概括起来就是挟天子以令诸侯。

但在这个关键问题上，袁绍犯了错误。袁绍为什么不愿意接汉献帝呢？

009

问鼎中枢

说来话长。当初这个皇帝是董卓立的，袁绍曾强烈反对，也因为这个原因，袁绍才逃出京城成就自己反董斗士的美誉。但这也埋下了隐患，虽然当时袁绍的举动并无过错，但时过境迁，小皇帝已经是大汉天子，自己曾经反对当今皇帝登基，现在自己又要去主动迎接，袁绍有点舍不得自己那张老脸，而且，袁绍也怕皇帝记仇。对于帝位这个敏感问题，没有几个皇帝会有这样的胸怀，宽容自己的反对者，即使这个皇帝只是傀儡，袁绍也会觉得不舒服。

袁绍集团内部的窝里斗也是坏事主因。

自从袁绍在冀州开基立业，内部就以地域分成了针锋相对的两个阵营。

这两个对立派别不妨称之为豫州名士集团与冀州本土名士集团。因为袁绍本人是名士领袖，所以他的部下大部分也是名士，虽然在基本的价值取向上各地名士们大体一致，但一旦涉及具体的利益，矛盾就产生了。

本土的冀州名士集团认为来自豫州的名士分了自己的那份蛋糕，心里一直大为不快，有抵触情绪在所难免。但因为袁绍是豫州人，冀州人对外来势力的对抗不好过于公开，只能以半明半暗半公开的方式进行。

外来的颍川、汝南名士依仗是袁绍乡党，占据了众多位高权重的职务。冀州名士对此耿耿于怀。

袁绍对两派的勾心斗角心知肚明，但被夹在中间袁绍也不好过，只好在两派之间搞平衡，不过袁绍的天平还是时常向同乡倾斜，只不过，为了照顾本土势力，这种倾向不能过于明显。

两派经常为了各自利益，为一点小事争吵不休。有时，一方出于对抗另一方的目的，根本不关心事情本身，只是为了反对而反对。只要站在对方的对立面就好，事情本身反而不重要了。这么做虽然解气，但却很误事。在是否迎立皇帝的问题上，两派又吵成一团。

早在曹操行动的一年前，冀州名士沮授就提议将四处流浪的汉献帝弄到袁绍的大本营邺城来，提议一经提出，袁绍还未表态，颍川名士郭图、淳于琼等人马上站出来反对。

沮授等冀州人提议迎接皇帝除了为袁绍考虑之外，也想借机立功打压一直骑在自己头上的颍川人。郭图等人实际上也可能有相同的想法，但政敌先提出来了，当然不能成全敌人，于是只好反对。

沮授劝袁绍把皇帝接到邺城，如此可以利用皇帝的名义打压各地诸侯，好处多多。袁绍本来已经有点动心了。站在一旁的郭图等人见势不妙，赶紧出来阻

三国之决战中原

止，说您把那个傀儡弄到邺城有什么好处，他来了，他为君，咱是臣，凡事总要向他请示，这不是给自己找不自在吗？如果政见不合，我们是听他的还是不听他的？听他的，那咱们不就没有自主权了吗？如果不听他的，那就是违抗君命，这不就给敌人提供了进攻我们的口实了！

袁绍听了郭图等人的话，觉得也挺有道理，又犹豫了。沮授见了，赶紧走上前进言："主公，现在迎接皇帝是千载难逢的良机，机不可失时不再来，要是让别人抢占先机，到时悔之晚矣，还请主公深思。"

袁绍最后还是听了郭图等人的话，把机会留给了对手曹操。

窝里斗给袁绍带来的损失远不止一个皇帝，袁绍集团最后的覆灭，外因当然是有强敌曹操，但内因就是败在窝里斗与内部不和上。

等曹操抢到皇帝，又利用这张王牌戏耍袁绍的时候，袁绍才发现自己犯了一个多么严重的错误。吃了哑巴亏的袁绍，只能品尝自己种下的苦果。

此时袁绍还想亡羊补牢，就派人给曹操带话，说你的许县城小狭窄潮湿，皇帝陛下身娇体贵如何受得，不如请皇帝搬到邺城来住，邺城气候清爽、风景宜人，是个宜居城市，曹操听了暗自发笑，这时候才想起皇帝，早干什么去了，婉言拒绝了袁绍的好意。

袁绍当初不愿意接皇帝，还有一个不能说出口的原因，那就是他自己也想当皇帝。既然自己要当，自然不能再请一个皇帝来。父祖的成就给了袁绍不小的压力，三公已是最高职位，再想超越，那就只有当皇帝了。三公再尊也是臣，皇帝才是君临天下的九五之尊。

思想积极要求进步的袁绍也萌生了称帝的心思。

不过，袁绍深知此事事关重大，谨慎起见，他先让自己的亲信主簿耿苞到处造谣散布舆论，说汉朝气数已尽，袁氏应天顺人理应称帝云云。大家谁也不傻，都知道，耿苞只不过是个小人物，背后撑腰的是袁绍。

袁绍本以为风声一放出去，部下们就会领会自己的意图，积极跟进。但没想到，招来的却是一片反对的声音，冀州集团与汝南颍川集团第一次达成一致，纷纷站出来反对。袁绍一见风头不对，马上把耿苞杀了，把责任都推到耿苞身上，说耿苞妖言惑众，耿苞成了替罪羊，而袁绍的皇帝梦也做到了头。

袁绍只好继续经营河朔，让外甥往并州渗透，派长子袁谭进攻青州。袁绍自己则把主要精力用来对付北面幽州的公孙瓒，袁绍忙于扩张暂时也就没工夫理会许县的曹操。

（四）颍川名士的春天

曹操在许县大扫除把朝廷里的反对派清扫干净后，开始组建自己的班子，这次整顿不同以往，以前自己只是兖州牧，部下至多是太守、县令，如今却不同了，自己位列三公，朝廷已在自己掌控之下。

论功行赏，大功臣首席谋士荀彧位列榜首，任尚书令、侍中，主持朝廷政务，侍中随侍皇帝左右，绝对不容忽视，所起的作用并非官品所能衡量。

这时，曹操发现自己手下的人才不敷使用，于是来找荀彧商量，曹操之所以找荀彧，是因为东汉一朝，颍川是名士之乡，颍川的"地方特产"就是名士，而颍川的荀氏家族是颍川乃至全国的名门望族，在朝野有着广泛的号召力。

颍川名士，在东汉尤其是汉末三国，十分活跃。袁绍那边受重用的也是这批人。

曹操对颍川名士的重视重用丝毫不在袁绍之下，而且在对颍川名士的选用上，他比袁绍更有优势，因为此时颍川就在他的势力范围之内，近水楼台先得月。

曹操懂得物尽其用、人尽其才。曹操将选拔人才的重任交给了荀彧。

荀彧没有辜负曹操的期望，给曹操推荐了一批人才，注意不是一个是一批，这些人在此后的岁月里为曹操雄霸天下立下了不朽功勋。在这份长长的名单里，荀彧的颍川同乡占了大部分。

如果把这份名单全晒出来会比较长，只说其中几个主要的，就知道这份名单的分量：荀攸、郭嘉、钟繇、戏志才，几人中除戏志才死得早名气不大，其他几位都是三国谋士中的实力派，随便一个都是三国迷心中的偶像，杀伤力极大。

对荀彧提供的这份名单，曹操没有犹豫，照单全收。曹操为什么对颍川人"情有独钟"呢？要搞清楚这个问题首先要明确一下当地的行政区划。颍川郡隶属豫州，豫州是曹操的地盘；而许县隶属颍川郡，许县是曹操的大本营。如此就清楚了。兖州士大夫的集体背叛给曹操的教训太深刻了。曹操有一个常人没有的优点，那就是同样的错误他不会犯第二回。

为了笼络收买豫州士大夫，换取这些人的支持，曹操向豫州名士敞开了怀抱，曹操治下的朝廷几乎成了豫州人，确切地说是颍川人的朝廷。得了实惠的颍川人为了保卫自己的利益，自然要为曹操卖命，曹操能统一北方全靠这些人在背后的支持，曹操只送出去几个官帽却赢回了大片江山，这笔买卖做得真是划算。

军师荀攸　荀彧推荐的第一位人才就是自己的本家侄子荀攸。

荀攸（157—214），字公达，豫州颍川郡颍阴（今河南许昌）人。荀彧的侄子。内举不避亲，荀彧做到了。如查家族史，仅仅荀攸这一支，就是如假包换的官二代。

荀攸的爷爷荀昙曾官拜广陵太守。荀攸的父亲荀彝做过豫州从事，而荀攸的叔叔荀彧是此时曹操手下红得发紫的第一谋士。有如此背景真是想不当官都不行。

荀氏一门自东汉以来人才辈出，荀攸作为荀氏子弟，很早就显露出英才本色。荀攸的爷爷荀昙去世时，荀昙的一个名叫张权的故吏主动要求给荀昙守墓，态度极其诚恳，让荀家人深受感动。

但当时年仅13岁的荀攸却看出了问题。一般来说看坟守墓这种事，除了亲生儿孙，外人没人愿意。整天守着一个死人墓，住着破草棚，还要吃素，到了晚上更是要多恐怖有多恐怖，如果不是墓主有大恩于人，基本不会有人来。

所以当张权主动提出守墓请求时，荀攸通过细心观察发现这人神色异常眼神漂移，认定此人有问题，他将自己的疑问告诉叔叔荀衢。荀衢亲自盘问，这一问不要紧，果然有问题，这人是个杀人在逃的案犯，因无处安身，这才想到用守墓做掩护，以躲避官府缉捕。如果不是荀攸及时发现，荀家就要犯包庇之罪。此事在颍川传开后，荀攸也成了远近闻名的名人。

大将军何进掌权时，为拉拢颍川名士争取后者对他的支持，征召包括荀攸在内的二十多位知名人士到京城洛阳做官。荀攸被任命为黄门侍郎。

董卓之乱时，关东诸侯起兵讨伐董卓，董卓为躲避锋芒迁都长安，这时，满朝上下乱作一团，秩序大乱。荀攸觉得这是个机会，就跟几个同朝为官的名士议郎郑泰、何颙、侍中种辑、越骑校尉伍琼等人商量趁机刺杀董卓为天下除害。事情筹划得差不多了，关键时刻，出了岔子，几个主谋荀攸、何颙被捕入狱。

在监狱里，平日高谈阔论的名士们一个个现了原形，何颙等人越想越怕，刺杀当朝太师，这是死罪，以董卓的手段，何颙很清楚自己会死得很惨，背负着沉重的心理压力，还没等董卓来杀他，何颙就给自己来个痛快，趁人不备在狱中自杀。

何颙死了，同在一个牢房的荀攸却表现得淡定自若，照吃照喝，全没当回事。也该着荀攸命大，就在要被拉出去砍头的时候，王允跟吕布发动政变诛杀了董卓，荀攸大难不死在鬼门关口转了一圈，安然无恙地出狱。之后荀攸回家休养。

不久，朝廷又征召荀攸出山，任命荀攸做任城相，任命下来了，但荀攸却不想去，不想去的理由也很简单，那里战火纷飞、局势动荡，荀攸不是曹操，不想只身犯险。

荀攸看出天下不久即将大乱，中原并非安身之地，荀攸反复考虑觉得还是益州地处偏远比较安全，那里地形险要、生活富裕，是个躲避乱世的理想场所。

于是，荀攸主动要求去蜀郡做太守，任命很快下来，荀攸出发了，可没走多远他就发现，局势比他想象的还要严重，路上到处是乱兵土匪，道路不通。被困在半路的荀攸，被迫转向去了荆州。那里有刘表镇守，比较安全，荀攸只好待在荆州观望形势。

曹操定都许县后，亲自给荀攸写信，请他回来给自己帮忙，并以朝廷名义征召荀攸为汝南太守。不久，荀攸到了许县，被任命为尚书。

曹操整天被颍川名士包围，对荀攸的大名早就如雷贯耳。荀攸来后，曹操亲自接见，一番交谈之后，曹操对荀攸非常满意，对身边的荀彧、钟繇说："公达，非寻常人物，我能得此人相助，何愁天下不定。"曹操当即让荀攸做了自己的军师。

接下来，荀彧又给曹操推荐了一个重量级的人物颍川人郭嘉郭奉孝。曹操一生谋士众多，但从私人感情论，曹操与郭嘉的感情是最为深厚的，若不是郭嘉英年早逝，他很可能成为曹操的托孤大臣。

曹操的孔明——郭嘉　郭嘉（170—207），字奉孝，豫州颍川郡阳翟（今河南禹州）人。少年时代的郭嘉胸怀大志，谈吐不俗，见识非凡，地方宿儒长辈往往也不如他，这个清瘦俊朗的少年有着与年龄不相称的成熟与睿智。

长大后，跟许多颍川老乡一样，郭嘉也随着名士们到河北投奔袁绍。袁绍亲自接见郭嘉，两人一番交谈后，袁绍还未表态，郭嘉却对袁绍失望了。

在经过了一番细致地观察后，郭嘉认定袁绍不是自己心目中的明主。于是，郭嘉选择了离开。

郭嘉临走之前，同在袁绍手下的谋士颍川同乡辛评、郭图前来送行，在送别的宴会上，因为都是自己人，郭嘉也就无所顾忌直言不讳。郭嘉对两位同乡大发感慨："智者聪明之处在于择主，只有投到英明的主公门下，才能建功立业名垂青史。袁公想学周公的招贤纳士，却只学会了皮毛，而未领会其中精髓。袁公善谋却缺乏决断的魄力，做事瞻前顾后优柔寡断，终难成大业。"

郭嘉挥一挥衣袖，没带走一丝云彩，回了故乡颍川。

郭嘉跟荀彧同为颍川人是至交好友，荀彧之前给曹操推荐了一个叫戏志才的名士，这位仁兄很对曹操的脾气，也给曹操出了不少好主意，深得曹操赏识，可惜，命短没过多久就去世了，这让爱才的曹操好不伤心难过。曹操还特意给荀彧

三国之决战中原

写了一封信："自从志才死后，我身边就少了一个出谋划策的军师，汝南颍川素来人才辈出，请您给我推荐几个候选人来接替志才吧。"

正巧，这时郭嘉从袁绍处归来，荀彧就把郭嘉推荐给了曹操。虽然是熟人同乡，但也要约谈，曹操跟郭嘉两人也进行了一场可以看作是面试的谈话，两位鬼才中的鬼才一见如故，大有相见恨晚之感，两人谈古论今，纵论天下形势，常常不谋而合。

谈话结束之后，曹操大喜过望："助我成就霸业澄清天下的必是此人。"郭嘉走出曹操军帐，也不禁面露喜色地说："此人真是我的主公。"

随后，郭嘉被任命为司空军祭酒。曹操官拜司空，郭嘉是曹操的人自然隶属于曹操麾下。从此郭嘉跟定了曹操，为曹操扫平群雄献计献策，曹操对他也几乎是言听计从，君臣二人，配合默契，两人对事情的看法常常不谋而合。

不过此时的郭嘉胸中虽有奇策，但因初来乍到，加之，曹操事务繁忙，暂时尚未得到机会展露才华，但是金子迟早要发光，很快，郭嘉就在曹操的众多谋士中崭露头角，用自己的实力证明这是一个属于他的时代。

接下来介绍第三位仁兄出场。

书法家——钟繇 钟繇（151—230），字元常，豫州颍川郡长社（今河南长葛东）人。

与荀攸、郭嘉不同，这位仁兄之所以出名不是因为智谋而是第二特长——书法。跟许多颍川出身的名士一样，钟繇的家世也非同一般，钟家在颍川一带是名门望族。钟繇也因此从小受到良好的教育，饱读诗书，而钟繇从小就酷爱书法。

这样一个出身富贵之家的公子，生活应当是相当滋润的，但事实上却恰恰相反，钟繇的命很苦，钟繇的爷爷因卷入党锢之狱，未能出来做官，一辈子都只是一介布衣，父亲又早逝，钟繇从小是被叔叔钟瑜抚养长大的。

虽然锦衣玉食，但过早失去父母的疼爱，让小钟繇早早品尝了人生的艰辛。钟繇注定要经历几多磨难，这也许是上天对他的考验。

一次，小钟繇随叔父钟瑜去京城洛阳办事，路遇一位相面的术士，相面也是我国的传统文化，这位相面先生与钟繇叔侄擦身而过，不经意间，看了钟繇一眼，当即惊叹："这个孩子一脸富贵相，不过，可能有水难，路上遇到水一定要格外小心。"

有时候，术士的话也是很准的，果然，钟繇叔侄向前走了不到十里，经过一座小桥时，叔侄俩乘坐的马车不知何故，拉车的马突然受惊，将坐在车中的钟繇抛入河中，幸亏抢救及时，钟繇才捡回一条命。

大难不死，必有后福。叔叔钟瑜见术士的话果然应验，不禁对自己的侄子刮目相看。从这以后，对钟繇另眼相待，比之前更为重视侄子的学业，不惜重金聘请名师教授钟繇读书。

长大后的钟繇，按照官场潜规则，花钱打通关节，买了个孝廉的出身，举孝廉步入仕途，钟繇先是做尚书郎，后被外放阳陵县令。之后又当过黄门侍郎。

之后的事，前文已述，不再重叙。

铁腕县令——满宠　满宠（？—242），字伯宁，兖州山阳郡昌邑（今山东微山）人。

满宠十八岁就当了山阳郡的督邮。真是厉害！督邮我们之前提到过，刘备好不容易做了县尉就因鞭打督邮惹上官司，督邮是太守的属官，专门负责行政考核，每次到下面视察，地方上的县官都要热情接待，唯恐惹恼督邮大人，吃不了兜着走。

十八岁的满宠能做督邮，能力之外，最主要的当然还是因为有背景。朝中有人好做官，没背景就算八十岁也要靠边站。

山阳郡以李朔为首的几个郡中大姓趁军阀混战，遍地饥民，大肆扩充私人武装，之后在附近郡县拦路劫财胡作非为，地方因此被搞得鸡飞狗跳，不得安宁。太守令满宠出来整顿秩序。

满宠领命后，将几个首领叫到衙门，狠狠训了一顿，效果立竿见影，李朔等人当场做忏悔状，表示今后一定痛改前非。

曹操当上兖州牧后，将满宠招入麾下做州从事。曹操做了大将军，此时朝廷搬到许县，许县相当于临时首都。首都的治安是最不好管的，当过洛阳北部尉的曹操对这一点深有感触，所以在许县县令的人选上，曹操颇费了一番脑筋。最后决定派满宠去。

满宠官袍加身走马上任，谁都知道，这个县官不一般，相当于洛阳的河南尹。当时，许县城里的曹家宗亲及其门下宾客，多有仗势欺人、横行不法者，这与当年洛阳城里的豪门贵戚如出一辙。

曹洪家下门客尤其嚣张跋扈，数犯国法。曹洪及其门客胆敢如此，也是事出有因，曹操严刑峻法崇尚法治，曹洪身为亲信，自然清楚，但他仍有恃无恐，因为曹洪当年救过曹操的命，所以，即使曹操本人也要给曹洪几分薄面。对其他人，曹洪更不放在眼里。

但满宠来后，情况大为不同，这位仁兄油盐不进铁面无私，谁的面子也不给。曹洪的门客，不出意外，再次犯法，事情报到满宠那里，满宠听说是曹洪门客，不但半点优待没有，甚至处置得更狠。

曹洪得知后亲自给满宠写信求情，请他看在自己的情分上，网开一面。谁知，满宠却根本不予理睬。曹洪没办法最后只好去找曹操说情，请曹操出面。

曹洪来求，曹操内心虽赞许满宠的秉公执法，但对曹洪的请求也不能置之不理，原因前已说过，他欠曹洪的人情，所以明知这是徇私枉法也不得不卖个情面给曹洪。

当满宠听说曹操要召见包括自己在内的主审官员，就知道是曹洪走了上层路线，曹操若下令，满宠也不得不执行。但满宠也有对策，他提前将犯法之人处决。

曹操闻讯，不但不责怪，反而对执法如山不徇私情的满宠颇为欣赏。

曹操一向推崇法治，他并不想徇私法外开恩，破坏他自己确立的治国方略，只是碍于曹洪情面才被迫让步。现在满宠忠实地执行了他法家的依法治国路线，他高兴还来不及，又怎会责罚？

最郁闷的就数曹洪了，从此以后曹洪门下宾客收敛了许多，再也不敢肆意妄为，其他贵戚公卿，见曹洪尚且如此，也愈加小心谨慎。

在曹操的支持下，满宠这个县令做得有声有色，许县被他治理得井井有条。

曹操将杨彪下狱，主审官就是满宠。对这个前任太尉、朝野知名人物，满宠秉公办案，并未对其有任何特殊优待。尚书令荀彧、少府孔融曾找到满宠，请满宠对这位德高望重的老臣，保留一丝情面，不要对其刑讯拷问，手下留情。

满宠却严格按法定程序办事，对杨彪进行拷讯。但满宠并非酷吏，他也知道杨彪是被冤枉的，数日后，满宠带着审讯记录去见曹操，劝曹操释放杨彪，说此人海内知名，若罪名不明，不宜受刑。言下之意，杨彪无罪，您还是赶紧下令放人吧。曹操对满宠的话倒是听得进去，当天就将杨彪从狱中放了出来。

荀彧等人，开始听说满宠拷讯杨彪，大为不满，事后得知详情，对满宠也感佩万分。

有这么一位铁腕人物给自己"管家"，曹操自然放心。

曹操将朝中事务处置好后，接下来又要征战四方。但负责粮草的官员双手一摊，不行，原因只有一个——没粮。

兵荒马乱的年代，粮食是最宝贵的，对于这一点，曹操是有深刻体会的，当年在兖州就是因为缺粮，仗总是打打停停，要不是袁绍接济，还不知道何时才能打败吕布。

曹操夺取豫州后，势力深入中原腹地。为了不再让士兵们饿着肚子打仗，曹操开始了一项筹划已久的大行动——军事屯田。

（五）许县屯田

自董卓乱政，朝廷逐渐失去对地方的控制，各地军阀为扩张势力混战不止，田地大片荒芜，农业生产陷入停滞，天灾加之战乱，百姓流亡，十室九空。到了后来，死于饥荒的人远远多于战死的人。

割据一方的军阀，很少有人留心农业，吃粮大多靠抢，多余的就丢弃；没粮就饿肚子。很少有人做长远考虑。

袁绍号称兵精粮足，但实际上有时一年有好几个月要靠吃桑葚等野菜野果充饥。袁术在淮南也好不到哪去，好在那里河流纵横，士兵们可以去河里捕鱼捉虾。实在没有东西吃了就吃人，死人吃完了就吃活人。到了建安元年，景象已经相当凄惨，用曹操的一句诗形容那番惨景，就是："白骨露于野，千里无鸡鸣。"

为了解决吃饭问题，袁绍号召大家吃野菜；为了解决吃饭问题，袁术鼓励士兵兼职做渔民下河抓鱼。为了解决吃饭问题，曹操决定自己种，自己动手丰衣足食。

吃饱饭是中国人几千年的梦，粮食问题是困扰历代执政者的头号难题，甚至可以说，谁解决了这个难题，谁就能安定天下。

有饭吃才能生存。曹操为此专门召集部下开会。夏侯惇的部将韩浩建议学习古人屯田之法。曹操觉得有理，重赏韩浩，并提升韩浩做了护军以示鼓励。韩浩的建议虽好，但也只是建设性意见，并无具体计划，他是武将不负责具体事务，平常可能连锄头也不碰，所以真正办事还要另找其人。

真正提出系统化建议的是羽林监枣祗，他也提出了屯田的建议，不过，他为此拟订了一份详细的计划。在这份计划书里，枣祗将各种因素都考虑到了：各地因战乱，很多田都成了无主荒地，有大片可用土地，围剿黄巾时缴获大量耕牛、农具跟劳动力，与其闲置，不如用来耕田种粮，不用多少投入，就会有可观收获。

精明的曹操当即采纳枣祗的计划，这种好事哪有不干的道理。当即任命枣祗为屯田都尉，令其全权负责屯田之事。

枣祗也不含糊，说干就干，先在许县搞试点，将许县一带的无主荒田收归国有，之后招募流民耕种，讲好条件包吃包住，那时流民到处都是，只要有饭吃，不愁没人来，很快，枣祗就招到了足够的人手。

枣祗将这些人按军队的编制编成生产小组，实行军事化管理，由官府提供土地、种子、耕牛和农具，让他们开垦耕种，获得的收成，由官府和屯田客按比例分成。

屯田的第一年就获得了大丰收，收获几百万斛粮食。曹操乐得合不拢嘴。尝到甜头的曹操马上下令在全国推广屯田，各地郡县专门设立田官召集流民种地。这里的全国主要指他所能控制的地区。

看着屯田的效果这么好，枣祗得寸进尺又将"魔爪"伸向军队，建议曹操，让军队实行军屯自给自足。军队里大都是青壮年，多好的劳力闲着实在可惜。战时出征作战，平时在驻地屯田，如此既可以让军队在平时有事可做，不至于去骚扰乡民，更可减轻百姓负担。

就这样长期以来困扰曹操的粮食问题终于得到解决。手里有粮心中不慌。当袁绍的士兵还在啃桑叶，曹操的士兵已经吃上了香喷喷的小米饭，而且管饱。有粮就有战斗力。

跟那些啃野菜捞河蚌饥一顿饱一顿的袁绍、袁术、吕布的士兵相比，曹操的士兵无论是体力还是战斗力都要胜出一筹。这种由于"营养午餐"的差距带来的差异很快就会在战场上体现出来。

枣祗因功被晋升陈留太守。但枣祗不久因病去世。时隔多年，曹操对枣祗的屯田功绩仍念念不忘，后来追封枣祗为列侯。

（六）摸金校尉　发丘中郎将

董卓死后，天下大乱，国无宁日，关东诸侯割据一方，不听号令，关中朝廷也忙于内斗。各地地方宗族武装趁机崛起，混战不休。大者争州郡，小者夺县乡。朝廷威信尽失，政令难以行于四方。

旧秩序崩塌，新秩序尚未建立，法纪无存，以前偷偷摸摸干的事，现在也敢拿到光天化日之下，明目张胆地做了，例如盗墓。

盗墓在我国有着悠久的传统和历史，中原文化中（主要是贵族阶层）流行厚葬。生前享尽荣华，死后入冥界，也要继续骄奢享受，所谓事死如事生，中国古人相信人死后，在阴间仍然过着与阳间相同的生活，因而在陵寝的设计建造上，一切都模仿墓主生前所居。不仅墓室修得豪华，还要随葬大量的金银玉器、古玩珍好，很多墓主人生前喜爱的珍品都随之埋入地下。陪葬丰厚的帝王陵寝更是成为盗墓者的重点盗掘对象。

古代君王之墓最早称陵，始于春秋。战国时代发展成熟，秦惠文王规定"民不得称陵"，陵成为帝王墓葬专用词。秦始皇将宗庙寝殿移至陵旁。西汉继承这一做法的同时，将宗庙也造到陵园附近，即陵侧起寝，陵旁建庙，将陵与寝、陵园与宗庙结合。

中国古代帝王所居宫殿，前称"朝"，即处理政事的朝廷；后称"寝"，即君主饮食起居之所。按照事死如事生的观念，帝王陵寝宗庙也相应分为两部分，前为庙，供祭祀祖先；后为寝，陈列祖宗生前衣冠及日常生活所用之物。

汉初，寝从宗庙中分离，建到墓侧，寝是墓主魂灵日常生活的处所。后来寝的规模逐渐扩大，成为陵园地面建筑的主体。

汉袭秦制，封土为陵，汉陵均为覆斗状，上小下大，全部用夯土筑成。汉代墓穴中以汉武帝的茂陵最为有名，汉武帝即位第二年就开始营建陵墓，历时五十三年。当时全国贡赋的三分之一都用来做建陵的费用。陵墓极度奢靡，为使墓土不生长杂草，封土专门由外地运来，经过筛选、炉炕、锅炒处理后才使用。这里的墓土都"贵如粟米"，地下的陪葬品更是价值连城了。

但这个世上，只要有人埋，就会有人挖。自从有了墓葬，就有了盗墓。

几千年来，盗墓与反盗墓，两者之间的斗智就没停止过。

历代对盗墓都严惩不贷，逮住就是重罪，但在巨额利益黄金白银的驱使下，从来不乏以身犯险者，一代代的盗墓人前仆后继，只为了心中那个"理想"——发横财。挖坟掘墓，被视为损阴丧德，为人所不齿，所以即使是世代以盗墓为业的家族，也不敢公开自己的真正身份。

平日里，盗墓都要选在月黑风高夜，唯恐被人发现，总是偷偷摸摸，也因此，盗墓在外人眼里始终神神秘秘。

乱世里，正常的秩序被打乱，每逢此时，都是盗墓的黄金期。

经过历代的发展，从事这一产业的人员愈发专业，表现在工具上，就是更专

三国
之
决战中原

业、更精细，出现了许多新的专业盗墓工具，盗墓人的钻研精神在这里得到了充分的体现，从事盗墓的大都是职业团队。

盗墓者通常情况下只选择那些王公贵族、富商巨贾的大墓，很少去光顾平民墓葬，因为前者的墓室陪葬丰富，金银玉器更是堆积如山，运气好时，盗一座墓，便一生衣食无忧。越是陪葬丰厚的大墓，越能引来疯狂的盗墓贼。生前不可一世的帝王陵寝也不能幸免。

汉末是标准的乱世，全国陷入无政府状态，董卓在洛阳"开风气之先"，其所部在京畿一带到处挖坟掘墓，连刚刚入土的先帝墓葬都不放过，先例一开，便再也无法控制。以前还要偷偷摸摸提心吊胆，现在则是光天化日，公开挖掘，丝毫没有避讳。

有董卓的"以身作则"，全国的盗墓贼都活跃起来，盗墓进入历史上的黄金年代。

董卓部队的盗墓所得，除被董卓自己私吞的，其余也有不少被充作军饷。

军饷是军粮之外，最令各路诸侯头疼的难题，没钱的日子是火热水深的。军饷也同样困扰着曹操。当年，曹操厚着脸皮向袁绍伸手要钱，那种滋味并不好受，曹操这辈子都忘不了。

可是，曹操的兖州因与吕布的战争，早已成为一片焦土；豫州的情况也好不到哪去，豫州地处中原腹地邻近洛阳，也已被董卓手下的李傕、郭汜等人洗劫多次；昔日富庶的颍川等地，兵火之余，也是满目疮痍，一穷二白，劫后余生的百姓全都躲进山里。

各地郡县一片凋敝，青壮年流散四方，老弱死于沟壑。等曹操来时，豫州已十室九空，满目荒凉。

不要说征收赋税，到处都是急需赈济的灾民。曹操不但收不上来多少赋税，有时还要拨出钱粮救济挣扎于死亡边缘的难民。但军饷是不能拖欠的，活人的钱收不上来，那就只好打死人的主意。

于是曹操也开始了自己的盗墓生涯。曹操就是曹操，就算盗墓，曹操也做得非常专业。为了规范行业标准，实现整个盗墓产业从数量规模型向质量效益型的转变，加快产业升级，曹操制定了严格的行业标准，组建了一直职业高效的盗墓团队。为了吸引高素质的职业盗墓人才，曹操还特设摸金校尉、发丘中郎将等官职。

鉴于盗墓实在难于启齿，诸如摸金校尉等只能在内部称呼，对外严格保密。

不过，再严格也会走漏风声。这事后来被袁绍探知，官渡之战前后，为了诋毁攻讦曹操，打压对手，袁绍曾动员手下的众多文士如陈琳等，对曹操的这段盗墓历史大肆渲染，很快一传十、十传百，成为全国皆知的秘密，算是狠狠地砸碜了曹操一次。

曹操的这支职业盗墓团队用他们的傲人业绩再一次证明了职业与非职业的本质区别。自从有了职业盗墓队，曹操再也没为军费发过愁。

钱粮充足，曹操没有了后顾之忧，终于可以放开手脚，一展抱负。

曹操不仅会打仗，更会练兵，古往今来的军事家，会用兵者，大都也是练兵的行家。新兵经过曹操的训练，很快形成战斗力。

此时在曹营中，还有一位贵客，此人就是不久之前被吕布、袁术赶出徐州的刘备刘玄德。

曹操对失意来投的刘备，热情款待，让曹操手下的一些谋士很不理解，谋士程昱曾劝曹操杀了刘备，免除后患。

如何处置刘备，曹操也曾犹豫过，还特意征询另一位智囊——郭嘉，郭嘉的想法跟曹操不谋而合。郭嘉说："刘玄德确是一代枭雄，然主公兴义兵为天下讨贼，以正心诚意招揽四方豪杰，尤恐其心怀顾望，刘备有英雄之名远来投奔，您若杀之，则有害贤之名，天下之人只知玄德仁厚，不知其诈，若杀刘备，远近之人，必对主公招贤之举心生怀疑，不敢前来。主公失去人心，又与谁平定天下呢？"曹操听了，笑笑说："君之言，正合我意。"既然不能杀，那就好好款待。

体贴的曹操不仅给刘备封官，为了支持刘备打回去，曹操很大方，在兵源粮饷上，给予全力支持。

此时的曹操坐拥兖州、豫州二州之地，他正在考虑下一步该朝何处进兵，而刘备的到来，令曹操重新燃起对徐州的欲望。

曹操此前两征徐州，都未能如愿。如今徐州宝地却落入三姓家奴之手，曹操如何甘心，在曹操看来，徐州早就应该是他的，若非陈宫背叛、吕布偷袭，此时徐州早已姓曹。

曹操此时准备由近而远，先扫除对许县威胁最大近在眼前的张绣，暂时无暇顾及徐州，但徐州又不忍放弃，刘备在徐州颇有声望，已有根基，只是实力稍显不足，不如资助刘备，利用刘备在徐州的基础，与吕布、袁术相抗。

吕布、袁术都是他的死敌，刘备是潜在之敌，让他们在徐州厮杀，三虎相斗，总有死伤。到时他曹操就可坐收渔利，何乐而不为？令刘备牵制吕布，实乃曹操得意之举。

刘备在曹操处获得资助，满载而归。刘备东归路上，沿途收容旧部散兵，回到小沛后，刘备积草屯粮，等待复仇时机。

再说吕布，听说刘备又回来了，大为光火："刘备此人，忘恩负义，我当初好心救他，如今却恩将仇报，与曹贼勾结。"世上就有这么一种人，明明是他忘恩负义夺了别人地盘，却倒打一耙，真不知世间还有羞耻二字。

吕布虽是武将，却也懂得，未动刀兵，檄文先出的规则，开战之前，制造声势，在舆论上先压对方一头，为此他特意找来袁涣为自己写声讨檄文，文章的内容就是辱骂刘备。

但令吕布没想到的是，袁涣拒绝服从他的命令，明确表示，骂刘备的文章，他坚决不写。这只能怪吕布找人之前没先核实情况。人家袁涣是名士大族出身，刘备早年在豫州时，曾举荐袁涣为茂才，刘备是他的恩主，两人之间有君臣之分。

东汉一朝，有气节的士大夫最崇尚对恩主尽忠，袁涣不忘旧主，始终心存感恩。加之，鄙薄吕布为人，在吕布帐下是迫不得已，是典型的人在吕营心在刘。

袁涣，字曜卿，豫州陈郡扶乐（今河南太康）人。跟同时代的很多名士一样，袁涣也是官僚子弟，其父袁滂官至三公之一的司徒。

袁涣凭借家世背景，成为陈郡功曹，后被调到朝中做侍御史，两年后放外任，被任命为谯县县令，但袁涣并未上任，根本不去。

刘备被陶谦表举为豫州刺史成为封疆大吏，身为刺史也就有了人事任免权，刘备也很照顾地方大族的利益，袁涣家在本地是首屈一指的大户，刘备自然要多多关照，以求得后者的支持。

刘备推荐袁涣做了茂才，按当时官场的规则，袁涣跟刘备就有了君臣之义。刘备被吕布赶走后，袁涣在豫州、徐州一带流浪，后被袁术招入府中做了幕僚，袁术心术不正，袁涣多次规谏，令袁术大为不快。

之后，吕布跟袁术闹僵，吕布带兵攻击袁术军于阜陵，袁涣被吕布军所获，之后，袁涣成了吕布的下属。

吕布让袁涣撰文骂刘备，袁涣不写，任凭吕布费尽口舌说得口干舌燥，袁涣就是不动笔，吕布被激怒了，拔出佩刀架在袁涣的脖子上，威胁道："再不写，就杀了你。"

面对白晃晃的钢刀与赤裸裸的死亡威胁，袁涣面不改色，微笑着对一脸怒容的吕布说："袁涣只听说以德服人，未听说辱骂别人而令其心服。对方若是君子，不屑于听将军之言。如果对方是鄙薄小人，那更不会在乎区区几句辱骂。袁涣昔日辅佐刘将军，正如今天效力将军您，若我日后离开将军，新主也像您今天这样，让我写文骂您，您觉得我该怎么做呢？"

吕布被噎得一句话也说不出，面红耳赤。这事不了了之，吕布虽粗暴，对名士袁涣也无办法。

刘备与袁术有深仇，与吕布有旧怨，曹操派刘备回徐州明显是要搅浑徐州这潭水，曹操生怕吕布在徐州过于寂寞，特意让刘备回去"陪"吕布，自己好抽身去对付张绣等小军阀。

第二章

三征张绣
——战宛城曹兵败北

（一）战宛城——曹操一征张绣

此时曹操分身乏术，虽然他很想立刻解决吕布、袁术这两个对头，但对曹操来说，眼下大本营的安全更重要，要是此时去打吕布、袁术，再被人乘虚而入，那就得不偿失了。兖州事件，教训深刻。吕布要打，袁术也要打，但不是现在打。此刻曹操选择的攻击目标另有其人，这个成为曹操首先打击对象的"幸运儿"就是盘踞宛城的张绣。因为张绣的地盘距曹操的许县实在太近了，不收拾张绣，曹操是不敢出远门的。

到了建安二年（197），许县朝廷步入正轨，曾经风光无限挟天子以令诸侯的西北军阀，手中没有了皇帝，政治地位一落千丈，处于无人理睬的尴尬地位。他们的政治生命已然结束，沦为为生存而挣扎的底层小军阀。

郭汜回到了郿县寻找从前的影子，但他看到的只是满目的荒凉，而这一切的罪魁祸首就是他自己。失意的他只能在回忆里享受昔日的威风，但不久他的回忆就终止了，他的部下伍习砍了他的脑袋结束其恶贯满盈的一生，不能不承认，这种死法对他来说，过于仁慈了。

他的敌人或者说战友李傕，只比他多活了一年。第二年也就是建安三年，曹操派谒者仆射裴茂率领关中诸将段煨（董卓手下硕果仅存的中郎将）等人出兵讨伐李傕，并最终将其消灭，李傕本人被杀，满门抄斩，恶有恶报，这些人最终还是受到了惩罚，虽然惩罚来得稍晚了一些。

另一个西北军阀樊稠早在长安内讧中就被杀了，当年反长安的凉州众将，只

三征张绣

剩下一个，此人就是张绣的叔叔张济。

张济（？—196），凉州武威祖厉（今甘肃靖远）人，官至骠骑将军、平阳侯。

张济死得比李傕、郭汜还要早，因为他出关了。建安元年，关中饥荒，所谓饥荒其实是人祸。但不管是天灾还是人祸，人总要吃饭。

张济想尽办法，还是筹不到（确切地说是抢不到）粮食，在确信关中已经找不到粮食后。张济决定率部南下就食（吃饭），他早听人说过荆州的富庶，刘表那里肯定有不少余粮，于是他做出了一个决定——去荆州，正是这个决定要了他的老命。刘表虽说是坐而论道的名士出身，但能在这个乱世混出名堂的，又岂是好欺负的！

张济率部来到荆州地界，看到的是一座座戒备森严的堡垒和上面那一张张充满敌意的脸。但张济没工夫理会这些，他的目的简单明确——抢粮。张济带兵从关中出发一路南下进入荆州，首先包围了荆州最北的南阳郡下属的穰城。

征战半生打了无数恶仗的张济，对关东兵的战斗力向来瞧不上，更何况是荆州兵，难免有轻敌之心，张济原以为，承平日久的荆州人听到自己的大名就会望风而逃，没想到人家不但不逃，还在城上备好了强弓硬弩专等他来。

部下们跟着张济千里迢迢饿着肚子出来抢粮，只想在荆州吃几顿饱饭，并无打硬仗的准备，尽管张济拼命鼓动，命令士兵冲锋，却很少有人卖力，不是不卖力而是实在没力气，饿着肚子呢！皇帝不差饥饿兵，张济为给部下做表率，亲自领兵攻城，冲在最前面。

打仗时，冲在前面很威风，但也最危险，城上的人很快就发现了城下这支部队的指挥官，于是很多弓箭手都把目标瞄准了这里，雨点般的箭雨向张济射来。

张济很快被射成刺猬。部下一拥而上将张济抢下，但为时已晚。张济虽身穿重甲，但怎奈中箭太多，不久，张济因伤重不治死于军中。主将阵亡，群龙无首，在众人的一致拥护下，张济的侄子张绣凄然出场。

张绣（？—207），凉州武威祖厉人。骠骑将军张济的侄子。张绣从军以来一直追随叔叔张济，此时的张绣官拜建忠将军、宣威侯。

之所以凄然，是因为张济留下的是一个不折不扣的烂摊子，关中回不去（回去也得饿死），荆州攻不下，这是真正的进退两难。一群营养不良的部下用期待的眼神看着张绣，此时的张绣军无家可归，无处可去。

少年张绣也曾是一个快意恩仇的豪侠。边章、韩遂在凉州造反，金城人麴胜带人乘乱刺杀祖厉县令刘俊。张绣这时就在县衙当差，刘俊是他的上司，刘俊被杀后，昔日的部下张绣始终不忘给故主报仇，终于等到机会刺杀了麹胜，为刘隽报了仇。

但此时的张绣却没有了往日的豪侠之气，倒是有些英雄气短，欲哭无泪，今后的出路在哪里，何去何从，张绣一筹莫展。

与充斥着悲观压抑气氛的张绣军不同，刚刚打了胜仗的荆州喜气洋洋。荆州的大小官员原先听说西北张济杀来，不免惶恐，当听说张济被射死，一个个顿时兴高采烈前往州牧刘表处道贺。

谁知刘表非但不喜反而表情严肃、语气沉痛："张济穷困来到鄙州，我等身为主人翁未尽地主之谊，以至刀兵相见，此非我所愿见。我刘表只接受吊祭不接受道贺。"刘表此言，即是表明态度，向彷徨无助的张绣传递一个政治信号——我可以接纳你和你的部队。

刘表不愧是老狐狸，刘表此举着实高明，在成功化解张济的进攻后，刘表看到了张绣的困窘，同时他也看到张绣所部是一支可以利用的力量。于是得胜之后，主动向困境中的张绣伸出了橄榄枝。如此，既显示了自己胸怀之宽大，又在随后与张绣的交涉中占尽政治先机，将主动权掌握在自己手中。

凉州兵团的战斗力，举世皆知，刘表更是心如明镜，若是能将这支部队收为己用、化敌为友，不但可增强荆州的实力，更可在与其他诸侯的对抗中不落下风。

眼下张绣的部队处境艰难，正是收编他们的大好良机，此时的张绣急于寻求安身之地，必然不会提出过于苛刻的条件，自己可以最小的付出获得最大的回报。

刘表的荆州兵虽对外号称十万，但刘表自己很清楚所谓的带甲十万，其实不过虚有其表，外强中干。

刘表的一番表态让张绣感到了久违的温暖，刚刚失去亲人的张绣又感受到了人间真情！刘表为表示诚意，很快将张绣军急需的粮食送到大营。正愁没米下锅的张绣感动了，当即投入刘表的怀抱，率部归附刘表。

刘表只用了几车粮食就将劲敌变成盟友。双方经过友好协商，达成协议，张绣获准屯驻荆州南阳郡的郡治宛城及周边数县，由刘表负责供给张绣军粮。作为交换，张绣负责为刘表守护荆州北方防线。

此时张绣的角色即是数年后刘备所承担的任务，为刘表守卫荆州北方门户，而此后得到接济的张绣军被刘表安插到刘表与曹操势力之间的敏感地带，充当战略缓冲。

一旦有事，张绣和他的部队必然首当其冲，成为刘表阻挡曹操势力南下的挡箭牌。接下来事情的发展，证明了刘表收容张绣是多么地正确和及时。

此时，对荆州最大的威胁正是来自北方。

张绣入驻宛城新家不久，建安二年（197）正月，曹操大军便兵临城下。这也不能怪曹操，张绣的宛城离他太近了，拿不下宛城，曹操是连觉也睡不踏实的。宛城在许县西南，距许县约170公里。曹操于建安元年（196）九月将天子移到许县，次年春就迫不及待出兵讨伐宛城的张绣。

张绣眼见曹操大军压境，知道自己不是曹操的对手，张绣很识趣地投降了。张绣并不傻，他当然知道刘表安排他到宛城的用意，但只是吃了几顿饭，张绣并没有为刘表当炮灰的觉悟，曹操见张绣如此明事理，对张绣的不抵抗政策十分欣赏。

为表示对张绣的信任，曹操只带了少数部队进城，而将大军屯驻于宛城城外的淯水岸上。

曹操兵不血刃，轻取宛城，难免有几分得意之色。得意之余，曹操做了一件不该做的事。曹操将张绣的婶婶张济之妻召入帐中侍寝。

张绣的婶婶颇有姿色，是一位美女。

曹操好色，这并不为奇，英雄也好色，这点可以理解。平常男子见了美女也只能多看几眼饱饱眼福，但曹操不是寻常男子，不用搭讪、请吃饭、送礼物等手续，直接就幸了。幸了的意思，我就不多解释了。

本来这也没什么，以曹操的身份想幸谁还不是一句话，谁敢违逆？但这位美女毕竟是张绣的婶婶，曹操轻率的举动激怒了张绣，自己刚投降，婶婶就让人睡了，实在是奇耻大辱。只要是个男人都受不了。张绣已经出离愤怒了。但当事人曹操却并未将此事放在心上，也从未考虑过张绣的感受，全没当回事儿。

接下来曹操又做了一件让张绣不安的举动。

张绣贴身的卫队队长胡车儿，是张绣的亲信，乃是典韦一流的人物。曹操喜欢美女也喜爱勇将。于是，曹操经常请胡车儿去吃饭，还送了不少礼物，有意拉拢胡车儿，曹操此举不由得张绣不多想，曹操这是要干什么！

张绣决意叛曹，但一时又难下决心，张绣自知实力弱于曹军，不然也不会不战即降，但眼下又实在咽不下这口气。这时张绣的谋士贾诩，为张绣献计。

贾诩让张绣假意向曹操请求，说我军驻扎在城外的大营地势低洼，每逢下雨，多有积水，军士多有怨言，请求将营地移到地势高处。曹操准许了。张绣又说，这次移营要经过您的营地，我们的车子少，东西又多，希望可以让士兵穿着铠甲，腾出空间放置杂物，曹操也同意了。

曹操一步步走入贾诩为他设下的圈套之中，正是这位贾诩，一手策划了宛城之战。

汉献帝从长安出走后，贾诩也随后离开了长安，投奔同为凉州武威人的将军段煨。此时段煨屯兵于华阴，势单力孤，缺少外援，但段煨此人不同于李傕、郭汜，此人宽德仁厚，忠心于朝廷，李傕、郭汜诸军在外四处掳掠，只有段煨亲率所部在驻地屯田，自己动手丰衣足食，在凉州军中以军纪严明著称。

贾诩的到来，起初，段煨是十分欢迎的，但时日一久，段煨对贾诩不免心生猜忌，贾诩此时因献计取长安，早已天下知名，其智谋令人钦佩之余不免疑惧。

段煨对贾诩既敬又畏，畏多于敬，而表现在外，就是对贾诩的礼节愈发恭敬。贾诩觉察出了段煨的不安，此时，贾诩得知另一支凉州军张绣部正屯驻于荆州南阳，贾诩暗中与张绣取得联系，表达投效之意。张绣正缺谋士辅佐，当即大喜，即刻派人来接贾诩。

贾诩临去时，有人对其出走大为不解，说段将军待您不薄，您为何要去投张绣？贾诩说："段将军对我恩遇虽厚，却防备于我，此处不可久留，久留必生祸患。我走，段将军必喜，且望我结援于外，定会厚待我的家小。"贾诩走后，一切果如其所言。

而贾诩在张绣处的作用很快就将得到体现。

当全副武装身披重甲的张绣军出现在曹军大营前时，曹军因为事前得知张绣军要移营的消息，并未怀疑，打开营门，放张绣军通过，张绣所部毫无阻挡地进入曹营。

行进中的张绣军却突然发难，向曹军发起攻击，曹操一点准备也没有，自从到了宛城，全军上下都放松了戒备，尤其是曹操，每天美酒佳人相伴快乐似神仙，张绣的偷袭打了曹操一个措手不及。曹军顿时大乱，四下奔逃。张绣军趁势掩杀，猝不及防的曹军大败，死伤惨重。被曹操视为接班人培养的曹操的长子曹昂和侄子曹安民都死于乱军之中。

曹营中还有一个重要人物幸运地逃过此劫，他就是日后的魏文帝曹丕，当时的曹丕年仅十岁，随父兄来到宛城，曹操带上曹丕，也许只是想历练一下他，没想到却遭遇危机。混乱中，机警的曹丕跳上一匹快马，凭借过人的骑术（曹丕七八岁时，曹操就令人教其骑射，这时，果然派上用场），在乱军中居然保住性命。

曹操在惊慌之际夺马而逃，在亲信将校的保护下，历经艰险才突出重围，路上多次遇到张绣军的截杀，幸亏部下舍命相护，曹操才幸免于难，但曹操的坐骑绝影被射伤，自己也身中数箭，丢盔弃甲十分狼狈。

曹操的卫队长猛将典韦，为掩护曹操，亲率卫队亲兵数十人守在中军营门处与围攻上来的张绣军殊死搏斗，能被选进曹操卫队的，都是"武林高手"，此时更是拼尽全力阻击敌军，无不以一当十，在典韦跟卫队的拼死抵抗之下，张绣军被死死堵在营门外。尽管张绣军在人数上占了优势且有备而来，但就是攻不进去。

典韦及其麾下卫队用自己的生命为曹操赢得宝贵的逃命时间。

双方打成相持局面，再攻不进去，曹操就逃远了。张绣军兵见典韦过于勇猛，从正面难以攻破，于是采取迂回侧击战术，从旁门攻入，迂回到典韦侧后。

很快，典韦跟几十个部下陷入腹背受敌的境地，被前后夹击。典韦这时也杀红了眼，手持长戟，舞动如飞，一戟扫去，十几根长矛应声而折。

战到最后，典韦身边的人先后战死，只剩他一人，浑身是伤，仍在奋勇力战，围上来的张绣兵越来越多，典韦的长戟断了，双方开始短兵相接继而肉搏。

肉搏中，典韦提起两个敌兵的尸体轮转如飞，吓得张绣的兵连连后退，不敢近前。典韦虽勇，但毕竟是血肉之躯，时间一长，体力消耗过大，渐渐有些力不从心。更何况这时他的几十处伤口还在往外渗血。这么打下去，就算不累死也会失血过多而亡。

血，终于流尽了，生命的最后时刻，典韦仍睁着双眼怒目而视，口中大骂张绣，吐血而死，一代猛将以这样一种壮烈的方式结束了自己的一生，从某个角度说也是一种幸运。

典韦像一座山那样倒了下去，看着典韦倒下，张绣的兵这才战战兢兢、小心翼翼地靠近，砍下典韦的头拿回去请赏。

曹操一路逃到南阳郡的舞阴县，才得知典韦为了掩护自己力战而亡，不禁失声痛哭。曹操派人找回典韦的尸体，隆重安葬。

典韦之子名叫典满，年纪还小，曹操就让典满做了郎中。郎中是近侍官。此后，曹操每次经过典韦的墓地，都会命人祭祀以示追思之情。后来曹丕做了皇帝又让典满做了都尉，赐爵关内侯。

再说曹操，虽然大难不死，但部队被打散，很多人还不知道曹操已经到了安全地带，军中不见了主帅，人心惶惶。领兵的各位主将收拢自己的部队且战且退。

平虏校尉于禁率领所部几百人，保持战斗队形，一路边打边撤，寻找曹操。打探到曹操人在舞阴，于禁带队赶往舞阴。路上，于禁遇到十几个己方士兵，这

030

三国

之

决
战
中
原

些人个个衣冠不整，连兵器也没有，浑身是伤，狼狈不堪地往大营方向走，看情形像是刚被人劫过，于禁纳闷了，谁有这么大胆子敢抢军队？心中疑惑的于禁将这些人叫到身边，仔细询问。这才弄清楚其中究竟，原来是被同属己方的青州兵给劫了。

打劫的青州兵是曹操手下的嫡系部队，原是黄巾军，被曹操打败后收编，因部队中多是青州人，因而习惯称之为青州兵。青州兵追随曹操日久，立下不少战功。

之后青州兵仗着军功资历及曹操的倚重，愈发飞扬跋扈，在众军中，战斗力跟骄横之气一样有名，青州兵敢如此嚣张也是事出有因，作为最早追随曹操的部队之一，青州兵的战绩是在战场上一刀一枪拼出来的。曹操因此对这支部队给予特殊优待，军饷器械都是最好的，总是惯着他们，久而久之，青州兵就成了被惯坏的孩子，总是惹是生非。

这次宛城大败，曹军本就十分狼狈，青州兵却还嫌不够乱，居然趁火打劫，抢劫友军。青州兵有点像后来蒋介石的中央军，总是牛得不行，狂得没边，其他部队就像是挨欺负的杂牌军，敢怒不敢言，只能在背后骂娘。

但今天青州兵遇上于禁算是遇到克星了，于禁向来以治军严整闻名，于禁后来在樊城战败投降关羽，晚节不保严重损害了他的形象，如果没有这件事的发生，作为曹操五虎上将之一的于禁在名将辈出的曹营中也是个狠角色。

于禁听了这些人的哭诉，大怒。这些青州兵简直无法无天，真是贼性不改，难道还想做贼？（青州兵原本就是投降的青州黄巾）于禁马上带人朝青州兵退走的方向追去。

追上去后，于禁二话不说，下令将这伙聚众劫掠的青州兵统统拿下，军法从事，平日骄横惯了的青州兵被摁倒在地，一顿军棍下去，打得这些兵皮开肉绽。

青州兵哪受过这种罪。平时就连曹操也要宠着他们。

被打了屁股的青州兵觉得很委屈，纷纷跑到曹操处告于禁的黑状。于禁处罚过青州兵后，便不再理会他们，带着自己的部队，就地立营，修筑堡垒，随时准备迎击张绣军的进攻。

这时于禁身边的人纷纷劝于禁："青州兵已经到主公那里去告您的状了，您还不赶紧去主公那申辩，还在这挖什么战壕，要是主公误听谗言，您就大祸临头了。"谁知于禁却不以为然，说道："敌军近在咫尺，不事前做好准备，万一敌人杀来，如何迎敌？况且，主公何其英明神武，怎会被这些人蒙蔽，不必担心，诸位还是抓紧时间修工事吧。"

等军中的事忙得差不多了，于禁这才来见曹操，将事情的原委详细讲述一遍。曹操听了既高兴又感慨："淯水之难，全军溃乱，将军临危不乱、处变不惊，还能从容收拢部队，坚守营垒镇压暴乱，就算古时名将也不过如此！"

鉴于于禁在这次战斗中立下的战功与出色表现，战后于禁被封益寿亭侯。

虽然于禁的表现可圈可点，但毕竟是打了败仗，打了败仗的曹操灰头土脸领着残兵败将撤军回许县。

曹操一走，之前打下来的荆州南阳郡的各县如南阳、章陵等又重新归附刘表。曹操向来痛恨反叛者，当即派亲信大将扬武中郎将曹洪出兵平叛。但曹军正走背运，曹洪到了南阳也没能扭转颓势，只好回到叶县坚守待援。

宛城之败，对曹操的影响远非败了一仗那么简单，这场战役的失利，直接导致曹操妻子离子亡，并间接影响到了中国的历史。

在这次战役中阵亡的是曹操的长子曹昂，而曹昂的事直接导致曹操与夫人丁氏的反目。

曹操喜欢到外面拈惹野花，家花也特别多。曹操最早娶的正妻是丁夫人，之后按世家子弟娶妻以德、娶妾以色的原则，又娶了刘夫人等众多美人。丁夫人嫁给曹操后，肚子一直很平静，如此一来，曹操就不平静了，好在刘夫人的肚子争气，刘氏先后给曹操生了一子一女，儿子就是曹操的长子曹昂曹子修，女儿是清河长公主。

刘夫人虽然能生可惜命不长，早早去世，刘夫人死后，曹操就把曹昂交给了丁夫人抚养。丁夫人将曹昂视如己出，当自己的亲儿子抚育，母子俩感情深厚。

听说曹昂战死的消息，丁夫人肝肠寸断，哭得泪人一般，整天在曹操面前哭闹，让曹操还她儿子。

曹操被烦得不行，一气之下，将丁夫人赶回娘家。

曹操事后颇为后悔，特意去夫人娘家接人，曹操进门时，丁夫人正在织布，知道曹操来了，头也没抬，将曹操晾在一边，弄得曹操很尴尬。丁夫人对儿子的死始终耿耿于怀，至死都不能原谅曹操。两个人最后还是以分手收场。

很多人没有注意到的是，在宛城之败中，损失最大的是曹操，他失去了爱子、爱将、爱妻，而获益最大的却是卞氏母子。

曹昂是曹操的长子也是曹操最初选定的接班人，丁夫人是正妻，随着丁夫人母子的离去（一亡一走），正妻与继承人的位置都空了出来。之后，卞氏母子被扶正，卞氏继立为正室，儿子曹丕、曹植成为最有可能继承曹操的接班人。

宛城战败，带给曹操的是无尽的伤痛，却让曹丕、曹植跟他们的母亲走上前台。

（二）曹操与袁绍的裂痕

宛城战后的曹操很郁闷，战场失利，情场失意，但折磨还远不止此。

不久，河北袁绍得知曹操在宛城打了败仗，这位昔日的盟友，没有安慰关怀，反而对曹操冷嘲热讽，狠狠挖苦了一番，让曹操堵上添堵。但袁绍不会想到，他激怒了一只老虎。

曹操看了袁绍的书信，顿时火冒三丈，当即就要点起兵马去找袁绍拼命。曹操的反应从一个侧面说明，袁绍虽然不是一流的政治家，但在损人方面还是很有天赋的。此时的曹操早已不是未经世事的青年，多年的政治历练，让曹操懂得了隐忍，曹操不是没有城府的人。由此可以看出，袁绍的话说得相当重，深深地伤害了曹操的自尊。

在决定出兵之前，曹操将自己的两个心腹谋士荀彧跟郭嘉请来商议，曹操将自己的想法和盘托出，想征询两人的意见。

两位足智多谋的谋士互相对望了一眼，迅速达成默契——必须劝阻主公，千万不可意气用事，小不忍则乱大谋。

荀彧、郭嘉既要劝阻曹操，又要让曹操消气，同时还要给曹操保全面子。这是一个相当有难度的任务，但两位智囊做到了。

两人知道此时不能刺激曹操，所以不能直接说，我们实力不如袁绍，暂时只能忍耐，那样说的话，反而更容易勾起曹操的火气。最好的方式是借古喻今，婉转地表述自己的意思，曹操也是聪明人，必然能够心领神会。如此，大家都能保全颜面。

荀彧、郭嘉选的是楚汉相争的故事，当年刘邦、项羽并争天下，起初，刘邦实力远不如项羽，屡战屡败，但高祖刘邦不与项羽斗狠而是以智谋取胜，故项羽虽强，终究为高祖刘邦所败。

刘邦项羽的故事，熟读兵书史册的曹操自然知晓，他也明白荀彧、郭嘉的弦外之音，两人虽未明言，但显然刘邦指代的是曹操，项羽自然就是袁绍。

言下之意，当今之计，只有忍耐一时，从长计议。不可与袁绍兵戎相见，与袁绍决裂的时机尚不成熟。

为了安慰曹操，两人又对曹操与袁绍做了全面的分析与比较：

袁绍不尊奉天子，您却不惧艰险奉迎天子，天下人都知道正义在您这边。

袁绍放纵手下，大族豪强横行不法，一盘散沙；您执法如山、令行禁止，号令严明。

袁绍任人唯亲；您知人善任，唯才是举。

袁绍优柔寡断；您雷厉风行，做事果决。

袁绍打仗，好造声势，徒有其表，华而不实；您深通兵法，常以少胜多，用兵如神。

荀彧跟郭嘉的一番耐心地开导与劝解，让原本怒发冲冠的曹操火气渐消，原本僵硬的脸上也有了笑容，笑着说道："卿过誉了，孤实不敢当。"嘴里推辞，心里却很受用。顺耳的话谁都爱听，曹操也不例外。

其实曹操本人也十分清楚，以自己目前的实力去跟袁绍拼无异于自杀。但曹操受辱后盛怒之下，一时冲动也属正常。而荀彧、郭嘉的及时劝导让曹操恢复了理智。

既然与袁绍决裂时机尚不成熟，那该向何处进兵呢？此时曹操北有袁绍，南有刘表、张绣，西有关中的马腾、韩遂，东南有吕布、袁术，谋士郭嘉首先发言："袁绍正全力围攻幽州公孙瓒，主力远征在外，无暇南顾，不如趁机东征，首先消灭吕布，消除来自东南的威胁（郭嘉是在提醒曹操，不要忘记当年吕布乘虚偷袭兖州的教训，决不能再让吕布得逞，重蹈覆辙）。

"如放过吕布不打，一旦我军与袁绍开战，主力势必北上迎敌，那时，吕布如与袁绍联合，偷袭我军后方，将对我军大大不利。主公应先出兵扫平吕布方为上策。"

曹操对郭嘉的建议深表赞同，对吕布，他始终未敢掉以轻心，但时下最令他深感不安的威胁并非来自东南（吕布的实力毕竟弱小，不靠偷袭，吕布难有作为，而曹操是不会再给他偷袭的机会了）而是西北，确切地说是来自关中。

曹操最怕的是袁绍与关中诸将勾结，从而从西、北对其形成包围态势。曹操不担心袁绍联合吕布，而是怕袁绍联合关中的马腾。

曹操不无忧虑地对二人说："如果袁绍将势力渗透进入关中，进而与陇右羌胡、巴蜀势力联结，我之豫州、兖州将陷入其网中，势必将以二州独抗天下之兵。形势如此，诸位有何良策？"

荀彧说："主公不必忧虑，关中大小军阀十余支，互不统属，各自为政，一盘散沙。其中以马腾、韩遂实力最强，他们见识短浅，见山东混战不及关中，幸于拥众自保，坐山观虎斗。主公只需派人好言安抚，虽不能保证长治久安，但在主公扫平关东之前，足以确保关中安定。钟繇颇富韬略，才堪大任，主公将关中事务交予他尽可放心。"

钟繇果然不负所望，到长安后，即写信给马腾、韩遂等人，致以殷勤之意，在信中，晓之以理、动之以情，成功说服马腾、韩遂，二人分别派子弟到朝廷入侍（做人质），以表示对朝廷的"忠心"。

有了人质，基本可以确保，对方不会轻举妄动，当然万事都有例外，后来，马腾本人被曹操扣为人质，马超还是起兵了。

曹操忙于运筹帷幄之时，远在淮南的袁术也没闲着，大家都很忙，但忙的内容却有质的区别，袁术正忙于称帝。

（三）袁术称帝

汉末群雄中，袁术不是实力最强的，却是野心最大的。袁绍、曹操至死不敢称帝，袁术却贼胆包天，冒天下之大不韪，公然在淮南称帝。

在袁术自己看来，此举乃是"应天顺人"，但在天下人看来简直是大逆不道，甚至他的部下都不支持他的疯狂行为。

皇帝，太阳底下最令人羡慕的职业，令无数人眼红心热，拥有至高无上的权力，君临天下，富有四海。数不尽的财宝，享用不尽的如花美眷。

但皇帝并非人们想象中那般美好，历史上有多少皇帝死于非命，每天有处理不完的政务，只要坐上这个位置，就意味着一生无休，一辈子在政治的旋涡中周旋，直到死的那一天。

尽管如此，仍阻止不住那些疯狂的人，袁术就是那些疯狂的人之一。

董卓董太师将皇帝操弄于股掌之中，也不敢轻言篡立；袁绍刚刚造出些舆论，便慑于众怒，再不敢言称帝之事；曹操仅仅将皇帝迎到自己身边，便被众诸侯骂作奸贼；相比之下，袁术的胆子最大，因为他最蠢。

与前面几位相比，袁术的政治智商明显不达标，在京城多年的他，耳濡目染，却没长进，不懂政治为何物。

早在他被董卓赶出京城，屯兵南阳时，就已萌生称帝之心。到淮南后，这种想法越发强烈。

兴平二年冬，当汉献帝躲在并州的民房里冻得瑟瑟发抖的时候，远在寿春的袁术坐在温暖如春的议事堂中，面对部下发表了一番高论："今四海分崩，汉朝衰微，天下大乱，袁氏四世三公，恩德布于四海，百姓归心。如今我想顺天意应民心，诸君以为如何？"言下之意，他要当皇帝。

袁术一番长篇大论后，满怀期待地望着自己的部下，渴望积极的回应，可下面却是静悄悄的一片，鸦雀无声。袁术的脸色越来越难看，最后主簿阎象终于站出来，说道："当年周文王三分天下有其二，仍尊奉殷商。主公虽一门五公，比之文王尚恐不及，汉德虽衰，未若殷商之暴。所以，所以，属下以为……"

"不要说了，全都退下。"发言的反对，沉默也是一种表态，无声的反抗，所要表达的意思都是一样的。

众人沉默，只剩袁术一个人在演独角戏，也只好将称帝之事暂时搁置等待时机。

建安二年春，袁术称帝的春心又萌动了。有了上次的经验，这次袁术决定先向士大夫征询意见，寻求这些人的舆论支持。此时的淮南有不少为躲避战乱逃到此地的士大夫。

袁术先找了一个叫张范的人，说起此人也是贵胄子弟。

张范（？—212），字公则，河内郡修武人。祖父张歆做过三公之一的司徒，父亲张延最高做到太尉，世家名门出身的张范，受到各方青睐，太傅袁隗哭着喊着要把自己的女儿嫁给张范，却被张范婉拒。

京师喋血，中原动荡，张范只好带着二弟张承、三弟张昭离京到袁术处避难。袁术见来了这么一位贵客，当然不肯放过，尽管袁术多次派人带厚礼请张范出山，但张范却不想卷入是非中。袁术不是多么爱才，而是看中张范的身份，这跟曹操请孔融进入许县朝廷目的是一样的，想利用名人效应，扩大影响。

虽然张范不肯出山，袁术还是想知道他对自己称帝一事的态度，如果张范能支持自己，就会产生非凡的社会影响。

两人见面后，袁术先开口："当年周室衰微，有齐桓公。秦朝暴虐有汉高祖。如今天下大乱，生灵涂炭，孤（袁术自称）地广兵强，远近士民竞相拥护。我想学习齐桓公、汉高祖，您看如何？"袁术这话翻译过来就是，我想当皇帝，您看怎么样？

张范自然听懂了袁术的意思，说："自古以来帝王之兴，在修德不在兵强马

三国之决战中原

壮，如行篡逆，违逆天意人心，就会被上天百姓所弃。"袁术听了十分不快，但碍于情面，又不好发作，只好将张范打发走人。

袁术又找到沛相陈珪，希望他能表态支持自己。

陈珪，字汉瑜，徐州下邳（今江苏睢宁）人，广汉太守陈亹（音伟）之孙，前太尉陈球的外甥。陈珪跟袁术都是世家子弟，早年曾同在洛阳，算是故人。袁术写信给陈珪希望他表态，陈珪的儿子陈应此时正在下邳，为逼陈珪就范，袁术甚至扣押了陈应。

袁术满以为陈珪为了儿子，必然会向自己妥协。

谁知，陈珪不为所动，回信道："曹将军兴利除弊，扫灭群凶，以为足下当与曹将军同心协力，匡扶汉室，却未想到，足下竟有篡逆之心，我岂能因一子之故，助纣为虐。纵然身死，不敢从命。"

袁术不知，陈珪是亲曹派，陈珪还有一子名叫陈登，也亲附于曹操，父子俩都忠心曹操，根本不屑于理睬袁术。

部下沉默，名士反对，但袁术依然故我，终于在建安二年的春天在寿春称帝。袁术改九江太守为淮南尹，设公卿百官大封部下文武，郊祀天地。虽然未敢直接称皇帝，但登基仪式与皇帝的即位大典别无二致。

袁术公然称帝，招致一片挞伐之声，立即陷入四面楚歌中，如同过街老鼠，四面喊打。袁绍、曹操当然不能放过这么好的一个打击对手的机会，兵马未动，声讨檄文早已散布四方。

与袁术关系较为亲近的孙策在苦劝无效后，与之分道扬镳。吕布更是干脆将袁术的使者送到许县曹操那里请功领赏。

袁术想招名士辅佐自己，却发现无人理睬。

部下们虽不敢公然反对，但也三心二意。袁术想让前兖州刺史金尚做自己的太尉，金尚却并不领情连夜逃走，这下袁术被激怒了，不识抬举，给官都不做，派人追赶，追上后直接斩首。

敌人反对、盟友反对、部下反对，袁术焦头烂额，令人哭笑不得的是袁术的"后宫"也闹了起来，袁术最宠爱的两个美人，为争所谓的皇后竟然打了起来。女人之间互相掐架多半因为争风吃醋。

之前，袁术的一个爱妃甚至因为得宠遭到众女嫉妒而被弄死。原司隶校尉冯方有个女儿长得天姿国色，十分漂亮，董卓乱起，冯方带着女儿逃到淮南避难。一次，袁术在城墙上无意中看到了这位美女娇娃，当即被迷得神魂颠倒，不久就将美人娶进家门。

袁术对这位冯美女极尽宠爱，简直到了痴迷的程度，这就激发了其他几个老婆原本就酸酸的醋意。几个失宠的女人聚到一块商量，决定除去这个情敌，重新夺回丈夫的心。为此几人想出了一个十分恶毒的主意。

这一天，袁术先进门的几个老婆装作很亲热的样子来到冯美女的住处，在骗取冯美女的信任后，其中一个以过来人的身份给新进门的小媳妇传授"经验"："我们将军最是怜香惜玉，你平时一定要装作楚楚可怜的样子，时常在他面前做垂泪状，那他就会更加宠爱怜惜你的。"很傻很天真的冯美女信以为真，每次袁术到她的房里来，她就故意愁眉不展，一副心事重重的样子，每当袁术看到这番场景，果然对小美人百般温存。

但不久之后的一天，袁术的几个老婆趁袁术不在府中，几人合伙用布条勒死了冯美女，然后制造假现场，将现场伪装成自杀。袁术回来后，以为自己的这位小美人真是因为愁苦而自寻短见，也就没再追究。

袁术的声望比之其兄袁绍相差甚远，人缘本就不好，称帝之后，原本与之关系亲近的诸侯如吕布、孙策也与之疏远。

幽州的公孙瓒与袁术只是相互利用而已，加之淮南与幽州相隔万水千山，根本指望不上，况且公孙瓒此刻正被袁绍围攻，泥菩萨过河自身难保。

至于吕布，也难以指望，三姓家奴的诚信始终是一个问题，而且两人早年还有一段不愉快的经历。孙坚之子孙策及其所部本依附于袁术，作战也十分尽力，但袁术几次三番言而无信，食言自肥，失望之余孙策早已对袁术心怀不满，即使袁术不称帝，孙策迟早也会远走高飞，只不过，袁术的愚蠢行为，加速了孙策脱离袁术的决心。

称帝后陷入空前孤立的袁术，也曾试图做出努力，挽回盟友，并对吕布抱有一丝幻想。

建安二年（197）五月，袁术派韩胤到吕布处告知自己称帝的"喜讯"，同时向吕布求婚，袁术有一子与吕布之女年貌相当，袁术想为儿子娶吕布的女儿，两家结成秦晋之好，通过联姻，结成政治军事同盟，以此将吕布与自己绑在一起，袁术的计划如果成功，将对曹操攻略徐州、淮泗带来不小的麻烦。

听说袁术要与自己结亲，并奉送丰厚的"嫁妆"，见财起意的吕布原本准备答应。这时潜伏在吕布身边的亲曹派陈珪父子及时出手加以阻止，父子俩使出浑身解数挑拨离间吕布与袁术。

陈珪一心向曹，他担心吕布与袁术联合于曹操不利，亲自出马游说吕布："曹公（曹操此时是三公之一的司空）迎接天子辅佐朝政，威名著于四海，将军只有与曹公联合方为上策。袁术不过跳梁小丑，他如今公然称帝叛逆朝廷，为天下唾弃，您与他联姻结好，天下人将视将军与袁术为一丘之貉，并举兵共讨之。"陈珪凭借三寸不烂之舌，摆明利害，吕布被说动了。

吕布对当年袁术将自己拒之门外始终耿耿于怀，而且，吕布观望形势，发现袁术的称帝之举十分不得人心，此时已是人人喊打，成为孤家寡人，自己没必要蹚这趟浑水，加之陈珪的游说，吕布遂改变主意，决意向朝廷（曹操）示好，派人将袁术的使者韩胤押送到许县作为给曹操的见面之礼。

曹操笑纳了吕布送来的礼物，不久，韩胤的脑袋就被挂在了许县城头示众。

这时，吕布的女儿已经在去寿春的路上了，吕布派部下骑快马将其女追回。

陈珪想让儿子陈登随吕布的使者一同前往许县，面见曹操。但吕布却并未答应。

吕布主动与袁术决裂，这令曹操备感"欣慰"，为了更牢靠地稳住吕布，曹操上表朝廷加封吕布为左将军，算是对吕布出卖袁术的奖励，也表示朝廷（曹操）对他的一种认可。

朝廷使者到达徐州，传达旨意，吕布果然大喜过望，更加放松警惕。这次吕布终于点头同意让陈登去许县，任务是向朝廷上表谢恩。

曹操只用一纸诏书就令吕布就范，陈登出发前，吕布又交给他一项新任务——请朝廷正式任命自己为徐州牧。也就是说，吕布让陈登去不仅仅是谢恩，重要的是在后面——去要官。

陈登到了许县绝口不提吕布请官之事，反而转达其父陈珪对曹公的敬意，同时表明陈氏父子的立场，坚决支持曹公，陈登告诉曹操，吕布此人勇而无谋，而且唯利是图，反复无常，应尽早将其消灭。曹操对陈登的建议深感认同，曹操说："吕布狼子野心，不可不除。若非卿表明心迹，具陈吕布虚实，操如何得知。"

陈登完成其父交给的任务（吕布的事，他压根就没放在心上）后，这就准备动身回徐州，临别之际，曹操动情地拉着陈登的手细细叮咛："东方之事（指徐州跟吕布），我交给卿父子了。"陈登沉默地点点头，目光中透出一种坚毅。

陈登父子的忠心让曹操深受感动，感动之余最直接的表示就是给陈氏父子升官，陈登被任命为广陵太守，成为曹操安插在吕布身边的棋子，在未来的日子里，这颗棋子将发挥重要作用。

陈登按照曹操临别前的交代，回去暗中培植势力，准备一旦曹操东征吕布，就起兵从中响应。

陈登回来向吕布复命，当吕布听说自己徐州牧的事未获准许（陈登根本也没提），气得火冒三丈，拔出手戟在桌上乱砍，骂道："当初你们父子劝我投靠曹操，与袁术决裂，我听从了，如今你们父子升官晋爵，我却劳而无功，你父子出卖我！"吕布的脸上已满是杀意。

陈登面对死亡威胁，面不改色："我在许县与曹公说，吕布乃是一只老虎，不喂饱他，必要出来伤人。曹公却说，吕布并非老虎而是苍鹰，让他吃不饱，方才有求于我，为我所用，如让他吃饱，将翱翔天际，难以为用。"吕布听了，这才火气暂消。

事到如今，吕布已然受制于人，只能按曹操给他画好的路走。因为他已经将袁术彻底得罪了。

袁术听说吕布悔婚斩使（使者虽非吕布所杀，但袁术当然要算到他的头上），勃然大怒，闯荡江湖多年，却被吕布这厮给耍了，袁术岂能善罢甘休。这时被曹操赶出豫州的杨奉、韩暹正在徐州、扬州流浪，袁术派人与之联络，与这两位联合，携手对付吕布。

杨奉、韩暹此时已是丧家之犬，只能靠抢掠为生，居无定所，四处漂泊。对他们而言，打谁并不重要，重要的是有饭吃，有东西可抢，这就足够了。这是两个比吕布更现实的家伙，毫无政治节操可言，纯粹的有奶就是娘。袁术选这二人做盟友，注定要倒大霉。看看袁术选的人，前有吕布，后有杨奉，此人最终被淘汰出局并非偶然。

袁术派大将张勋、桥蕤领兵数万与杨奉、韩暹组成联军，兵分七路杀奔徐州而来。

接到军报的吕布顿时陷入慌乱，他不能不慌。他知道袁术此来，只为寻仇报复，绝无讲和的余地。对方兵马数万，而此时吕布的全部兵马加起来也只有兵三千人、战马四百匹。

强弱悬殊，这次就算吕布再想表演一次箭术，再来一次辕门射戟，也不能够了。就算吕布兵精将勇，但毕竟相差数十倍，一旦开战，必然凶多吉少，而吕布这时才发现，他根本没有外援，小沛的刘备恨之入骨，别说无力相救，就算刘备兵力充足，也不会再来救这个中山狼。

吕布无计可施只好找来陈珪，对他说："我听信你们父子之言，才有今日之祸，袁术之兵乃卿父子所招，今敌兵将至，卿有何退敌之计？"

陈珪听了微微一笑，说道："韩暹、杨奉与袁术之前并无交往，双方不过相互利用而已，必不能长久联合。只要派人离间他们之间的关系，将杨奉、韩暹争取过来，联军必然瓦解。"

吕布遂令手下写信与杨奉、韩暹，信中说："二位将军前与李郭交锋，救出陛下，护驾有功。吕布亦曾手刃国贼董卓，有功于社稷，吕布与二位将军之功业足以载于史册，名垂千古。今袁术公然篡立称帝，当天下共讨之。二位将军如何与逆贼袁术共攻吕布？与叛汉逆贼为伍！窃为将军所不取。吕布愿与二位将军，同心协力，共讨国贼，为国除害，建不世之功名。"吕布还许诺打败袁术后，缴获所得都归杨奉、韩暹，他一点儿也不要。

杨奉、韩暹对吕布信中所说未必感兴趣，但吕布的许诺却正好打中二人的软肋，杨奉、韩暹所部一直没地盘，缺乏补给，对物质诱惑几乎没有任何抵抗力。而袁术显然忽视了这点，联合之前，也未给予好处或许诺。

袁术与杨奉、韩暹的联合被吕布用物质诱惑成功拆散，杨奉、韩暹派人跟吕布取得联系，答应到时起兵。

可怜，张勋、桥蕤对杨奉、韩暹反水的事一无所知，还被蒙在鼓里，他们做梦也想不到吕布居然也会用计，还是难度颇高的反间计！

杨奉、韩暹阵前倒戈，反戈一击，与吕布军彼此呼应，夹击袁术军。

事发突然，袁术的两员大将张勋、桥蕤猝不及防，全军崩溃，桥蕤被吕布军生擒活捉，袁术军四散而逃，吕布率兵在后趁势掩杀，袁术的兵不是死于阵前就是跌进河里，军士死伤殆尽，张勋率领败兵狼狈逃回寿春。

一场仗下来，吕布大获全胜。打了胜仗的吕布得势不饶人，一路尾随袁术的败兵一直追进袁术的防区，吕布与韩暹、杨奉的部队水陆并进，兵锋直指寿春城。吕布的兵秉承以往传统，走一路，抢一路，所过之处鸡犬不留。吕布军一直进至扬州九江郡的钟离县才收兵折返，在将袁术腹地大肆掳掠一番后，满载而归。袁术挑起的这场战争，不仅没有消灭吕布，反而损兵折将，而当地百姓也饱受涂炭之苦，城门失火殃及池鱼。

临走之前，吕布还不忘了戏耍袁术，给袁术留下书信一封，信中说："阁下平日常说部下精兵勇将如云，我一路走来却从未见到！我吕布不敢自称武勇，却虎步淮南，未遇敌手，当此之时，阁下龟缩寿春，不敢应战，你的精兵勇将都到哪去了？"

袁术损兵折将又被吕布好一顿损，颜面尽失，等吕布撤兵渡过淮河到了北岸，袁术为了找回面子这才带步骑五千，在淮河南岸前来为吕布"送行"。袁术军与吕布军隔河相对，吕布所部骑兵隔河放肆地嘲笑戏谑袁术一番，得意而去，只剩下南岸的袁术在那里气得脸色发青。

（四）吕布的"扩张"

战后，元气大伤的袁术只能保据淮南，暂时放弃对徐州的野心。而吕布经此一役巩固了自己在徐州的势力，达到他的巅峰，当南线的威胁消失后，吕布也起了向外扩张的野心，他将目标瞄准了下邳北面的琅琊国。

琅邪国隶属徐州治下，自封"徐州牧"的吕布认为自己有责任履行州牧的职责，而时任琅邪国相（级别相当于太守）的徐州东海人萧建此时正据守莒城，萧建与当年的北海孔融采取了同样的做法，划地而守，不与外界尤其是吕布相往来。

吕布自从以一封书信施离间计成功后，便喜欢上了这种只有文人才常用的社交方式，令部下捉刀代笔给萧建写信。

信中，吕布首先向萧建表示"善意"，一再强调，自己是并州五原人，家乡

三国之决战中原

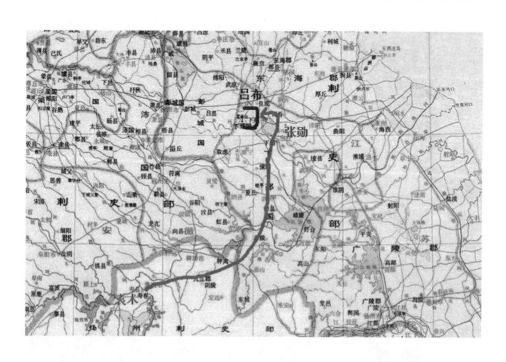

距徐州数千里之遥，他对徐州并无领土野心（吕布的说法也是十分奇葩，你家乡在何处，与你在哪发展有何关联）。接下来，吕布的话透出威胁之意，质问萧建，莒城即属徐州治下，他却不与州里相通，难道是想割据称王吗？

吕布在信中说，当年战国名将乐毅一举攻下齐国七十余城，却始终攻不下莒城与即墨。话锋突然一转，又说，可是您不是田单，我也不是乐毅（暗示萧建，你的莒城并非金城汤池，挡不住我吕布）。信尾，吕布还特意叮嘱萧建，可与豪杰共同商议（是战是降）。

吕布的信既可以看作战书也是劝降信。

琅邪国相萧建接到吕布书信，吓得不轻，当即写了一封回信，派主簿前往下邳拜谒吕布，并奉上良马五匹（在当时可算厚礼），以示归顺之意。

可吕布没高兴多久，有消息传来，莒城被陶谦旧部臧霸攻破，萧建多年囤积的积蓄都归了臧霸。

臧霸知道吕布心里早就惦记上莒城了，为保住战果，派人到下邳见吕布，表示愿意将所得分出部分送给吕布，希望吕布高抬贵手，不要再打莒城的主意。

吕布将计就计，表示可以。不久，吕布亲自率兵北上，帐下大将高顺反对吕布亲往，高顺说："将军亲斩董卓，天下敬畏，莒城不过是座小城，何需将军大驾亲往，派一员大将去行了。将军若亲自带兵，一旦有失，岂不有损于将军威名？"但吕布不听，执意前往，臧霸觉察出吕布不怀好意，登城据守，吕布攻城不下，只好撤兵返回下邳，吕布北进之路被臧霸终结。

此后，臧霸又派人讲和，两家又重归于好。但吕布的势力也局限于徐州下邳一隅，而并非徐州全部。

（五）袁术偷袭陈国

袁术在淮南骄奢淫逸、挥霍无度，又逢天灾旱蝗，江淮百姓穷困愁苦，袁术偏偏又在此时被吕布打败，可谓兵败于外，民困于内。而袁术的"后宫"美女数百，人人锦衣玉食，依旧如故，可宫外的百姓甚至已经人吃人。

袁术无奈只好向邻近的陈国借粮。

陈国在陈王刘宠与国相骆俊的治理下，物阜民丰，堪称乱世中的一片世外桃源，百姓尽力耕织，多年来，囤积了大量存粮，这也引来了包括曹操、袁术在内的各方势力的觊觎。

陈国地处中原腹地一片平川，介于曹操的陈留、许县，袁术的寿春，刘备的小沛之间。陈国无险可守，但陈王刘宠自幼好武，尤其擅长用弩，中原战乱之时，刘宠率军据守陈国陈县外围的阳夏，将各地乱兵阻挡在外，国相骆俊则对内镇抚百姓，赈济从外地流入的流民。二人齐心协力使陈国得以免于兵火。

但好景不长，这一切都被袁术毁灭了。

袁术公然称帝已是汉朝叛逆，而陈王是汉朝的诸侯王，骆俊身食汉禄，忠心汉朝，又岂能借粮给逆贼，因此，一口回绝了袁术。

袁术借粮不成，恼羞成怒，派了一个名叫张开阳的刺客，冒充受陈国赈济的灾民，带上酒肉来到骆俊府上，谎称前来答谢骆俊对灾民的救济，并假意称赞骆相的恩德，当面敬上一杯米酒，以示谢意。骆俊心地善良，盛情难却，接过酒杯一饮而尽。谁知酒中有毒，骆俊毒发后，被刺客刺死。陈国百姓听说国相被害，举国哀恸。

袁术乘机连夜偷袭陈国，攻破陈县，杀死陈王刘宠，将陈国存粮抢掠一空，并纵兵抢掠。骆俊的妻子后改嫁给豫章太守华歆。建安五年，骆俊八岁的儿子骆统，回到故乡会稽郡乌伤县，后成为东吴名将。

（六）曹操征袁术

曹操早就有意征讨袁术，袁术陈国杀人劫粮事件发生后，更坚定了曹操出兵的决心。陈国隶属豫州，曹操早将那里视为自己的粮仓，岂容他人染指。

出兵之前，曹操派人以朝廷名义加封孙策为骑都尉，准许孙策继承其父孙坚乌程侯的爵位，同时任命孙策为会稽太守。这是朝廷的正式任命，也是孙策第一次获得"合法身份"。

当然官不是白给的，为了营造全国团结一致讨伐逆贼袁术的声势，曹操还派人到处联系袁术周围的军阀，曹操给吴郡太守陈瑀写信让他出兵，共同征讨逆贼袁术。

建安二年（197）九月，曹操正式出兵，东征袁术。

袁术听说曹操亲自带兵前来，自知不敌（连吕布都打不过，更何况是曹操），袁术留下大将桥蕤、李丰、梁纲、乐就等人领兵镇守淮北重镇蕲城（曹魏代汉后改蕲阳，今安徽宿州），自己丢弃大军逃回淮南。

蕲城地属豫州沛国治下，地处曹操的豫州许县与吕布的徐州下邳之间，深入中原腹地。曹操不论是由豫州南下还是东进徐州，势必夺取此地，拔出袁术深入中原的这只"触角"。

蕲城，曹操志在必得，袁术却连应战的勇气都丢了，尚未开战，袁术败局已定。

曹操大军压境，袁军主将桥蕤等抵挡不住，退守苦城。曹军在陷阵都尉于禁、乐进的率领下猛攻苦城，经过一番激战，攻占苦城，守军全军覆没，袁术帐下大将桥蕤、李丰、梁纲、乐就尽皆战死，袁术在淮北的主力损失殆尽，曹操横扫淮北，将袁术势力压缩至淮水以南。

袁术接二连三遭受打击，这年冬天，淮南遭遇大旱灾，接着是大饥荒，百姓无粮，各地都有人吃人的事件发生，每天都有人饿死街头。渐渐地，袁术军队的粮饷供应都成了问题，士兵大量逃亡。面对困局，袁术毫无对策，只能每天坐在竹床上唉声叹气。

孙策与之决裂，吕布与之反目，曹操又趁火打劫。本想退到淮南重整旗鼓又遇旱灾饥荒。

经过与吕布、曹操的两战，袁术帐下大将多死于阵前，士卒也死走逃亡，所剩无几。总之，一句话，袁术气数已尽。

袁术曾将十万斛粮食交予沛相舒邵充做军粮。舒邵却把仅存不多的军粮分给了灾民，袁术知道后，顿时火冒三丈，大会文武，陈兵列众，公审舒邵。

这位沛相也是一位慷慨豪侠之士，袁术早年也是以豪侠闻名，因此对此人颇为欣赏，予以重用。

舒邵，字仲膺，兖州陈留人，与兄长舒伯膺俱为汉末名士。曾为其兄伯膺复仇杀人，事发后，兄弟争死，当时主审此案的正是袁术，袁术也是性情中人，当即将兄弟二人释放，二人也因此名扬天下。

如此一位慷慨豪侠之士，做出开仓放粮之举，并不意外。

舒邵既然敢于行事，自然早就将生死置之度外："属下自知必死。所以开仓将军粮发给饥民，是想以我一人之命，救百姓于危难。"袁术也被深深触动，下马拉着舒邵的手说："仲膺，足下想一人享此重名，就不能让我也受此荣耀吗？"袁术讲这番话，说明他已经原谅了舒邵。

袁术先后两次饶恕舒邵，都是因其义举，颇有惺惺相惜之意，袁术虽难称英雄，却也并非一无是处，此处可见其真善的一面，不负汉末豪侠之名。

此后，袁术一日不如一日，不久部下陈兰、雷薄率部叛逃，占据灊山，不再听从袁术号令。

典韦之后有许褚　与袁术的日薄西山不同，曹操的霸业蒸蒸日上。曹操此次东征，不仅消灭了袁术主力，还收了一员大将——许褚。

许褚，字仲康，豫州谯国谯县（今安徽亳州）人，曹操的老乡（曹操特别信任并重用同乡）。许褚身高一米八，长得体壮腰圆，魁梧健硕。

黄巾之后，天下大乱，各地盗匪闻风而动，到处打家劫舍，朝廷自顾不暇无力镇压，地方大族纷纷组建宗族武装保卫乡里，修筑堡垒寨墙自保，这种类似后来地方民团的宗族武装在当时到处都是。许褚家族也聚集了当地数千乡亲，修筑寨墙防土匪。

当时汝南一带盗匪横行，有一支上万人的土匪攻打许褚所在的村堡，许褚集合寨中少年拼死抵抗，但对方毕竟人多势众，许褚等人渐渐处于下风，要是让土匪打进来，寨中男女老少必然性命难保。许褚急中生智，让大家收集石块，集中堆放在寨墙的四个角落处，许褚自己则沿着寨墙转圈，每到有石块堆积的地方，许褚就捡起石块像扔飞镖一样向外掷，许褚的"飞镖"几乎发发命中，挨上的非死即伤，土匪见寨中有这般武林高手，知难而退。

土匪强攻不成，却也没走，反而在寨外扎下大营，打算长期围困。时间一长，寨墙里的存粮所剩无几，再这样耗下去，很快就要面临断炊。许褚寨中虽无粮食却有耕牛。

外面的土匪大多也是农民，平时不抢劫时也种地，种地需要耕牛，而"围城"里的许褚守着牛却不能用。

土匪有粮缺牛，许褚有牛缺粮。于是墙里墙外的两伙人，在经过一番沟通和讨价还价之后，达成协议——用粮食换耕牛。

按照约定，土匪们将准备好的粮食堆到寨墙外，里面则如约放出耕牛。可粮食搬进去了，土匪来取牛，意外出现了，老牛纷纷往回跑，土匪自然不干，上前拽牛，这时许褚上场了，许褚上前一把拽住牛尾巴，用尽气力将牛强行拽回百余米，生生把牛给拽了回去。土匪们见状被惊得目瞪口呆，哪里还敢取牛，转身就逃。

许褚在淮河、汝南一带就此成名，曹操东征袁术，许褚早就听过曹操大名，许褚率领部众投到曹操帐下。曹操每到一地必招揽当地豪杰，曹操一向爱才，见了许褚，十分喜爱，果然是一位壮士！曹操对身旁的众人说："这是我的樊哙啊。"当天，就任命许褚为都尉，跟随许褚精通武术的门客也都做了曹操虎士，许褚受命宿卫在曹操左右，接替典韦成为曹操的卫队长。

（七）曹操二征张绣

曹操在淮北痛击袁术，斩将搴旗，袁术主力损失殆尽，大将死亡略尽，从此一蹶不振。

之后，曹操率军返回许县，略作休整。同年十一月，曹操再次出兵，这一次的打击矛头指向的是张绣。

曹操上次南征后，张绣一度很活跃，南阳郡治下的章陵等县相继叛曹归降张绣。

为了洗刷前次战败的耻辱，曹操在一年之内第二次南征张绣。

荆州的南阳郡地处南北交通要冲，这里毗邻曹操的豫州许县，这也是曹操如此重视南阳郡的原因。南阳郡郡治宛城上次已被曹操占领，但其他各县大部还在张绣跟刘表手里。

此次，曹操有备而来，兵临淯水，这时距上次淯水之战只有十个月。曹操亲自在水边设祭，祭奠之前的阵亡将士。部众感伤阵亡袍泽的同时也被曹操不忘旧人之举深深感动。人死魂消，所谓祭祀其实更多是做给活人看的，人们都知道刘备善于收买人心，曹操亦如是。

开战后，曹军士气旺盛，锐不可当。当月，曹军接连攻下南阳郡下属的湖阳、舞阴二县，并活捉刘表守将邓济。

张绣见曹操来势凶猛，难以抵抗，只好退避三舍，固守不战。两军相持到建安三年（198）正月，天寒地冻，曹操率军返回许县。

（八）刘备的鸿门宴

刘备自从应陶谦之邀，进入徐州，便卷入旋涡之中，不能自拔，未得一日清闲，处于吕布、袁术乃至曹操各派势力之间，在夹缝中求生存，处处看人脸色。

这时刘备正屯兵小沛，又有人前来登门拜访，来者乃是之前与吕布一起大败袁术的杨奉。

杨奉先受袁术邀请去打吕布，却被吕布说动，阵前反戈一击，与吕布联手杀败袁术。

战后，杨奉、韩暹所部就留在了徐州，不过，二人与吕布纯属苟合，一旦失去共同的敌人，双方的矛盾立刻凸现出来。吕布自己也缺兵少粮，没有多余的粮食供给杨奉，杨奉军得不到充分补给，在徐州始终处于半饥半饱状态。

杨奉眼见这样下去不是长久之计，听说荆州刘表仓廪充实，粮食多，打算去荆州投奔刘表，来向吕布辞行，却被吕布一口回绝。在徐州吃不饱还不让走，杨奉对吕布大为不满。

杨奉知道刘备与吕布有仇，敌人的敌人就是朋友，杨奉也坚信这一点，于是特来联络刘备，想邀刘备与之合兵，共同对付吕布。刘备假意答应。杨奉于是率部来到小沛。

刘备请杨奉入城赴宴，共商讨吕大计。杨奉不知是计，信以为真，前去赴约，谁知，素以宽德仁厚著称的刘玄德这次摆的却是一桌鸿门宴。

酒席宴上，刘备异常热情，频频向贵客敬酒，好酒好菜加上刘备招牌式的笑容，让饱经风霜的杨奉又找到了"家"的温暖，此情此景让他想起了千里之外的老家，那里有他的家人，还有他曾经熟悉的一切，但现在千山阻隔，有家难回。

杨奉一点儿也不用伤感，很快刘备就会帮他实现心愿，以一种特别的方式。

酒席吃到中途，刘备突然翻脸，将酒杯掷于地下，这就是常见的摔杯为号，霎时，从屏风后转出多名武士，将喝得兴致正高的杨奉按翻在地，捆了个结实，随即被推出斩首。

杨奉被杀后，韩暹得到消息，带了十余名亲随，准备逃回并州，但在路上被人所杀。留在并州河东的胡才与李乐也先后死去，胡才被仇家所杀，李乐病死，在诸将中是少数得以善终的幸运者。至此，当年"护驾有功"的并州诸将，凋零殆尽，属于他们的时代结束了。

犯长安的罪魁郭汜后被部将伍习所杀，建安三年四月，将军段煨奉命率军讨灭李傕，诛其三族，段煨以功升安南将军，封乡侯。

（九）曹操三征张绣

建安三年（198）三月，春暖花开，曹操决意再次领兵南下，三征张绣。曹操此次誓要消灭张绣，彻底解除其对许县的威胁。

这时军师荀攸却提出不同意见，荀攸说："张绣和刘表不过相互利用，势难久存。张绣与刘表有血仇（其叔父张济为荆州所杀），张绣客军，粮饷仰赖于刘表，时间一长，刘表势必不能长期供其军粮。两家必生裂痕，到时我军可各个击破之。

我军若南下，刘表、张绣畏惧主公，必然合兵，抗拒大军。如果暂缓出兵，等他们渐生嫌隙，分道扬镳之时，再出兵征讨可获全功，此时攻伐张绣，张绣必告急于刘表，刘表若出兵，战事恐难以速胜。"

但这次，曹操出人意料地没有听从。曹操下此决心也有他不得已的苦衷，相比于吕布、袁术，张绣对他的威胁更大更直接，曹操出征袁术时，张绣便趁机频频出击，在曹操的后方骚扰，这让曹操下决心解决张绣这个后顾之忧。

这时，张绣不在宛城，退守南阳郡治下的穰城，曹操与张绣的战争始终在南阳郡境内各县之间拉锯。

割发代首 曹军一路南下，要经过许多麦田。曹操征战多年，深知粮食的重要，特别注意保护农田，不许部下军士随意践踏百姓田地。

曹操治军严整，军令如山，所部军纪相比于其他军阀要好得多。

此次南征张绣，出征前，曹操再次严明军纪，严禁军士沿途践踏百姓庄田，违者军法从事。

曹操素来执法如山，令行禁止、不徇私情，跟随他的部下们也深知自己主公的秉性，因此沿途对所过郡县，秋毫无犯。

经过麦田时，骑兵大都下马步行，以防战马践踏庄稼。

但事有凑巧，一次在经过一片麦地时，曹操的坐骑受惊，任凭曹操如何抽打也阻止不住，片刻之间，战马便踏平了一大片麦田。事发突然，左右不知所措，曹操却主动找来军中执法官吏，问他，自己违犯军纪，该当何罪？执法官以《春秋》之义，法不加尊回答。曹操却摇头，我定的律法，自己不去遵守，何以服众？说罢，便要拔剑自刎。

部下们见状，赶紧过来劝止，说，您是军中主帅，责任重大，岂可轻易寻死。曹操这才作罢，但仍割发代首，将割下的头发传示三军。古人对自己的须发特别爱惜，身体发肤受之父母，不可毁伤。曹操以发代首，虽说有做戏之嫌，但其以身作则、严明军纪之举，却仍受后世称道。曹操违法尚要割发，其他人割的就不是发而是头了。

正因为曹操有严明的军纪，才造就出一支军纪严明、听从号令的劲旅。

安众破敌 曹操大军深入南阳，将张绣围困于穰城。相持到五月，刘表的援军到了。

这时曹操得到情报，袁绍的谋士田丰给袁绍献计，趁曹操领兵在外，奇袭许县。听到消息，曹操吃惊非小，加之，此时已是五月，天气逐渐酷热，刘表的援兵又从背后截住曹军归路。

军帐里的曹操权衡利弊，最后只好下令退兵。但想全身而退也并非易事。张绣非等闲之辈。而且此时刘表援军已屯兵安众，曹操退兵的必经之路上。

张绣见形势于己有利，也主动出击，率兵追击曹操。

曹军在前有堵截后有追兵的情势下，全军依然秩序井然地撤退。

安众地形险要易守难攻，在给留守许县的荀彧写的信中，曹操自信地对荀彧说："贼兵一路尾追我军，我预大军到安众必破贼兵。"

曹军被刘表军张绣军前堵后追，困在安众，刘表、张绣占尽地利险要，自以为此番必能大败曹操，放松了警惕，在军帐中做着凯旋的美梦。

就在他们沉沉睡去之时，曹操正率部挖掘地道。土木作业对曹军并非难事，特别是曹操手下有一支特殊的部队，专门从事挖掘，没错，他们就是曹操的盗墓军团，在发丘中郎将、摸金校尉的指挥下，曹军很快便开凿出一条通道，全军得以顺利撤出。

等张绣的士兵发现地道，曹军早就不见踪影。

张绣发觉曹军撤走，下令全力追击。但手下谋士贾诩却拦住了他，劝他不要在此时出击，张绣虽然很听贾诩的话，但这次面对大好时机，张绣没听贾诩的，而是亲自带兵沿着曹军撤退的方向风驰电掣地就追了下去。

刘表军也发现曹军撤退，也跟踪追击。刘表、张绣联军一路紧追，曹操将计就计，出安众不远，便设下伏兵，专等张绣、刘表联军到来，果不出曹操所料，张绣、刘表没让曹操失望，急不可耐地钻进曹操的埋伏圈。联军发觉上当，为时已晚，被四周的曹军步骑兵前后夹击，大败。

打了败仗的张绣领着残兵败将垂头丧气地回到大营，刚到大营门口，谋士贾诩就迎了出来，张绣看到贾诩不觉脸色微红，贾诩之前劝他不要追，可他不听，如今果然大败而回。

张绣正在发愣时，贾诩已经走上前来，说道："主公，您先不要回营，现在马上杀回去，定能大获全胜。"张绣顿感莫名其妙问道："之前，未听您的良言相劝，果然打了败仗，现在既然已经战败，为何还要打回去？"贾诩焦急地说："主

三国

之

决战中原

公，战机稍纵即逝，现在没时间跟您解释，你赶快追就是了，这次一定能胜。"张绣一向对贾诩敬佩有加言听计从，但这次也将信将疑，但还是收拢部队，再次折返，原路杀回。

张绣军很快又追上了曹军，两军一场混战，张绣赢了。

打了胜仗的张绣却更迷糊了，满腹狐疑的张绣回到大营，见了贾诩，张绣迫不及待追问："我第一次领精兵追曹军，您说我打不赢；后来，我带着败兵去追刚刚打了胜仗的曹军，您却说我一定能胜。事情果然如您所预料的，这是何道理？"

看着困惑不解的张绣，贾诩笑了："说起来，原因也很简单，将军虽骁勇善战但却不是曹操对手，曹操善于用兵，撤军之际，必然设有埋伏，以防追兵，而且他定会亲自领兵掩护，严阵以待，所以我料将军若追必败；曹操用兵并无失策之处，今无故退兵，必然是后方有事，需要他回去处理，曹操急于回去。既然已经打败了将军，认为您不会再追来，肯定会带兵急于赶路，此时负责掩护的曹军将领不是曹操本人，寻常将领并非您的敌手，所以我料将军必胜。"

张绣听了，对贾诩佩服得五体投地。

建安三年七月，曹操率军回到许县。荀彧见了曹操，问道："主公前日身处重围之中，却说必破敌军，臣始终未明其中道理，请问主公何以知军到安众必破敌军？"曹操听了大笑，说道："敌人阻截我军归路，又陷我军于死地。将士归心似箭身处险地，胜则生，败则死，故人人奋勇，拼死力战，因此我料必能破敌，此兵法之投之亡地而后存，陷之死地然后生是也。"

曹操回到许县才知袁绍袭击许县的消息不实，虚惊一场！但袁绍的谋士田丰确实曾为袁绍献计偷袭许县，只是袁绍并未采纳其计。

袁绍每次接到皇帝诏书心里就不痛快，世间如果有后悔药，袁绍一定会去买，当初一念之差，错失良机，让曹操占了便宜，如今曹操狐假虎威，动辄以皇帝名义给自己下旨，令袁绍懊恼不已。

袁绍曾写信给曹操，说许县地热下湿，陛下久居恐有伤龙体，不如请皇帝移驾鄄城（袁绍的地盘），此地日照充沛，气候宜人，适宜居住。

曹操当然不吃这一套，吃到嘴里的东西再吐出去，怎么可能！

（一）曹操东征吕布

三国
之
决战中原

曹操刚回到许县，徐州传来消息，吕布反水！吕布终于想明白了，他上了曹操的当。吕布的反复无常，各路诸侯早已习以为常，并不觉得惊讶，民国年间有一位倒戈将军冯玉祥，吕布就是三国时代的倒戈将军。

与吕布合作过的诸侯，最近的如刘备、袁术，这两人虽然本身敌对、势不两立，却同样深受吕布之害。刘备被他弄得无家可归，袁术被他害得损兵折将、元气大伤，之前的故主丁原、董卓更是被吕布亲手所杀，丢了性命。

吕布的举动并不出曹操意外。

吕布重新向袁术示好，为表明诚意，吕布亲自率兵进攻小沛的刘备。

吕布攻小沛心计颇深，刘备此时受曹操庇护，吕布之前所以坐视刘备在小沛的存在，正是因为他想向曹操靠拢，以求得梦寐以求的徐州牧。而当美梦破灭时，吕布便撕破脸皮。既然跟曹操翻脸，自然不能放过曹操安插在徐州的棋子刘备。

同时，吕布知道刘备与袁术是仇敌，攻击刘备也能取得袁术的好感，以补偿他之前的所作所为，毕竟不久之前，他与杨奉联合将袁术打得很惨。

刘备之所以平安无事，全仗曹操这个靠山，而吕布不敢轻易去打曹操，但却敢打刘备。

吕布派中郎将高顺、北地太守雁门人张辽领兵前去进攻刘备。

吕布手下战将虽不似曹操那般强大，但也堪称强悍，如张辽、郝萌、曹性、成廉、魏续、宋宪、侯成等人都是久经战阵的骁将。

吕布最为得力的重臣，却不是以上诸将，乃是陈宫与高顺，此二人一文一武，即使在谋臣大将如星河般璀璨的三国时代，这两人也能占据一席之地。吕布能在中原纵横一时，也多亏陈宫与高顺的辅佐，但偏偏此二人不和。文武不和，加之吕布毫无政治节操的见利忘义、鼠目寸光，最终导致吕布集团的覆灭。

但在此时，吕布所部仍具有相当实力。高顺所部士兵（他的直属部队）只有七百，对外号称千人（基本属实，并未夸张，考虑到吕布士兵一直不多，七百人在吕布军中所占比例也不算低），但铠甲战具精良，士兵更是身经百战的精兵，几乎每役必从，冲锋在先，号称陷阵营，名副其实的先锋精锐。

张辽日后归顺曹操，成为曹操的五虎上将之一，后在与孙吴的合肥战役中，杀得吴军人人胆寒，威震逍遥津。不过，那是后话，此时的张辽在吕布军中，论地位稍逊高顺一筹。

高顺、张辽皆为名将，所部更是军中精锐。刘备兵少力弱，处境危急。

曹操得知吕布派兵攻打刘备，派大将夏侯惇领兵前往救援。夏侯惇在曹军中地位之尊贵他人不能相比，即使是曹操的"五虎大将"也难以望其项背（虽然此时五虎将尚未凑齐）。

曹操特别信赖乡里亲旧，尤其是曹氏、夏侯氏等宗亲，而其中夏侯惇地位最尊，与曹操出则同车，坐则联席，甚至可以出入曹操的卧房，这是别人想都不敢想的待遇。

曹操派夏侯惇来救刘备，足以见得曹操对刘备的重视。但夏侯惇却战败了，被高顺击败，这也间接证明了高顺的实力。夏侯惇也正是在此战中被射伤一只眼睛，至于生吞眼球，应属演义夸张，未见正史记载。

夏侯惇败走，刘备军失去外援，士气大挫，不久高顺攻破小沛，刘备单人匹马逃往许县，家眷再次被吕布俘获。

曹操召开战前会议，商议进兵，会上，众将大都认为张绣、刘表近在咫尺，对许县威胁甚大，此时远征吕布，刘表、张绣若趁势而起，势必危及根本，因此纷纷主张先扫平张绣，再征吕布不迟。

面对众将反对，曹操没有立即表态，这时军师荀攸说："张绣、刘表新败之余，慑于我军军威，惊魂未定，必不敢轻举妄动。吕布骁勇善战，又与袁术相勾结，如让吕布在徐州扎下根基，久后必为国家大患，不如此时出击，趁其羽翼尚未丰满，淮泗豪杰尚在观望形势之际，出兵讨伐，一举可下。"

荀攸的一番话正合曹操心意，也堵住了众人之口，东征计划确定下来。

建安三年（198）九月，曹操亲率大军踏上征途。

曹操大军一路东进，军旗猎猎、刀矛如林，好不威风！

十月，大军进入豫州梁国境内，在这里遇上正向许县进发的刘备，于是曹操留刘备在军中，随同出征。曹操的这一决定改变了刘备、吕布两个人的命运，刘备也得以有机会目睹仇人的覆灭，十分解恨。

面对气势汹汹的曹军，陈宫主张趁曹军远道而来，立足未稳，主动出击，一举击溃曹军。吕布却另有打算，他想放曹军过泗水后，等曹军背水而战时，再出战，到时将曹军赶进泗水里喂鱼。

吕布主力固守不出，曹军轻取徐州重镇彭城，潜伏多时的内线广陵太守陈登举旗"反正"正式归顺曹操。

曹操随即做出部署，以主力围攻吕布重兵防守的下邳，从西向东打，让陈登率郡兵助攻，从南往北打，相互呼应，夹击吕布。

吕布没有采纳陈宫以逸待劳，外线作战不给曹军休整机会的建议，放弃自己擅长的骑兵机动野战，转而固守城池，将主动权拱手让与曹操，一步步陷入被动。

三国

之

决
战
中
原

曹军攻占彭城后，兵锋直抵吕布的大本营下邳。曹军与陈登所部会师下邳城下，将吕布困于城中，吕布这时才想起率军出击，两军以猛烈的骑兵对冲开始了战斗，兵对兵、将对将、刀对刀，两军混战，血腥厮杀，不时有人被砍下马，曹操来者不善，吕布亲率骑兵冲击曹军大阵，曹军则报之以更猛烈的骑兵反冲锋。尽管吕布骑兵以凶悍勇猛闻名，很少遇上对手，但这次跟曹军的对决，吕布军没占到便宜。

几轮冲锋下来，吕布引以为傲的精锐骑兵折损不少，部将成廉也被曹军俘虏，再打下去就要全军覆没，吕布只好率残兵败将逃回下邳城。

之后，几次出战都被打得大败而退，吕布只好躲入城中，再不敢轻易接战。曹军乘胜兵临城下，大军围城。

为剿灭吕布，此次曹操手下精兵猛将几乎倾巢而出，曹操未来五虎大将中的于禁、乐进、徐晃均随军出征，另外两位不是曹操不想带而是此时这两人还不是他的部下，张辽正在吕布军中，张郃此时在袁绍帐下为将。

吕布见曹操大军围城，望着城外望不到尽头的连营，吕布害怕了，有了投降的想法。就在此时，曹操派的使者来到城下将曹操的劝降信射进城中。曹操在信中为吕布指出两条路：一条抵抗，死；一条投降，活。吕布本有投降之意，见信后，更加动摇。

几番大败之后，吕布心生怯意。对三姓家奴吕布而言，阵前投降并不丢脸，打不过就投降，既然已经换了几任主公，再换一次也没什么大不了。

吕布的首席谋士陈宫大概看出了吕布的心思，极力主战。陈宫的态度相当坚决，不投降，打到底。

陈宫为何如此执着？原因很简单，陈宫不能投降。

说起陈宫跟曹操的关系，真是一言难尽，本来曹操初到兖州，陈宫曾鼎力相助，曹操入主兖州，陈宫厥功至伟，但后来，由于曹操在人事任免上"任人唯亲"，陈宫感觉被冷落，开始对曹操产生怨恨，之后曹操处死边让与兖州士大夫彻底闹翻，而作为兖州士大夫领袖的陈宫也参与其中，于是两人从此分道扬镳，曹操是陈宫请来的，吕布也是陈宫请进来的，并差点将曹操赶出兖州。

以后的事，之前说过，曹操用了两年费了九牛二虎之力在袁绍资助下才又打了回来，曹操跟陈宫的深仇就此种下。

就算吕布想降，陈宫也不能降，而且陈宫是士人，有廉耻之心，与吕布这种三姓家奴不可同日而语。

于是吕布投降的最佳时间就这样被陈宫耽误了。

既然不投降，那就只有开战。

曹军随之猛攻下邳。曹军攻势如潮，吕布军死伤惨重，吕布亲自来到城上，站在城头冲城下曹军大喊："你们别打了，我会自己去向明公自首。"这时站在一边的陈宫插话说："什么明公，曹操乃是汉贼。投降是以卵击石，哪里会有活路。"

投降不成，只好向外求救。虽说吕布的人缘不好，但兔死狐悲，出于自身利益的考量，吕布也有几个盟友。

吕布的第一路援军——河内太守张扬。张扬是并州云中人，跟同为并州五原人的吕布是老乡，两人曾在丁原手下共事，老乡加战友，吕布跟张扬的关系一直紧密。

听说吕布被围，张扬要出兵救援，但考虑到自己实力有限，张扬只能远远地给予吕布声援，根本不敢靠近曹军。

张扬性情温和，即使发现部下有人图谋不轨，一般也是温声细语地开导，很少杀人，这是为人的优点，但在人心险恶的乱世却是为将的缺点，而且是致命的。

张扬的大将杨丑与张扬貌合神离，张扬心向吕布，杨丑却早已"芳心暗许"曹操。不久，杨丑杀了张扬，准备拉着队伍投奔曹操，但杨丑也过高估计了自己在军中的威信，张扬的另一位大将眭固又杀了杨丑，眭固率部北上想去投袁绍。

此路援兵陷入内讧，自顾不暇，不会去救吕布。

吕布的第二路援军——泰山诸将臧霸等。

臧霸（165—230），又名奴寇，字宣高，泰山华县（今山东费县方城镇）人。

臧霸的父亲叫臧戒，曾是泰山郡小吏，只因性格耿直秉公执法得罪太守，惹下大祸，被太守找了个罪名投入大狱，不久又被充军要押送到边境，去充军十之八九回不来，充军相当于不是死刑的死刑。臧霸的父亲若是去了，也就死在他乡了。

此时臧霸只有十八岁，却胆气过人，带着几十个门客在押解途中于费县西山杀散衙役救出老父。此后臧霸成为朝廷通缉犯，四处流浪。后投奔到陶谦麾下，跟随陶谦"围剿"黄巾，以军功升骑都尉，从此发迹，陶谦死后，臧霸与孙观、尹礼等人拥兵驻屯开阳，之后，臧霸等人又击败萧建，占领莒城。

臧霸一度跟吕布兵戎相见，之后又和好，打打和和，在乱世里本也平常。吕布被围后，派人向臧霸求救。吕布之所以向臧霸求救，因为吕布很清楚，自己跟臧霸同为割据一方的军阀，彼此虽有矛盾，但也唇亡齿寒，自己完了，臧霸也难以久存，曹操野心很大，两人是绑在一条绳上的蚂蚱。所以吕布相信臧霸会来救自己。

臧霸接到书信果然带兵来救，但臧霸不敢跟曹军正面交锋，也只是远远地为吕布摇旗呐喊。这一路人马也没指望了。

吕布的第三路援军——袁术。

吕布跟袁术可谓分分合合。

吕布派名士许汜、王楷到袁术那里求救。袁术虽然也知此时吕布处境危急，但一想到之前被吕布出卖戏耍的羞辱，袁术余恨难消。

之前袁术有意两家联姻，让儿子娶吕布的女儿，但吕布出尔反尔背信弃义，还将自己的使者送到许县请赏。如今被围才想起自己，早干吗去了？

面对吕布的使者，袁术终于有了发泄心中怒气的机会。许汜、王楷只好苦劝："我家主公之前确有不妥之处，但两家唇亡齿寒。明上不救吕布，明日祸将及于明上（指袁术）。"

袁术何尝不知其中道理，但眼下他也是爱莫能助，这还要"感谢"吕布，要不是吕布与杨奉合兵攻他，他也不至于损兵折将，如今的袁术今非昔比，已经派不出多少援兵了。

但吕布以为袁术不发兵是因为自己没把女儿送过去。于是吕布在一天夜里，

三国之决战中原

将女儿跟自己用布帛绑在一起，外披铠甲，共骑一匹马，趁着夜色，偷偷开了城门，想冲出去。

可哪还出得去，此时的下邳早已被曹军围得如铁桶一般，吕布冲出去没多远，就被曹军发现，一顿乱箭将吕布射了回来。

本来以吕布的本事，冲出去并不难，但吕布背后还绑着女儿，他怕伤到女儿只好打马回城。

面对曹操大军围城，陈宫向吕布献计：与其困守孤城、坐以待毙，不如出城野战，争取主动。陈宫说："曹军远道而来，粮草不多，难以持久。将军可领一支人马在外与曹兵周旋，我率其余人马坚守城池。曹操若攻将军，我率领城中兵马从曹军背后出击；如果曹军攻城，将军也可从后攻击。牵制曹军，令其腹背受敌，首尾不能相顾。用不了多久，曹军粮尽必然退走，到时，我军再追击趁势掩杀，必破曹军。"

困守孤城的吕布知道，这么守下去是死路一条。吕布想让陈宫跟高顺守城，自己率领骑兵在外攻击曹军粮道。吕布所部骑兵素来骁勇、长于野战，守城并非其长，反而束缚手脚，吕布果能如此，曹操一时未必能奈何吕布。

但关键时刻，又有人反对，此人是吕布的妻子，此女并非貂蝉，貂蝉只是小说杜撰人物，历史上并无貂蝉此人。

吕布妻对吕布说："高顺、陈宫素来不和，将军一旦远出，城中无主，这二人互不服气又岂能同心守城，一旦城池失守，将军就无家可归了！还望将军三思，妾在长安时已被将军抛弃一次，若非庞舒相救，妾早死多时，今将军又要领兵远征，妾恐今生再不能与将军相见。"说罢，泪如雨下。

男人最难招架的就是女人的眼泪，枭雄吕布也不例外，妻子的哭声让吕布心烦意乱，又犹豫起来。

吕布之妻虽是女人，口才却不输陈宫，她知道让吕布出城是陈宫的主意，就在吕布面前大讲陈宫坏话："当初曹操待陈宫不薄，陈宫还不是背叛了曹操，将军虽厚待陈宫，也不过与当年曹公相仿佛，将军欲将妻小与全城人马交付陈宫，孤军远出，一旦陈宫心怀不轨，妾身恐……"吕布只好取消出击的计划。

援军迟迟不到，曹军日夜围城，吕布曾亲自率领一千精锐骑兵突围，想杀开一条血路，但还是无功而返。

连续几次出击失败，吕布日渐消沉，所部士气更是日益低落。

心烦意乱的吕布，脾气越来越暴躁，动不动就对部下发火，搞得人人自危，身边的几员大将也心生他念，各自谋求出路，为自己的将来打算。

吕布手下的首席谋士陈宫、大将高顺，虽对吕布忠心耿耿，却各自为政，而吕布对陈宫与高顺也并不总是言听计从，对二人的逆耳忠言常置之脑后。

高顺为人耿直忠厚，一身正气不怒自威，身为武将却滴酒不沾。

但高顺不会阿谀奉承，说话直来直去，不讨吕布欢心，吕布知道高顺忠心，但仍对其颇为反感，疏远高顺，令大将魏续代替高顺统领陷阵营，但魏续打仗远不如高顺，所以每逢打仗，吕布还是让高顺带兵，打完仗再收回兵权，即使这样，高顺依然对吕布忠心不二。

转眼，下邳城被围已三月有余，时间到了建安三年冬，天寒地冻，下邳城里的吕布整日愁苦，却无计可施。

城里的吕布犹如笼中困兽，城外的曹操境况也好不到哪里去。

围城三月，下邳久攻不下，劳师远征、士卒疲敝。

曹操见战局没有起色，萌生退兵之意，随军谋士荀攸、郭嘉见曹操要打退堂鼓，竭力劝阻道："吕布有勇无谋，如今连战皆北，锐气尽失，三军以帅为主，主将锐气消磨，三军岂有斗志？如今吕布屡败之后，心生怯意。陈宫虽有智谋，但反应迟钝，趁吕布气衰、陈宫智竭，正是消灭吕布的最好机会，主公不可错失良机，此时当集中主力，全力进攻，吕布必破。"

下邳城紧邻泗水、沂水，两人劝曹操以水代兵，掘开河堤，以水灌城。曹操依计而行，下邳城很快变成"水乡泽国"。

部将侯成、魏续、宋宪等人，见大势已去，决心反水投靠曹操。

侯成等人之所以大难临头倒戈相向，其中还有一段插曲。

年初时，侯成的部曲门客为侯成放马，吕布的主力是骑兵，侯成是骑兵主将，为保证马的健康，时常出去遛马，但这位门客却有感刘备仁德，打算去投刘备，于是利用给侯成放马的机会，这位门客赶着十五匹马奔向沛城（这时刘备还在小沛），打算把这些马作为见面礼送给刘备。

侯成知道了，亲自带兵去追，终于把马追了回来，跟侯成要好的几位将领得到消息都来贺喜，庆祝马匹失而复得。侯成也挺高兴，就自己做主酿了几坛酒，又打了几头野猪，准备与诸将会餐痛饮。

会餐前，侯成想应先"孝敬"一下吕布，就是这个想法险些要了侯成的命。当时粮食紧缺，吕布曾下令禁止酿酒以节约粮食，饭都吃不饱，哪有余粮酿酒？吕布的这道命令本身无可厚非，顶风作案的侯成这时带着五斗酒半口猪来孝敬长官，却正好撞在枪口上。

侯成到了吕布府中，将礼物呈上，说明来意，吕布当场就火了，我下令禁止酿酒，你带头抗命，竟将酒当礼物送我，分明是藐视于我，视军法如儿戏，若不处罚，今后如何服众？

吕布把侯成臭骂一顿，侯成自讨没趣，回去后，将酒倒掉，把诸将的礼物一一退回，但侯成自此与吕布有了嫌隙。

曹操大兵压境、引水灌城，眼看吕布败局已定，侯成等人本就对吕布不满，为了保命决心献城投降奔向新生。这年十二月的一天，侯成、宋宪与魏续突然发难，生擒陈宫，将之五花大绑，高顺稍后也被叛军制服，侯成等人深知此二人是吕布的左辅右弼，擒住陈宫、高顺，就成功了一半，侯成诸人随即率部开门投降。

城门大开，城外曹军蜂拥而入，经常背叛的吕布也尝到了被人背叛的滋味。

等吕布发觉，曹军已控制城内各处要地，下邳城内布满曹兵，吕布此时是瓮中之鳖，插翅难逃。吕布被逼无奈，情急之下，只好率领亲信部下登上白门楼，当年他就是从这里进下邳入主徐州，如今这里成了他覆灭之地。

吕布被困白门楼，四下都是曹兵。吕布是骑将，擅长的是骑兵突击，人中吕布、马中赤兔。可眼下城内到处是兵，城外则是波涛鄰鄰的水乡，曹军水淹下邳相当彻底。因此，吕布无路可逃，只能束手待毙。曹兵步步逼近，吕布让部下砍下自己的头去领赏，部下们不忍，吕布只好走下城楼，向曹军投降。

曾经威风一时让曹操、刘备吃尽苦头的一代骁将吕布终于沦为阶下囚。

吕布被五花大绑押到曹操面前，吕布一眼就认出坐在曹操身边的刘备，见到熟人，吕布心头又燃起求生的欲望，但他没想到，就是这个人亲手浇灭了他的求生希望。吕布冲着刘备喊道："玄德，如今你是座上客，我是阶下囚，你就不能为我说句话吗？让他们把绑我的绳子松一松也好。"

刘备还没说话，坐在旁边的曹操笑着接话道："捆老虎，不紧怎么行呢？"说完，就示意手下给吕布松松绑绳。这是一个危险的信号，曹操不经意间的举动，透露出一个信息，他有意招降吕布。敏感的刘备注意到了这一点。

曹操爱才，吕布虽无德行，却是世间少有的将才（精于骑兵作战），曹操有心招纳。

吕布这时身上的悍气早没了，只求保命。吕布带着讨好的语气对曹操说："明公的大敌不过是我吕布，如今我吕布已经顺服，明公统率步兵，让吕布统领骑兵，天下何愁不定！"

吕布这话触动了曹操，吕布骑兵纵横天下，若非自己亲征并以水灌城，其部下反正，想生擒吕布谈何容易。

曹操与吕布的谈话及其微妙变化，都被刘备看在眼中，一直坐在旁边察言观色的刘备知道，自己必须阻止眼前发生的一切，决不能让吕布活着，更不能让他为曹操所用。

胸怀天下的刘备深知吕布之勇、曹操之谋，若让二人合流，将对自己大大不利。曹操雄才大略，已经很难对付，手下谋臣勇将如云，如再有吕布相助，那就如虎添翼。必须阻止他们的结合。吕布已是阶下囚，决不能给他卷土重来的机会。

想到此，刘备赶忙插话，"善意"提醒曹操："明公难道忘了吕布是怎么对丁原、董卓的吗？"话不多却说到关键之处，一句话点醒曹操，曹操这才想起，吕布，投靠谁就害谁，这么个品行不端的人，不能再用，自己可不想步丁原、董卓的后尘，瞬间打消了收降吕布的念头。

这一幕被站在台阶下面的吕布看得真真切切，眼看自己求生的最后一线希望破灭，吕布极度失望恐惧之余，异常愤怒地对着刘备大骂："大耳贼，最没有信义。"

但不管吕布如何骂，也免不了一死，这也不能怪刘备，一切都是他自作自受、咎由自取。

吕布最后被曹操下令用布勒死，一代枭雄就此结束了自己并不光彩的一生。

吕布被推下去行刑，陈宫被推了上来。

作为胜利者的曹操看到下面被五花大绑的陈宫，没有丝毫喜悦，反而百感交集，从内心说，曹操不想杀陈宫，虽然两人早已反目成仇，但曹操是个念旧的人，对当年陈宫力荐自己的举动仍心存感激，但世事多变，两个曾经志同道合的战友，最后却分道扬镳，兵戎相见。

此时此刻，两人在这种情形下相见，不免让人唏嘘感叹。曹操没有像对待吕布那样对陈宫，反而更像多年不见的好友叙旧，倾诉衷肠。

曹操意味深长地问陈宫："公台，卿平日自认谋略过人，怎么会到今天这步田地？"陈宫望着吕布的背影说："这个人不听我良言相劝，以致兵败被俘，早听我言，何至于此。"

曹操大笑说："如今卿已被我擒获，你看我应该如何处置你？"

陈宫很坦然地说："我为臣不忠，为子不孝，到了今天，只求一死，别无他念。"曹操听了，心中凄然，说："卿纵然看淡生死，但你的老母怎么办？"陈宫回答："我听说以孝治天下的人，不会累及亲人，我的老母生死全在明公。"曹操又问："那你的妻儿呢？你不关心他们吗？"陈宫回答："我听说施行仁政的人，不会让人之宗庙不得血食，我的后代能不能保全，也在明公。"

曹操听了，知道陈宫决意一死，再无挽回的余地，半晌沉默不语。倒是站在下面的陈宫不耐烦了，说："请将我推出斩首。"说着，头也不回，转身朝刑场走去。曹操忍不住失声痛哭，陈宫听到了曹操的哭声，却始终没有回头。陈宫死后，曹操对陈宫的家人恩遇如初。

吕布的大将高顺也被生擒活捉，此人忠心于吕布，对此人，曹操无话可说，直接推出去斩首示众。

曹操杀了吕布、陈宫、高顺，去除一块心病，也报了当年的一箭之仇。此次徐州之行，曹操还收罗了一批人才，陈登父子就不说了，还有两位重臣也被曹操收归帐下。武将，就是后来的魏国大将，曹操五虎将之一的并州人张辽。文臣，是若干年后成为魏主曹丕托孤大臣创建九品中正制的陈群。

张辽，字文远，并州雁门马邑人，早年追随并州刺史丁原，后受丁原派遣到洛阳隶属大将军何进，何进被杀，又归属董卓，董卓死后，跟随吕布，官拜骑都尉，吕布在长安被李傕打败，张辽又追随吕布一路辗转流亡徐州。

曹操攻破下邳，张辽率军投降。张辽的人生就此逆转，迎来了属于他的春天，此后几十年，张辽追随曹操父子南征北战，历经大小数十战，屡立战功，多次担当前锋，成为曹操五虎大将之一，后坐镇合肥，逍遥津一战杀得东吴人人胆寒，吴人甚至用张文远来吓唬不听话的孩童。

说陈群就不得不先从他的爷爷说起，论名气他爷爷比他更有名。

陈寔，字仲弓，当世名士，德高望重，名重天下。能配上这几个字的人并不多，而陈寔当之无愧。

陈寔曾任太丘县令，党锢之狱大起，身为名士精神领袖的陈寔自然也不能幸免，好在陈寔的名声虽大，影响主要还在地方，这才得以保全性命，被免官放归乡里。回乡后，陈寔隐居荆山专心讲学，远近学子慕名而来者数以千计。

汉灵帝死后，大将军何进掌权辅政，何进为收买人心，征召天下名士入京，名士陈寔也在被征之列，连官位何进都为陈寔准备好了，只要陈寔到京城，等着他的就是高官厚禄。但陈寔以年老多病为由推辞了。

陈寔死时，同为名士三公之一的司空荀爽、太仆令韩融都披麻戴孝，执子孙之礼相送，全国各地的名士闻声而来的有数千人之多，天下名士汇聚陈家，最后

3

兵进徐州

人数竟达三万。大将军何进也派人前去吊祭，陈寔的谥号是文范先生。

陈寔的儿子陈纪，字元方，历任平原相、侍中、大鸿胪。

陈群，陈纪之子，陈寔之孙，字长文，豫州颍川郡人。陈群还很小的时候，陈寔就特别喜欢这个孙子，常对人说，这孩子长大必能光耀家族。同为官宦子弟的鲁国孔融，恃才傲物，年纪比陈纪小比陈群大，早年与陈纪相交为友，后来与陈群结识，对陈纪改行子弟之礼，自己主动降辈分，这在当时是很少见，能让孔融屈尊的父子自然不是寻常人物。

后来，刘备做豫州牧，他深知与本地世家大族相处之道，刘备何等机灵，征召颍川名士陈群到州府任职，官职是豫州别驾。

徐州牧陶谦被曹操围攻，请刘备救援，临终又把徐州托给刘备，刘备"盛情难却"准备接管，这时豫州别驾陈群却劝刘备，不要去徐州是非之地。徐州北有吕布、南有袁术，二者都对徐州虎视眈眈，将军一旦卷入旋涡，想抽身就难了。将军虽得徐州，但很难守住。

062

但刘备还是去了，不久，果然被陈群言中，吕布、袁术联手将刘备挤出徐州，刘备这才后悔不听陈群的忠告，让陈群做枞县县令，但此时刘备自身难保，兵荒马乱之际，陈群不敢赴任，带上老父陈纪到徐州避难，寄居在吕布门下做宾客。

曹操灭吕布占徐州，陈群父子归顺曹操。

曹操早知这父子二人乃当世名士，当即征召陈群在司空西曹掾任职，此时曹操是司空，所以陈群直接进入曹操官署成为其属下。

曹操占领徐州后，为收买人心，广泛征用本地人才，徐州各地地方势力争相投靠，这时由本地大族推荐徐州乐安人王模、徐州下邳人周逵，曹操立即录用，陈群此时已在曹操手下，对这两人早有所闻，向曹操进言，此二人并非忠义之士，早晚必败主公大事，曹操正广收人心，不愿得罪本地大族，也就没听陈群的劝告，后来，两人果然犯法，曹操还为此事专门向陈群道歉。

身为名士，陈群也积极为曹操举荐人才，一来博得曹操的好感，二来也能取悦本地大族，一举两得。陈群向曹操推荐徐州广陵人陈矫、丹阳人戴乾，戴乾后来死于与东吴的战争，陈矫则成为曹魏名臣。

吕布覆灭，友军——泰山诸将臧霸等人，在藏匿一阵后，相继归降。

曹操对曾依附吕布的臧霸等泰山众将，不但未予惩处，反而厚加抚慰，并将从吕布手里夺来的徐州，加上青州沿海郡县，拱手交给五位降将。

臧霸众人曾长期屯兵开阳，此地属徐州琅邪国。但其部下大部却是其同乡泰山人，以勇劲著称的"泰山兵"。"泰山诸将"也由此得名。

泰山诸将除臧霸外，还有孙观、吴敦、尹礼、昌豨四人。

曹操分琅邪、东海、北海为城阳、利城、昌虑三郡，泰山诸将归附曹操后，臧霸被任为琅邪相，吴敦利城太守，尹礼东莞太守，孙观北海国相，孙观之兄孙康为城阳太守。琅邪、利城、东莞、城阳四郡隶属徐州，北海国属青州。昌豨，由于后来背叛曹操，其事迹被人为抹杀，但从张辽等人的传记中，仍可窥见一二，这次昌豨被任命为东海太守，东海亦属徐州。

曹操为何要在取得徐州之后，将青、徐二州奉托给"泰山诸将"？

臧霸所以能当上琅邪相，并非曹操恩赐，而是通过曹操之手，经朝廷任命，将非法夺取变为合法占有，从曹操那里获取正式承认。臧霸如此，其他诸人也是。

在归附曹操之前，臧霸等五人就已经是青、徐两州的实际割据者，并拥有以"泰山兵"为主的地方色彩浓厚的军事集团。

青州紧靠渤海，东临黄海。徐州濒临黄海。兖、青、徐三州形成一个背山面海的险阻之地，臧霸等人在此割据多年，地方势力根深蒂固，曹操一时难以彻底解决，北有袁绍，西有韩遂、马腾，南有刘表，对臧霸等人暂时只能抚而用之。

曹操厚待"泰山诸将"实属迫不得已，此时的曹操势力还不甚强，四面强敌环伺，就是已经打下的兖州、豫州，大部地盘也还控制在地方豪族手里，曹操不得不对地方势力示好，寻求支持。为集中精力对付袁绍、刘表诸人，不得不出此下策。

英雄曹操也有不得不低头的时候。很多事并非想象中那么简单。

曹操平定徐州，早年在兖州随陈宫叛曹的众多叛将也被一网打尽，徐翕、毛晖曾是曹操在兖州时的旧部，但两人随后都背叛了曹操，与陈宫等投了吕布，吕布被曹操赶出兖州，两人无处可去投奔了泰山臧霸。

这时臧霸也归顺了曹操，曹操让刘备带话给臧霸，让臧霸交出两个叛徒。臧霸很为难，把人交出去，虽可保全自己，但却会背上卖友求荣的恶名。当年曹操不杀穷困来投的刘备原因亦在此。千万不要小看声名。

臧霸对刘备说："臧霸之所以能有所成就，正是靠救人于危困，卖友求荣，我所不能为，然曹公有令在此，臧霸又蒙曹公不杀之恩，本应遵命，但自古成王霸之业者，亦以义气相尚。曹公以信义重于天下，必能明我之心，还请将军将我之意禀告曹公。"

刘备回去后，将臧霸原话转述一遍，曹操叹息良久，臧霸敢如此违令抗命，曹操并不高兴，但正如前文所说，曹操势力尚不稳固，此时还需依仗这些地方势力，对这些人不能不有所迁就。

曹操此时也不能奈何臧霸，也只好故意装大度，不但未处罚臧霸，还"盛赞"臧霸的"义举"："此古人所崇尚，而将军能做到，我很欣慰。"不计前嫌，依旧让徐翕、毛晖州郡任职。

曹操姑息臧霸，确实收到回报，此后，官渡大战，臧霸的青徐军在东线牵制了袁绍大批部队，使曹操得以集中主力在官渡跟袁绍对抗并取胜。官渡之战，东线战场的臧霸功不可没，这也算是臧霸对曹操的一种报答。

被曹操赦免的不止这两人，原任兖州别驾的毕谌也被法外开恩。毕谌，字子礼，兖州东平郡人。曹操任兖州牧时，毕谌被曹操任命为兖州别驾，地位尊贵，握有实权，曹操对毕谌可谓恩高德厚。

兴平元年（194），张邈与陈宫叛迎吕布，兖州各郡县纷纷响应。当时毕谌的老母、妻儿都在东平，被张邈劫持。曹操一度要拜别毕谌，让他回东平，说："您的老母亲在张邈那儿，您可以离去。"毕谌顿首向曹操表明自己没有二心，流着泪说："毕谌受明公厚恩，不敢有二心，愿誓死追随明公。"当时的场面很是感人，曹操也被感动得流泪。

可曹操离开后不久，毕谌还是逃回了东平。

毕谌的叛逃不只是单纯的背叛，更伤害了曹操的感情，将后者"伤得不轻"。曹操在官场多年，见惯世态炎凉、尔虞我诈，一生多疑、很少动真感情，这次难得信任一回，却被无情地戏弄，怎能不让曹操愤懑、恼火？曹操指天发誓定要严惩毕谌。

吕布覆灭，曹军生擒毕谌，众人都为毕谌担忧，认定他难逃一死。曹操却说："孝顺的人，能不忠于君主吗？这正是我需求的人。"下令赦免了毕谌，此后毕谌先后做过鲁国相、典农校尉。

经历无数挫折的曹操，此时政治上已十分成熟，不再以喜怒杀人。曹操很清楚，像毕谌这样的人还有好多，这些人都在看着自己，如果自己杀了毕谌，虽然解恨，但那些曾经背叛过自己与毕谌有相似经历的人必定会心中不安，这时正是向世人展示自己宽阔胸怀、收买人心的好时机。

建安四年（199）二月，曹操处理好徐州善后，率军北上进入兖州山阳郡的昌邑。

此时张扬旧部在眭固掌握之下屯兵于河内郡野王县的射犬。

曹操坐拥兖州、豫州、徐州三州之地，实力今非昔比，对眭固，曹操自然不会客气，卧榻之下岂容他人酣睡？

四月，曹操派宗室亲信曹仁、老乡沛人史涣、五虎大将之于禁、乐进四员大将领兵渡河进攻眭固，如此豪华的阵容只对付一个眭固，曹操对此战的重视可见一斑。

眭固见曹操大兵压境杀气腾腾，自料不敌，有吕布的前车之鉴，眭固不愿坐以待毙，便留下长史薛洪、河内太守缪尚留守，眭固自己带兵北上向袁绍求援，眭固本就要投袁绍，此时也只有袁绍能够救他。眭固想赶快逃离是非之地，尽早进入袁绍的势力范围，但他没想到，曹军进兵神速。

曹操善于用兵，对兵贵神速的古训更深信不疑，快，只有快，才能掌握先机，占据主动，曹军抢先一步在犬城堵住了眭固，两军就地展开激战，曹军大破眭固军，眭固本人死于乱军之中，主将一死，失去指挥的军队很快被曹军围歼。曹军阵斩眭固后，曹操亲率大队渡河包围射犬。

射犬的张扬余部已成瓮中之鳖，曹操派河南尹董昭入城劝降。

大兵压境，加之能言善辩的董昭的一番游说，长史薛洪、河内太守缪尚走投无路，只得举城投降，吕布友军张扬部至此彻底覆灭。

董昭因劝降有功被升冀州牧，尽管此时冀州还是袁绍的地盘，曹军攻入射犬，又一个曾经叛曹的魏种也被活捉。

曹操当兖州牧时，特别器重魏种，荐举魏种做孝廉，按当时的规矩，曹操也就成了魏种的恩主。兖州在陈宫、张邈等人的煽动下举州叛乱，曹操很自信地对人说："就算兖州的人都附逆，魏种也不会背叛我。"后来听说魏种也叛变出走，曹操愤怒了，除了伤自尊还伤心。曹操放出话，魏种只要不南逃越地北逃匈奴，定要生擒魏种。

曹军包围射犬时，魏种就在城里，当魏种被五花大绑推到曹操面前时，曹操看着魏种，叹息一声："人才难得。"大手一挥赦免了魏种，还让他做了河内太守。

曹操灭吕布后，招降纳叛，安抚人心，壮大实力，又将目光北移锁定了北方的袁绍。

在与袁绍对决之前，曹操还必须解决好后方的另一个敌人——袁术，以保证自己在跟前院的袁绍过招的时候，不用担心后院起火。

（二）袁术的没落

自从被曹操、刘表赶出南阳后，袁术一直割据淮南，盘踞扬州九江郡寿春城。九江位于淮河入长江的水陆要冲，战略意义自不待言，袁术的如意算盘是北争徐州南控江淮。

自从孙坚跨江击刘表战死沙场后，孙策就一直依附于袁术，孙家父子是江东人，但在淮南发迹。但让袁术想不到的是，这个部属不是他所能驾驭的，孙策早想脱离袁术独立发展，只是实力尚且不足，故而暂时投靠袁术等待时机。

袁术于兴平二年派孙策进攻庐江，向南发展扩张，但南进之路并不顺利，孙策固然骁勇，但陆康的坚守也异常顽强，攻防战持续了近二年，孙策攻下庐江，袁术却食言自肥，将庐江交给了旧部刘勋，这直接导致孙策的负气出走，加速内部离心倾向，而刘勋也并不忠于袁术。袁术实际并不能控制庐江。

而在北线，袁术同样受挫，处处碰壁。

袁术费尽心机将刘备挤出徐州，徐州虽不再姓刘，却改姓吕，还是没他袁术什么事。袁术挖空心思想将刘备、吕布赶出徐州，但吕布也不傻，看出袁术没安好心，反而在刘备与袁术之间搞平衡，还一度策划了辕门射戟的好戏。

袁术先打刘备后逐吕布再夺徐州的计划就此泡汤。但袁术并不死心，建安二年（197），袁术直接出兵进攻吕布，想武力夺取徐州。

为夺徐州，袁术将麾下精兵猛将尽数派出，大将张勋带领马步兵数万，兵分七路，进攻徐州，声势甚是浩大，但结果却令他大失所望，没想到吕布也会用计，还是反间计，成功策反了他费尽心思引来的友军杨奉，使后者阵前反水，跟吕布合兵夹击他的部队，张勋部丢盔卸甲损兵折将，狼狈逃回淮南。

军事上接连受挫，但袁术战场上得不到的，却想在政治上得到补偿。就在曹操迎接汉献帝于许县，演出挟天子以令诸侯的好戏时，袁术妄自尊大，竟在寿春称帝，尽管部下反对，但袁术却执迷不悟，使自己在政治上陷入空前的孤立。

早想独立的孙策借机正式与袁术决裂，与之分道扬镳，就连政治头脑很迟钝的吕布都与袁术翻脸，将袁术的使者扭送许县。

建安二年（197）九月，曹操亲征袁术，袁术不敢抵抗，派大将桥蕤留守挡住曹操，自己则退往后方。结果桥蕤自然挡不住曹操，曹操击溃袁军，乘胜深入。

尽管吕布跟袁术有矛盾，但在曹操面前，两人利益一致，唇亡齿寒，吕布若败，失去屏障的袁术势必难以久存，但袁术不肯派兵救援，坐视吕布覆灭，吕布被灭，接下来就轮到他。袁术不仅缺乏政治智慧，更缺乏一个成大事者应有的胸怀与度量。比较一下，曹操对待曾反叛他的张绣，再看看袁术如何看待吕布，就不难得出结论。

（三）曹孙联姻

曹操早就想除掉袁术，只是忙于征张绣、灭吕布，分身乏术，这才让袁术在江淮间苟延残喘，现在时机终于成熟了。

袁术称帝后，越发孤立。狡猾的曹操不愧奸雄之名，开战之前，曹操就已经精心编织了一张大网来罩袁术。以曹操目前的实力平灭袁术易如反掌，但精于算计的曹操还是想把成本降到最低，毕竟他还要积攒实力对付袁绍。

曹操决定远交近攻，联合更南面的孙策，南北夹击袁术，孙策之前反对袁术称帝，曹操见缝插针，试图拉拢孙策。

吕布覆灭不久，徐州的硝烟还未散尽，曹操就办起了喜事，为自己弟弟的女儿找了一位如意郎君——孙策的弟弟孙匡，紧接着又为自己的儿子曹彰娶了孙策的叔伯兄弟孙贲的女儿。曹孙两家结成了儿女亲家，关系自然就近了一层，有些话就好说了。

接下来，曹操又以朝廷名义征召孙策的另两个弟弟孙翊、孙权，并指示自己的扬州刺史严象推举孙策的弟弟孙权为茂才，为下一步名正言顺提拔孙权做铺垫。

曹操的一系列动作，目的再明显不过，收买拉拢孙策，年纪不大却精于世故的孙策，自然明白曹操的用意，孙策对袁术之前的出尔反尔早就不满，曹操与孙策一拍即合。

第四章

转战江东
——淮泗子弟不可挡

（一）孙策与袁术

三国之

决战中原

说孙策之前，有必要介绍一下孙氏。

孙策之父孙坚乃一代英雄。英雄孙坚单身擒贼之后，从此发迹，到了谈婚论嫁的年纪，孙坚也开始考虑娶媳，如果放在以前，像他这样的寒门子弟也只能找平民百姓的女儿，生儿育女过日子。

但成名后，已是朝廷命官的孙坚，眼光自然就高了，他相中了江东大族吴郡吴家的一位千金小姐，孙坚早就听说这位吴小姐才貌双全，是远近闻名的大美人，而且吴家地位显赫，是江东的名门望族。要是能与吴家结亲，不仅能抬高其身份，更能借助吴氏之力在仕途上更进一层，好处自不待言。

孙坚想得不错，自己难以启齿的身份，将会因这场婚姻得到改变，与吴氏联姻，步入上层社会，又得抱美人归，一举两得，何乐而不为？

孙坚请人为自己说媒，谁知人家吴家一听说是给孙坚提亲，当即拒绝，同为江东人，孙坚的底细，吴家当然清楚，一个寒门子弟想娶大族小姐，真是癞蛤蟆想吃天鹅肉。媒人被体面地请出了吴家。

被拒婚的孙坚恼羞成怒，孙坚脾气不好，世人皆知，那是个操刀就敢砍人的主。吴小姐听说孙坚因为婚事被拒，大发脾气，担心自己家族遭报复，就主动找到族中长辈，说："不要因为我一个女子让家族受牵连，我愿嫁给孙坚，如嫁非其人，那是我的命。"族中长辈见吴小姐这么说了，也只好同意。

吴小姐的婚事之所以要请示家族的长辈，那是因为吴小姐的父母早就过世了，吴小姐与弟弟吴景相依为命。

吴家答应了求婚，孙坚这才转怒为喜。

孙吴两家结成秦晋之好，之后孙坚跟吴小姐夫妻恩爱，最直接的体现就是吴夫人接连为孙坚生了五个孩子，四男一女。四个儿子分别是大儿子孙策、二儿子孙权、三儿子孙翊、四儿子孙匡。至于那个女儿就是后来嫁给刘备的那位据说叫孙尚香的孙夫人。

虽说孙坚的这场婚姻有逼婚的性质，但婚后生活还是不错的。孙坚是个不安分的人，带着小舅子吴景转战四方。孙坚被袁术任命为破虏将军豫州刺史，吴景也随之当上了骑都尉。为了与哥哥袁绍争地盘，袁术又派吴景领兵去打袁绍的丹阳太守周昕，赶跑了周昕，吴景成了丹阳太守。

孙坚参加讨伐董卓之前，已经长大的孙策带着母亲及一家人离开吴郡搬到了舒城。

孙策（175—200），字伯符，扬州吴郡富春（今浙江富阳）人。

在舒城，孙策结识了另一位少年英雄庐江舒城人周瑜。

周瑜（175—210），字公瑾，扬州庐江郡舒城人。周瑜的祖上也在汉朝历任显官，周瑜的爷爷周忠曾任太尉，父亲周异虽比不上先辈也做到了洛阳县令，洛阳县令非寻常县令可比，那是帝都所在的京县。

周瑜出身比孙策好。成年的周瑜生得一表人才，典型的风流才子，不然怎么能娶到江东美女小乔。此时的周瑜还是无名小辈，距他赤壁扬名还有好多年。

孙坚出征前，为免除后顾之忧，才让孙策把家搬到舒城，没想到无意中却成就了孙策、周瑜这对战友加兄弟。孙策跟周瑜同岁，也是英雄出少年，各自被对方的英豪之气所吸引，一见如故，成为好友。

孙策初到舒城，周瑜作为东道主，倾尽地主之谊，周瑜家也是地方豪族，深宅大院，安排孙策一家绰绰有余，周瑜主动将自家道南的一处宅院让给孙家居住并升堂拜母，正式拜见了孙策的母亲吴夫人，这在重视礼节的世家大族，是结为兄弟的标志。

周瑜利用自己大族的地位与社会影响，帮助孙策在江淮一带广泛结交地方豪杰，这些努力在孙策日后起兵的过程中起了巨大的作用。194 年，孙坚死讯传到庐江，孙策护送父亲的灵柩回曲阿安葬，把家也搬到曲阿。

孙坚死后，孙策投奔舅舅丹阳太守吴景，为了给父亲报仇，更为了继承父亲的事业，孙策带着亲信孙河、吕范在舅舅的地盘招募了数百人，这支武装成为孙策起兵的家底。

孙策在舅舅的丹阳郡招了几百兵，感到力量仍不足，父亲的旧部大部在袁术手里，要报父仇成就大业，必须召回旧部方能重整旗鼓。为此，孙策渡江北上投奔袁术寻找机会。

到了寿春，孙策被袁术任命为怀义校尉。孙策英才杰出，正所谓虎父无犬子，孙策的豪霸之气、英雄之志，深深震撼了袁术及其部下，袁术曾感叹："我要是有个孙策这样的儿子，就是死也闭上眼了。"袁术的大将桥蕤、张勋也敬慕孙策的英豪与之结为好友。

孙策的部下有个骑兵，犯了军法，自知必死，逃到袁术大营躲避，藏到马厩里，他大概觉得孙策必不敢到袁术的军营抓人，但他想错了，孙策得知人跑到袁术大营，马上派人进营搜捕，抓到之后就地处决。杀完人，才来向袁术汇报。

袁术见孙策先斩后奏，虽有不满，但米已成粥，只好做个顺水人情，说："军有叛兵这是常事，将军以军法处之，理所当然。"此后，不仅是孙策部下，就是袁术的属下也对孙策敬畏有加。

孙策来到袁术军中后，屡立战功，袁术曾许诺让孙策当九江太守，但后来却食言用了丹阳人陈纪。孙策虽心中不满也只能忍气吞声。

后来，袁术要攻徐州，找庐江太守陆康（东吴名将陆逊的爷爷）借粮，陆康是江东名族，又是朝廷命官，一向以名节自许，素来瞧不起袁术，因此，不肯借粮。袁术大怒，派孙策领兵攻打庐江。

孙策也曾以晚辈身份拜访陆康，但大族名士出身的陆康同样看不起出身寒微的孙策，避而不见，只派主簿接待应付。孙策也知陆康是有意不见，觉得受了羞辱，从此记恨陆康。

在对陆康的态度上，袁术与孙策倒是高度一致。

出兵前，袁术特意召见孙策，说："原先我答应让你做九江太守，后来误听人言错用了陈纪，如今看来，是我错了。卿如能攻破庐江，庐江太守非卿莫属，我决不食言。"袁术向孙策封官许愿，就是想让孙策卖力打仗，至于承诺，袁术从来就不是守信用的人，他的许诺一钱不值。

孙策还年轻，被骗了一次，想袁术毕竟是长官，总不能再失信于我吧。于是，带着复仇兼升官的双重愿望，孙策踌躇满志地出发了。

孙策过高地估计了袁术的道德水准，如果一个人能骗你一回，那就能骗你第二回。袁术在这方面是有前科的，早年拿粮食诱惑吕布，这次又拿官位欺骗孙策，孙策虽然能打，但政治经验太少，又一次被袁术利用。孙郎，官长之言也未必是实，切莫当真。

孙策带兵迅速包围庐江，陆康得罪孙策终于惹来麻烦。

陆康（126—195），字季宁，扬州吴郡吴县（今江苏苏州）人。说起江东陆家，那可是江东大族，声势显赫。吴中四大姓顾、陆、朱、张，哪一个都不好惹。日后孙权建立的东吴帝国就是在这四大家族的支持下才得以立国。

江东四大家族在江东的势力盘根错节，四家还相互支持，结成一个利益共同体，谁想在江东立足，必须与四大家族搞好关系，四大家族在江东权势熏天，陆康敢不把袁术、孙策放在眼里，原因就在此。

陆康有底气，孙策有霸气，快意恩仇的孙策，谁惹恼了他，可要小心，他可不管你是谁，说杀就杀。

陆康年轻时已名声在外，早年被扬州刺史臧旻举为茂才，后出任高成（今河北盐山）县令。高成县地处偏远，治安不是很乱，而是相当乱，但陆大人到任后，几番整顿就扫平了当地的小毛贼，因政绩显著，光和元年（178）被提升为武陵太守，后又转任桂阳、乐安两地，所到之处，尽是鲜花与掌声。

汉灵帝晚年，庐江盗贼黄穰等人联结江夏等地势力，四出抢掠，人数多达十余万，接连攻陷四座县城。地方官围剿不力，有人想到了陆康，说陆康此人精明强干，派他前去，定能平定乱局，确保一方平安。于是，陆康被任命为新一任庐江太守。

陆康上任后使出雷霆手段，从容部署，很快击破黄穰群贼，其他残余势力也纷纷归降。汉灵帝为表彰陆康，任用陆康之孙陆尚为郎中。汉献帝继位后，天下大乱，道路不通，陆康派人千里迢迢前去朝廷朝觐，表示对朝廷的效忠与支持，令汉献帝十分感动，加封陆康忠义将军，秩中二千石。

陆康一向以汉朝忠臣自许，而袁术竟公然称帝，在陆康看来袁术无疑是汉朝叛逆，要不是力量不足，陆康早就带兵打过去了，袁术居然厚颜无耻地前来借粮，陆康当然不借，而孙策依附于袁术，在陆康看来孙策跟袁术是一丘之貉，自然不待见孙策。

孙策带兵围城，陆康也不示弱，带领全城守军百姓与之死拼，陆康在庐江一带深得人心，很多在外休假的士兵得知庐江被围，甚至冒险趁夜潜回城中参加守城。

孙策继承了孙坚的勇武，虎父无犬子，孙策打起仗来不仅勇猛而且善于用计，绝非只知猛打猛冲的莽夫。但在庐江孙策却遭遇到顽强的抵抗，尽管孙策亲自率军猛攻，但却接连受挫，这场围城战打了近两年，孙策才攻下庐江，孙策后来横扫江东也不过用了三年，陆康比之后的刘繇、严白虎还难对付。

城破之后，陆康跟陆家在庐江城里的族人都成了孙策的俘虏，陆康也在一个月后病死，陆氏族人在这场惨烈的守城战中死伤惨重，族人死伤大半，陆氏家族经此一役元气大伤。

孙策与陆家以及江东四大家族也从此结下仇怨。

说起孙家跟世家大族结怨，那还要从孙策之父孙坚说起，孙坚当年因为出身低微被儒学大族出身的官员看不起，孙坚一怒之下杀死荆州刺史王叡，孙策同样因为被陆康轻视而举兵相攻。

却说孙策围城两年，流血流汗，好不容易打下庐江，本以为太守之位唾手可得。但袁术再次失信将庐江太守给了自己的老部下刘勋。

孙策震惊怒愤之余，对袁术彻底失望。孙策知道在袁术手下难有出头之日。

孙策在等待机会，机会说来就来。

事情还要从另一位扬州刺史刘繇说起。

（二）艰难赴任——刘繇

刘繇（156—198），字正礼，青州东莱郡牟平（今山东牟平）人，跟刘表一样，刘繇也是汉朝宗室，乃齐孝王子孙被封到牟平，后来这一支就留在牟平，繁衍生息。

刘繇的这支，因是宗室缘故，祖上世代为官，刘繇的伯父刘本做过三公之一的太尉，刘繇的伯父刘宠曾任会稽太守，刘繇的父亲刘舆做到山阳太守。而刘繇的哥哥刘岱，做过侍中，就是曹操之前出任兖州刺史的那个刘岱。

看看这家人的政治履历，刘繇能成为方面大员不足为奇。但与同期的宗室刺史刘表、刘焉相比，刘繇这个扬州刺史在任的表现却是最差的，刘焉、刘璋父子在益州割据二十年，刘表坐镇荆州也长达十余年，只有这位刘繇任期最短，结局最惨，相应其能力也是三人中最差的。

刘繇出身高贵，却并非纨绔子弟，虽说刘繇的政绩不如刘表，但出名却很早。十九岁那年，刘繇的叔叔刘韪遭人绑架，绑匪勒索赎金，刘繇只身闯虎穴，与土匪周旋，终于成功将叔叔救出，从此一举成名。由此可见，刘繇小小年纪便胆识过人，绝非平庸之辈。

此后，朝廷屡次征召他入京做官，刘繇坚决推辞，后到江淮一带避乱。

不久，扬州刺史陈温病故，需要人接替，扬州是块风水宝地，曹操、袁绍、袁术都垂涎三尺，也都想安插自己的人进去。很快，袁绍上表推荐自己的亲戚袁遗，袁术推荐自己的部下惠衢，曹操则看中了刘繇。此时正是兴平元年，深陷北方的曹操还无力直接攻略扬州，但这不妨碍他进来插手扬州事务。

袁术这时屯兵寿春，九江、丹阳等扬州大郡都在袁术控制之下，袁术任命了自己的扬州刺史，根本没把朝廷的诏令当回事，袁术有兵有将，刘繇除了一纸诏令几乎一无所有，南下的道路又不通，这个扬州刺史并不好当。

类似的场景似曾相识。没错，当年另一个宗室刘表被任命为荆州刺史，也要经过南阳，当时袁术正盘踞南阳，刘表只好单人匹马到荆州上任，联系荆州豪族蒯氏、蔡氏，诱杀当地宗贼首领才站稳脚跟。

刘繇的境遇跟刘表简直一模一样，道路被封且面对强敌。

好在刘繇有朋友，庐江陆康、琅邪赵昱、豫章华歆、会稽王朗等都是袁术的敌人也都是刘繇的好友，在朋友的帮助下，刘繇得以南下赴任。

扬州刺史的州治所在寿春城，而寿春此时被袁术占着，这时的袁术正处在鼎盛时期，兵强马壮，刘繇单人匹马当然不是袁术的对手。

但官还是要当的，寿春去不成，那就搬家，扬州那么大，找一个办公场所还是很容易的。刘繇随后渡江来到江东，扬州被长江分割为南北两部分，袁术的势力主要在江北，江南还有发展空间，刘繇历尽艰险，总算平安到了江东，接着，刘繇将自己的州府设在曲阿。

到曲阿后，一切都要从头干起，没有办公地点，没有城池，那就自己建，刘繇带领手下在曲阿建了一座新城，后人称刘繇城。

刘繇总算上任了，新官上任三把火，刘繇的第一把火就烧向了孙家。这也不奇怪，此时的孙家几乎全家都在为袁术效力，在外人看来，袁孙两家好得不得了。孙策的舅舅吴景在袁术手下做丹阳太守，孙策的叔伯兄弟孙贲也在袁术手下任丹阳都尉，孙策的另一个叔伯兄弟孙香在袁术手下当汝南太守，有此背景，如果不把孙氏看成袁术的人，那就不正常了。

刘繇很正常，所以他锁定了孙氏作为第一轮打击对象。刘繇跟袁术是死敌，打袁术，没那个实力，那就对袁术手下的孙氏下手，也是一样的，反正他们是一伙的，不敢打袁术，就拿孙家人出气。

说干就干，刘繇很快召集人马攻击丹阳的吴景、孙贲，将后者赶到历阳。

接着，刘繇派部将樊能、于糜屯兵横江渡口，张英屯兵当利渡口，沿江设防，阻止袁术的人过江。

打了袁术的人，袁术当然不干，袁术马上派自己的扬州刺史琅邪人惠衢带着吴景、孙贲攻打张英等人。结果，打了一年也没打下来，打成拉锯战，双方隔江对峙，谁也奈何不了对方。

（三）孙策南渡

孙策见舅舅跟哥哥屡攻不下，袁术也为战事胶着愁眉不展，抓住机会，到寿春城来找袁术要兵，请求带兵去帮舅舅，趁机离开袁术。这已经不是孙策第一次来找袁术要兵了。

孙策刚来投奔袁术，就想从袁术手中把父亲孙坚的旧部要过来，但让袁术把吃到嘴里的肉吐出来，谈何容易，好说歹说，袁术总算给了孙策几百兵，孙策再想要，袁术就不答应了，说："你舅舅是我的丹阳太守，你哥哥孙贲也在那里做都尉，丹阳精兵天下闻名，你自己去那里招吧。"就这样孙策被打发了。

孙策到了丹阳，刚招了几百人，没想到惹恼了地头蛇泾县大户祖郎，祖郎听说孙策在自己的地盘上招兵，却不跟自己打招呼，趁孙策立足未稳，在一个深夜，带兵偷袭孙策大营，孙策没防备，被打了个措手不及，刚拉起来的队伍被打散，没办法只好回寿春。

吴景、孙贲进攻受挫，孙策趁机游说袁术："臣家在江东，颇有亲朋故旧，臣愿领兵助臣舅一臂之力，早日击破刘繇逆贼，攻破横江，南下江东招兵，以将军威名加之臣故旧协助，招三万精兵不在话下，到时，将军屯兵江北，臣率军扫平江南，辅佐将军成就大业。"

袁术不傻，他知道孙策早已对自己心怀不满，但又想孙策年纪轻轻，兵微将寡，就算放出去，也成不了气候，既然他要去，就随他去吧。能打下横江更好。于是就同意了，将孙坚旧部一千人还给孙策。

袁术上表朝廷举荐孙策为折冲校尉。孙策得到袁术的许可手里又有了兵，这下如同出笼的小鸟，终于自由了。

孙策手下此时只有一千余人，几十匹马，但孙策从寿春出发沿途不断有人加入，到了历阳人马已有五六千。

孙策到了历阳马上给自己的好兄弟周瑜去信，请他带兵与自己会合，此时的周瑜正在外探亲访友，这位亲戚就是新任丹阳太守周瑜的叔叔周尚。周瑜接到书信，当即带兵来迎孙策。好友久别重逢，本就是喜事，周瑜又在关键时刻力挺自己，孙策兴奋地拍着周瑜的肩膀："兄弟，你来了，我的事必然成功！"

这时，吴景、孙贲还在第一线跟刘繇的手下樊能、于糜对峙。但孙策的到来改变了一切，不能不服，人家孙策就是有水平，将门出虎子。

孙策一出手就不同凡响。孙策见两军隔江对峙，强攻不如智取。

孙策选择的突破口在牛渚。

牛渚（今安徽马鞍山采石），中国历史上南北纷争的必争之地，长江上的战略要地，南京上游咽喉，长江三大矶头之一，形势险要。著名的"采石矶"就在这里，牛渚扼据大江要冲，水流湍急。南宋时采石大战虞允文破金兵就在此地。

牛渚大营是刘繇的屯粮之所，两军交战，断人粮道是最狠的一招，不管对方如何凶悍，一旦断粮就不堪一击。自古以来，会用兵者多爱断人粮道，并乐此不疲。

孙策就是看准了这点，孙策趁舅舅吴景所部将刘繇军的注意力吸引过去的机会，领兵从牛渚悄悄渡江，出其不意，一举攻占刘繇的牛渚大营。刘繇军的粮草、武器都成了孙策的战利品，孙策缴获颇丰，这样一来，不仅己方的补给有了着落，还掐断了对方的后勤补给，可谓一箭双雕。

孙策南渡，首战告捷，初露锋芒。本已是一盘死棋的棋局，只因孙策的一手妙招，便满盘皆活。这就是名将与庸将的区别。

孙策成功突破刘繇的长江防线，并迅速扩大战果。刘繇的沿江各部就像多米诺骨牌依次崩溃，樊能、张英败走，孙策大军乘胜攻下横江、当利。

此战孙策取胜的关键就是成功夺取了刘繇的粮仓，这与后来的官渡之战颇多相似之处，同为弱势一方的孙策、曹操，利用袭击敌军粮草的机会，以少胜多，一举扭转战局，不服不行，高人就是高。

成功渡江后，再也没人能阻挡孙策。失去长江天险的刘繇部屡战屡败，根本不是凶猛如虎的孙策的对手。

孙策率军一路南下，狂飙突进，所过之处，敌军望风奔溃，如入无人之境。孙策带兵准备围攻刘繇部将彭城相薛礼于秣陵。刘繇的另一个部将（或者说是盟友）笮融正屯兵秣陵城南，与城里的薛礼遥相呼应，形成掎角之势。

为了在攻城时，解除侧后威胁，孙策决定先打笮融，扫清外围后，再攻城不迟。

孙策率军向笮融据守的营垒发动进攻，笮融仗着自己人多势众倒也不怕，他还不知孙策有多厉害，开营出战，结果一战下来就折损五百多人，此战杀得笮融心惊胆战，此后笮融闭门不出，再不敢应战。

笮融的威胁解除后，孙策随即对薛礼展开围攻，薛礼抵挡不住，弃城突围逃走，孙策率军顺利进入秣陵。

这时，被孙策打散的樊能、于糜趁孙策进攻秣陵，牛渚守备空虚，收拢被打散的部队又打了回来，重新占据牛渚大营。孙策听说后，决心彻底消灭该部，立即带兵返身杀回，这回樊能、于糜就没那么好的运气了，全军覆灭。

夺回牛渚大营，孙策又回来继续攻打笮融。但笮融的营寨修在险要处，居高临下并不好攻，笮融领教了孙策的厉害，打死不出头，只是躲在营里死守，孙策只好带兵仰攻。

为了激励士气，孙策亲自上阵，上面乱箭齐发，孙策不幸大腿上中箭，伤得很重，连马也骑不了，只好让人用担架抬着回牛渚大营养伤。

这时，孙策军中有士兵叛逃到笮融处，向笮融密报孙策因受伤过重已经死了。

笮融一听大喜，马上派部将于兹去追。孙策得知后有追兵，将计就计，派出几百人迎战，两军刚一交战，孙策的兵就往后败，笮融的兵见孙策军被打败，兴奋异常，在后紧追不舍，一路追进孙策的伏击圈，这种诱敌深入的口袋阵、关门打狗的战法，在战争史上屡见不鲜，属于很初级的战术，但对付笮融这种层次的对手已经足够了。

本以为打了胜仗的笮融军，乐极生悲，随着伏兵齐出，四面喊杀声此起彼伏，笮融的士兵知道上当了，但已经晚了，进了口袋的尽数被歼，此战，孙策军斩首敌军千余人，又打了一个胜仗。

笮融听说孙策没死，又打了败仗，更加胆怯，每天在营中不停地挖沟砌墙，唯恐孙策攻进来。

孙策见笮融死守不出，强攻一时又难以奏效，决定暂时放弃笮融，进攻刘繇。

刘繇的长江防线被孙策攻破后，刘繇自知曲阿守不住，为了不当孙策的俘虏，刘繇率部弃城而逃。

刘繇一走，各地顿时陷入群龙无首的混乱，死走逃亡，各奔东西。孙策大军未遇多少抵抗，所到之处，望风而降。

孙策这时刚成年，还很年轻，虽然袁术给了他折冲校尉的头衔，但江东人民还是喜欢叫他孙郎，郎是汉代对年轻男子的专称。

江东人初知孙策，还是道听途说，自从孙策在牛渚、横江大破刘繇军，街头巷尾便纷纷议论，孙策如何如何厉害，不时有从前线败退的士兵、逃难的百姓把孙策描绘得如同凶神恶煞，传言被一传十，十传百，越传越神，越传越离谱，听到孙策大名，百姓就吓得魂不附体。

孙策还未到，地方太守、县令便逃散一空，这更增添了百姓的恐慌情绪。老百姓听说孙策打来了，纷纷携家带眷往深山里跑，只有一些胆大的留下观望。

但孙策不愧将才，治军有方，军纪严明，一路上，秋毫无犯。很快，老百姓发现孙策和他的军队并没有传说中的那么可怕，也还不错，买卖公平、不掳掠百姓，于是那些先前逃走的、躲藏的人也纷纷回来，继续过自己的日子。

孙策进入曲阿，出榜安民，封赏有功将士，接着派部将陈宝去阜陵接回自己的母亲兄弟。之前，为了家属的安全，孙策把他们安排到了阜陵，打进曲阿，局势大好，孙策第一时间接回了自己的家人，虽然整日忙于军务，但孙策是个孝子，时刻牵挂着家人的安全。

刘繇逃了，但许多宗族武装还在各地聚城守寨，不肯归附。其中以吴郡人严白虎势力最大，依附于他的部众有数万之众。

这时，孙策正准备乘胜深入，一举消灭刘繇的残余势力，在后方留下众多的敌对宗族武装，很多部下不放心，孙策的舅舅吴景就主张先剿灭严白虎，再打刘繇。

但孙策很清楚，当前的主要敌人是刘繇，刘繇虽连遭大败，但实力尚存，如留下来打严白虎，势必耗费时日，严白虎的宗族武装虽说只是一群乌合之众，根本不是孙策如狼似虎的野战军的对手，但毕竟对方是地头蛇，熟悉本地地形且人数众多分守各处山寨，就算一天平一寨也要耗上一两个月，而这段时间，足够刘繇卷土重来。

此时孙策兵力有限，不能同时出击，两害相权取其轻，孙策决定先打刘繇，这个决定要冒风险，因为放任严白虎不打，就在自己的后方埋下了一个巨大的隐患，一旦前面打不下刘繇，严白虎再从后面进攻孙策，孙策可能面临腹背受敌的不利境地。

吴景等人主张先打严白虎，就是考虑到这一点，但孙策看清了严白虎，不过是一个企图割据自保胸无大志的小军阀，面对部下们一双双焦虑的眼睛，孙策说出了自己的理由："严白虎不过是贪恋土地财货胸无大志的土匪，留着他们不打，不过是让他们多活几天而已。等我军扫平刘繇，到时严白虎必束手就擒。"

计议已定，大军随后出发，渡过浙江，直取会稽。

孙策带兵横扫江东，远近郡县望风而降。刘繇被打得东躲西藏，四处乱窜，孙策进曲阿前，刘繇在选择退却方向时，原本打算逃往会稽。这时天下闻名的品评名士许邵正在刘繇身边，上前劝道："会稽富庶，孙策渡江必首取会稽，您去会稽是自投亡地，况会稽靠近海边，一旦有事，无路可退，不如向西去豫章郡，豫章北靠豫州，西接荆州，一旦危急可向曹操、刘表求援，您是朝廷任命的扬州刺史，这两人一定会派兵来救。"

刘繇考虑了一下，接受了许邵的建议，改道去豫章，这个决定最终救了他的命。许邵不但品评人物有水平，智谋计略也明显胜出刘繇一筹。

退到豫章的刘繇，驻兵彭泽。虽然被打得灰头土脸，但刘繇并没有就此消沉，随时准备等待机会再打回去。

刘繇一心一意想要重整旗鼓，东山再起，但没想到，自己内部先出了问题，突然的意外打乱了刘繇的全盘计划。

破坏刘繇好事的就是他的部下笮融。说起这个笮融，严格地说也不能说是刘繇的部属，两者的关系介于部下和政治盟友之间，关系比较微妙。

笮融（？—197），扬州丹阳（今安徽宣城）人。

笮融跟徐州牧陶谦是丹阳同乡，乱世谋生更为不易，笮融在家乡招募了数百人投奔到陶谦麾下，陶谦对这个老乡很照顾，让笮融做下邳国国相（相当于郡太守，跟刘备的平原相一个级别），笮融在陶谦的刻意关照下，初来乍到便当上了封疆大吏、坐镇一方。

陶谦特别信任笮融，当时徐州的补给主要依靠徐州南面的广陵郡、下邳郡之间的漕运，运河不仅是交通动脉更是陶谦军的"血脉"，陶谦让笮融全权负责运河漕运事务，物资转运，责任重大，同时也是个肥得流油的美差。

小人笮融如何会放过发财良机，但凡经过他手的物资钱粮，克扣是必然的，雁过拔毛，概莫能外。笮融擅自截留克扣漕运物资，中饱私囊，在极短的时间里，便积累了巨额财富。

手中有了钱，笮融开始肆意妄为，纵容手下在沿岸横行不法，甚至杀人劫财，俨然成了南徐州（徐州南部）的土皇帝。

陶谦如此厚待笮融，笮融本应对陶谦感恩戴德，竭力报效才不枉负陶大人对他的一番信任，但笮融却用实际行动证明了，他是一个不折不扣的忘恩负义恩将仇报的小人。

势力坐大后的笮融撕破伪装，露出了无耻小人的本来面目。就是这么一个阴险奸诈之徒，居然是个佛教徒，当时佛教刚传入中国不久，信奉的人还不多，佛教也远没有后世那般普及，但笮融在佛教初来便皈依于彼，却令人有些难以置信。这有点类似后来在中国杀人放火的日本侵略军，这些人中也不乏佛教徒或信佛之人，世间的事，有时就是如此难以琢磨。

笮融将聚敛的大笔钱财，用于佛事，财大自然气粗，所以笮融的"礼佛"也极尽奢侈，佛教徒笮融在辖地大造庙宇佛像，佛祖金身通体铜铸，笮融又让人在铜人表面涂满黄金，令佛祖金身"名副其实"，外面再罩上锦绣绫罗。远远望去，显得雍容华贵，这，全是徐州百姓的民脂民膏。

为了方便百姓信徒朝拜，笮融又建起亭台楼阁，在各大殿间修建空中复道相连接，庙宇显得富丽堂皇、大气磅礴，可容三千人同时在殿内诵经讲法。

"佛教徒"笮融令人在境内及旁郡广招信徒前来参拜，前后有五千余户百姓被他召至庙中，笮融还喜欢举办盛大的法会，每次都准备大量酒饭沿道摆开，有时甚至长达数十里。前来礼佛及围观的人，有时一天就有数万人。

当北方群雄在为其部下衣食发愁时，笮融却在南方挥金如土。

但随着曹操大军南下徐州，陶谦遭受重创，覆巢之下无完卵，受到牵连的笮融"幸福日子"也到了尽头。陶谦被曹操打得损兵折将，连连败退。失去靠山荫庇的笮融只好带着几万善男信女、三千匹马南下广陵避难。

广陵太守赵昱是一位谦谦君子，对前来投奔的笮融以礼相待，但赵昱也许是书读多了，把谁都当好人看，殊不知，乱世里人心险恶，特别是笮融这种阴险诡诈以怨报德的人。

笮融就是一只披着人皮的狼，赵昱收容笮融简直就是引狼入室。笮融见赵昱文质彬彬，胸无城府，知道此人可欺，心生毒计，在一次酒席上灌醉赵昱，将其杀害，随后纵兵大掠。

前彭城相薛礼正屯兵秣陵，笮融从秣陵路过，"顺便"将薛礼一并杀害。

刘繇到豫章后，屯兵彭泽。

逃入豫章的笮融依旧本性难移。刘繇让笮融带兵协助豫章太守朱皓进攻荆州刘表任命的豫章太守诸葛玄（诸葛亮的叔父）。许劭许子将劝刘繇不要派笮融，说此人去必生祸乱。

可惜，这次刘繇没有听许子将的话，结果铸成大错，事实再次证明，许子将能成为汉末士人品鉴专家，绝非浪得虚名，此人洞悉人性、洞察人心，早就看清了笮融的本质，刘繇远不及他。

悲剧再次上演，豫章的朱皓跟广陵的赵昱类似，对笮融坦诚相待，结果不出预料，朱皓也死于笮融的暗算。朱皓死后，笮融鸠占鹊巢，占据了豫章。

刘繇暴怒，被激怒的刘繇，顾不上孙策，集合队伍进攻笮融，但此时的刘繇所部只剩下残兵败将，结果没打败笮融反被笮融打败，战败后的刘繇派人到各县调兵，刘繇此时毕竟还是朝廷正式任命的扬州刺史，其所下命令仍具效力，刘繇二攻笮融，终于将笮融所部击溃。

战败的笮融逃往深山，这一次他彻底失败，因为名声太臭再没人愿接纳他，走投无路的笮融被山民杀死，终于再也不能出来作恶了。

刘繇杀败笮融后，经过这一番折腾，也元气大伤，笮融败亡不久，刘繇也病死军中，终年四十二岁。

刘繇虽死，但战斗仍在继续。

此时刘繇部下还在战斗的而且打得最顽强的是刘繇的同乡太史慈。

之前，太史慈已经上过场，并大出风头。太史慈单骑闯重围的事迹早已广为人知，猛将太史慈与众不同，走到哪里都是亮点。为孔融解围后，太史慈就与孔融分别，后者不久去了许县，太史慈则来投奔同乡刘繇。

太史慈刚来不久，孙策便杀上门来，这时太史慈已经有了些名气，有人就建议刘繇让太史慈为将领兵抵挡孙策，但宗室贵胄出身的刘繇看不起寒门出身的太史慈，太史慈在他眼中不过是一介武夫。

刘繇轻蔑地对部下说："我若用太史慈，许子将还不笑我不会用人？"许邵许子将在士大夫中威望极高，他的话是有分量的，大到就连曹操、袁绍这样的大人物都要礼让三分，身为封疆大吏的刘繇同样敬畏这个许子将。

大敌当前，刘繇却还心存门第观念，这点刘繇远不如他的对手开通，后者也是寒门出身，跟太史慈反倒更有共同语言。两者最终能走到一起，不能不说出身也是关键因素。

刘繇没有重用太史慈，只给了他一个类似侦察连长的低级武官职务。虽然不被重用，但太史慈却照旧尽职尽责。

一次，太史慈奉命外出，不知是好运还是坏运，在神亭与孙策不期而遇。发现对面来的是敌方主帅孙策，太史慈压抑不住内心的激动与兴奋，尽管此时他的身边只跟着一名部下，而孙策背后却有十三个且个个是将军，后来的江东名将黄盖、韩当、宋谦都在其中。力量对比悬殊，但太史慈仍义无反顾地猛扑上去。

太史慈与孙策，两员猛将对打起来，上来就是拼命的气势，两人从马上打到马下（滚下去的），到了地上也不停手，仍在"拉拉扯扯""动手动脚"，直到两家援兵赶到，这才罢手。临分手前，两人还"依依不舍"各自从对方那取了一份"纪念品"，孙策夺了太史慈的手戟，而太史慈则抢了孙策的头盔，各有收获，谁也不吃亏。

本来这对勇将若在战场相遇，定会上演一番好戏，可惜，太史慈的主公刘繇，根本不给太史慈上场的机会，直到刘繇战败逃走，太史慈再也没找到与孙策交战的机会。

刘繇逃跑时，本应追随刘繇去豫章的太史慈，这次连逃跑也不愿再跟刘繇，对刘繇太史慈是彻底失望了，反正跟着刘繇也没前途，不如自己独闯天下。

于是，太史慈与刘繇分道扬镳，刘繇西逃豫章，太史慈则去了丹阳郡的芜湖，转入山区，并独树一帜，自封丹阳太守。

这时，孙策正胜勇追穷寇，追剿残敌，宣城以东已是孙策的地盘，太史慈只好退到西面的泾县，当地山越人纷纷前来投奔，太史慈很快在当地拉起一支人马。

孙策听说太史慈在泾县招兵买马，不敢小视，太史慈的厉害他早就领教过，如果放任太史慈，让他成了气候，就难对付了，必须趁其羽翼未丰，一举消灭，免除后患。

太史慈不是平庸的刘繇可比，这是孙策南下后遇到的少见的劲敌。

孙策决定亲自带兵围剿太史慈。太史慈虽是一员不可多得的猛将，但他遇到了刘备曾遇到过的问题，对手并未给他充裕的时间发展势力，刚刚建立起来的部队被击溃，太史慈本人也被孙策生擒活捉。

太史慈被俘后，自认必死无疑，但当他被押到孙策面前时，看到的却是一张灿如桃花的笑脸，绽放着花儿般微笑的孙策没等发呆的太史慈反应过来，便走上前，亲自为太史慈松绑。

太史慈本以为孙策会以战胜者的身份傲慢地对自己进行一番羞辱，孙策态度如此和蔼，令他惊讶之余，深受感动。

孙策拉着太史慈的手，如老友重逢一般，问道："当初在神亭时，我若被你俘获，你会如何处置我？"太史慈性情质朴实话实说："那就不好说了。"孙策听了不但不生气，反而哈哈大笑："过去的事就让它过去吧，从今以后，我愿与将军共创大业。"

孙策久闻太史慈大名，更知创业艰难、人才难得，一心想将此人收入自己帐下，如今总算如愿以偿。自从收了太史慈，孙策如获至宝，经常把太史慈找到自己帐中商议大事。

一次，两人进行了一番深入的长谈。孙策对太史慈说："子义，你当年为太守冒死劫夺州牧奏章，之后又单身闯重围义救孔文举，子义忠肝义胆天下谁人不知。只是你一直未遇明主，以致沉沦至今。当年管仲箭射桓公，最终辅佐桓公成就霸业，我孙策虽不才也深明此理，我与将军一见如故，将军不要介意前尘往事，孙策亦必不负将军。"

孙策的推心置腹，让太史慈深受感动，从此死心塌地追随孙策。

作为胜利者的孙策谦虚地向太史慈请教进兵策略，孙策如此态度反而令太史慈惭愧，太史慈说："败军之将，不敢议论兵事。"孙策却举出前汉韩信井陉之战大破赵军生俘李左车并向其求教的典故，以打消太史慈的顾虑，刘繇不听将军良言以致兵败，将军就不要推辞了。

太史慈性情耿直，他被孙策的坦诚所感动，表现就是竭尽全力为之效劳。

当时，刘繇虽亡，其余众旧部在豫章者尚有万余人，孙策正在用人之际，决意招纳这股力量，太史慈曾在刘繇手下效力，孙策便让太史慈亲往豫章招抚。

临行前，两人又做了一番深谈，这次，孙策说出了许多积压心头已久的心里话："当年刘州牧（指刘繇）指责我为袁公路攻庐江。我当时实有不得已的苦衷，先父旧部数千，皆在袁术帐下。我立志要做一番大事，苦于势单力薄，不得不暂依附于袁公路，几次请还父兵，所得不过千余人。后公路令我往攻庐江，我不得不行。今正礼已亡，我只恨在其生前未能述说本意。现其子在豫章，不知豫章太守华子鱼待他怎样，卿乃刘州牧乡里，又尝效力于彼，烦请子义亲往豫章，说明我的心意，其部众愿意归附者，我必厚待，不愿者，听其自便。子义愿带多少人去可自行决定。"

太史慈说："太史慈有不赦之罪，将军不但不罚，反而对我恩遇有加，远超我的期望，我必以死报效将军厚恩，今去招抚，不需带兵，只带数十亲随即可。"

肩负招安使命，太史慈出发了。

孙策放走太史慈，部下议论纷纷，太史慈好不容易才抓到，怎能轻易放了？他这一走，哪还能回来，放虎归山，后患无穷。面对部下们质疑的目光，孙策很坦然并说出了自信的理由："你们错了，子义勇烈过人，忠肝义胆，并非反复无常的小人，此人最重承诺，只要他答应的事，就算牺牲性命也会做到，子义决不负我，你们尽可放心。"

果然，没过多久，太史慈就带着刘繇的旧部五六千家回来复命。大家见太史慈去而复返，这才心服口服，佩服孙策有知人之明。

袁术族弟袁胤是袁术亲命的丹阳太守，但孙策南渡后，整个江东政局都因此发生巨变，不管是袁术的人还是刘繇的人，孙策都一视同仁，只要不是自己人，统统赶走。

丹阳太守的位置，孙策给了自己的舅舅吴景，袁胤被孙策赶回寿春。

袁术得知后，勃然大怒，暗中派遣使者携带印绶联络丹阳宗帅陵阳祖郎等人，让他们发动山越，合兵围攻孙策。

孙策率扬武校尉孙辅、都督吕范等将士亲征祖郎，将其生擒。

祖郎可算是孙策的老相识了。当初孙策来丹阳投奔舅舅吴景并在当地招兵，就是这位丹阳宗帅，夜袭孙策，孙策差一点就死在他的手上。

祖郎被擒后，孙策亲自审问，孙策说："当初，你偷袭大营，刀斧砍中我的马鞍，险些害我性命。但大丈夫开创大业，不计前嫌，不念宿怨，你不用怕，只要尽心于我，我不会亏待你。"祖郎当即叩头谢罪，表示拜服，孙策赏赐了祖郎，让这位昔日的对头做了自己的门下贼曹。

胜利归来，孙策有意安排祖郎与太史慈做前导官，骑马执幡走在队伍的最前面，孙策之举，不言自明，意在以此传达信号，太史慈、祖郎昔日都是他的沙场仇敌，以命相搏的敌人，如今都获赦免，委以重任，其他人还有什么好担心的，孙策明显在学汉高祖刘邦封雍齿。雍齿曾背叛刘邦，是刘邦最痛恨的人，但刘邦登基后却第一个封雍齿，意在安定人心，孙策学刘邦也是希望尽快使人心安定。

（四）取会稽　战王朗

孙策招降安抚刘繇旧部后，随即将目标锁定会稽王朗。

王朗（？—228），字景兴，徐州东海郡郯县人。

跟喜欢操刀玩命的孙策不同，王朗儒学世家出身，走的是正统学而优则仕的传统路线。因书读得好，被朝廷征拜议郎，不久外派菑丘县令。

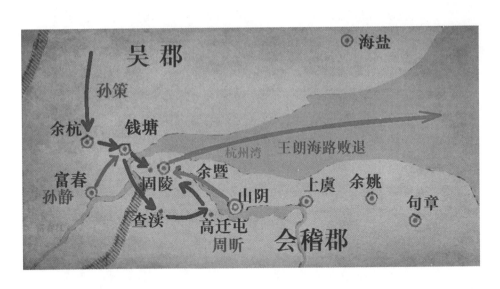

本来官做得好好的，可不久王朗的老师太尉杨赐病逝，身为学生的王朗，为赴老师丧礼，顾不得许多，直奔京师而去。当时朝廷规定，官员不得擅离岗位奔丧，除非不想做官了。

王朗为给老师奔丧，真的不做官了，虽说以他的门第出身，想做官并非难事，但为服师丧挂冠而去，也是需要勇气的。

为老师服丧期满后，王朗在家闲居，但王朗此时在士大夫中已有名气。不久，徐州刺史陶谦主动找到王朗，察举王朗做茂才，接着任命王朗做徐州治中。

这时，正值汉献帝在董卓胁迫下迁都长安，关东各路诸侯打着讨伐董卓的旗号，四处扩张，天下大乱。读圣贤书的王朗跟徐州别驾赵昱，与那些狼心狗肺之辈不同，仍心存汉社稷。

身为治中的王朗与别驾赵昱时常劝陶谦朝觐天子表明徐州对朝廷的效忠。疾风知劲草，国乱显忠臣。越是此时，越应有臣子之节，陶谦认为有理，于是派别驾赵昱亲赴长安，赵昱一行历尽千难万险，冲破重重阻碍，终于得以抵达长安，见到皇帝。

汉献帝甚为感动，感动之余，当即拟旨下令加封众人官职。

陶谦升安东将军，赵昱广陵太守，王朗会稽太守。需要说明的是，王朗并非汉朝忠臣，纯粹是政治投机，不过，这次他押对了。

王朗的太守是朝廷正式任命的，手续齐全，但遇上孙策这种二杆子，合不合法并不重要，重要的是看谁能打，谁的兵多，谁的将勇。枪杆子里面出政权。

孙策进兵会稽的消息很快传到太守王朗的耳朵里，但这位仁兄并不像其他地方官那样，卷起包袱作鸟兽散。书生出身的王朗虽然没打过仗，但面对气势汹汹的孙策却并无惧意，从容部署，准备与孙策开兵见仗。

对即将来临的战斗，太守王朗气定神闲，功曹虞翻却忧心忡忡。

说起这个虞翻，背景比太守还深。

虞翻出身于著名的江东四大家族，所谓江东四大家族，是指会稽郡的虞氏家族、魏氏家族，吴郡的顾氏家族、陆氏家族。这四大家族在江东呼风唤雨，历任地方官要想在这里待下去，必须取得四大家族的支持。

当时官场的潜规则是，太守由中央下派，级别虽高，但权力不一定大，孤家寡人一个，掌实权的是太守属官功曹、郡丞，这些职位多安排给本地大族，由这些家族派人充任，虞翻的会稽功曹就是这么得来的。

孙策率军杀来时，虞翻正在家守孝，他的老父死了，虞翻在家忙着办白事，听说太守要起兵抵抗，急得连丧服都来不及换就跑回府衙，苦劝王朗千万别跟孙策硬拼，不要意气用事。

但王朗却坚决抵抗，身为太守，守土有责，敌兵压境，岂能退避？虽说从未上阵打过仗，但此时的王朗却并不怯懦，下令召集人马，要与孙策军决一死战。

王朗率军在固陵凭险据守，孙策几次带兵强渡都被打了回去，本以为又是一次摧枯拉朽的横推，却被书生拦路，孙策十分郁闷，王朗第一次上战场能有如此表现，已属超水平发挥。

到目前为止，王朗的一系列决策部署可圈可点，但他的良好表现也就到此为止了。

王朗很孤独，作为朝廷下派官员，他在会稽当地没背景没势力，而本地大族以他的部下虞翻为首又反对武力对抗，虞翻的态度就是地方势力的态度，他们显然不想招惹孙策这个江东小霸王，引火烧身，对太守王朗的抗战，不积极，不配合，更谈不上支持。

与孤军奋战的王朗不同，孙策开弓没有回头箭，他必须全力以赴，起兵以来杀人无数，结怨无数，一旦失败，下场会很惨，所以孙策必须打到底，没有回头路可走，对孙策如此，对整个孙氏宗族亦然如此。

为了活命，更为了霸业，孙氏全族总动员，父子兄弟齐上阵。

（五）上阵兄弟兵

孙氏宗族中，资历最老的是孙策的堂哥孙贲。

孙贲（？—219），字伯阳，扬州吴郡富春人，孙羌之子。这位仁兄还是曹操的儿女亲家，后来他的女儿嫁给了曹操的儿子曹彰。

孙贲也是个苦孩子，早年父母双亡，年幼的孙贲还要照顾比自己更小的弟弟孙辅，成年后，孙贲在地方上做过督邮之类的小官。

孙坚起兵，孙贲是最早追随的一批亲族子弟，从军以来孙贲追随孙坚南征北战，屡立战功，成为孙坚手下的得力干将。孙坚死后，又是孙贲带着孙坚余部投奔袁术，为孙氏日后的复兴保存了火种。

孙贲跟孙策的舅舅吴景一直在袁术帐下为将，驻守丹阳。刘繇来后，联络地方势力驱逐了孙贲，孙贲、吴景败回寿春，向袁术请罪求援。袁术哪是肯吃亏的人，当即给两人增兵令他们再打回去，夺回丹阳乃至整个江南扬州。

敢跟老子抢地盘，活腻了吧，刘正礼！

孙贲、吴景奉袁术之命率军南下，刘繇也不甘示弱派部将张英、樊能等人北上，两军隔江对峙，战事胶着。孙策抓住机会，从袁术那里要来父亲旧部，趁机打回江东，孙贲自然全力支持孙策。

建安二年，袁术在寿春称帝，孙贲被袁术任命为九江太守，但孙贲却辞去官职，只身南下寻找孙策。此时孙策正在会稽前线，孙贲一到，立即投入战斗。

孙静，字幼台，孙坚的弟弟，孙策的叔叔。孙坚起兵讨伐董卓，孙静在家乡组织孙氏宗族部曲拉起了一支五六百人的宗族武装，以实际行动支持孙坚。

孙策渡江后，第一时间派人联系叔叔孙静，孙静得知孙策渡江也马上起兵相迎。两支孙家军在钱塘会师。之后，就是前面提到的，孙策带兵进攻固陵受挫。

孙静在仔细观察了战场形势后，发现了战机。王朗为了对付孙策将主力都集中到固陵一线，后方兵力不足。而王朗囤粮的查渎距固陵只有几十里却守备空虚。

孙静是本地人熟悉地形，便向孙策建议："王朗在正面凭险固守，我军正面强攻伤亡甚大，不如避实击虚，查渎距固陵只有一日路程，那里是王朗囤粮之所，我知道一条近路可直达查渎，王朗的注意力都在正面，决然想不到我军会去进攻查渎，正所谓攻其不备出其不意，我愿领本部兵马为前锋，率先破敌。"

孙策闻言大喜，为迷惑对面的王朗，掩护孙静军的偷袭，孙策故意散布消息，说连日大雨，河水污浊，军士饮水后，腹泻疼痛，下令全军收集大木桶，每天在河边过滤河水，到了晚上也不休息，点起火把继续干。

对岸的王朗果然上当，隔岸观火的王朗优哉游哉地看着对岸的孙策军在那折腾，不觉好笑，他还不知道一支敌军已经深入他的后方，正在去他的粮库的路上。

直到孙静攻占高迁屯，王朗才知道自己背后出现敌军，马上派前丹阳太守周昕带兵迎战。周昕，字大明，也是儒学世家出身，曾拜陈蕃为师，书生周昕自然不是孙策的对手，两军交战，周昕军大败，周昕本人也死于乱军之中，王朗听说周昕败亡，知道会稽守不住了，这才被迫撤出会稽向海边撤退。

靠海的会稽郡害苦了王朗，王朗不走运，他没有刘繇那样的运气，身边有许邵给他出主意，会稽临海，往内陆去的通道都被孙策封锁，王朗急得在海边四处乱窜。

王朗原本打算逃到交州也就是今天的广西、越南北部一带，从会稽去交州，走水路必须坐船而且还得是海船，但到了海边，王朗才发现一个十分重要的问题——没船，前面是波涛汹涌的大海，后面是步步紧逼的孙策，走投无路的王朗只好拉下老脸去孙策军营投降。

孙策知道王朗乃当代名士，知名度很高，对这样的人，轻易杀不得，此时的王朗已是阶下囚，杀了也没用，留着反倒彰显自己的宽宏大度。名士王朗不但不能杀，还要留在身边，对自己扫平江东只有好处，所以，孙策尽管对这个敢于对抗自己的书呆子没好印象，倒也没为难他，训斥一顿后，将王朗软禁起来。

会稽沦陷时，王朗弃城而走，这时虞翻随在左右，王朗对虞翻说："您家中尚有老母在堂，不必随我，回家去吧。"这不是王朗体谅下属，他只是做一个顺水人情，他很清楚，这些地方豪族是不会跟他流亡的，逃亡途中自行离去还是厚道的，不厚道的很可能会捆了他去见孙策请功领赏，与其那样，还不如好言遣散。

果不其然，孙策占领会稽后自称会稽太守，听说虞翻归来，马上派人去请，又让虞翻做了自己的功曹。这真是流水的太守、铁打的功曹。就算是孙策，为了在江东立足，也开始改变以往的行事方式，开始注意与四大家族改善关系。

孙策起用虞翻，意在向四大家族示好，表达合作诚意。孙策还怕功曹委屈了虞翻，特意找虞翻谈话："您不要以为是在孙某手下做小吏，待平定江东，本将军愿与阁下驰骋天下。到时，您的官职可不是一个小小的功曹能容下的。"

（六）孙策的嫡系

孙策横扫江东除了本人神武，孙家军齐心协力外，孙坚留下的旧部也是孙策起兵决胜的关键，这些出生入死历经战火硝烟的将军，用一个个战功证明了他们对孙氏的忠诚，也使他们成为孙策父子倚重的对象，可靠的嫡系亲信。

朱治（156—224），字君理，扬州丹阳郡故鄣（今浙江安吉）人。

朱治早年在县衙做事，后被举孝廉，推荐到州府任职。孙坚起兵，朱治一直追随左右。中平五年，朱治随孙坚征讨荆州长沙、零陵、桂阳土匪周朝、苏马立下战功，升都尉。此后随孙坚征讨董卓，亲历阳人大战，逐董卓、入洛阳，一路升到督军校尉。

孙坚死后，朱治与孙贲等人依袁术暂时安身，但作为孙坚旧部，朱治等人心向孙氏，正是他们力劝孙策渡江。

当时，朝廷太傅马日磾正在寿春，以朝廷名义任命朱治为吴郡都尉。

孙策这时受袁术之令进攻庐江，身为袁术部下的吴景也在丹阳，这让扬州刺史刘繇坐立不安，担心被袁术吞并，而此时孙家一家老小都在刘繇的地盘上，一旦闹翻，孙策的家属就危险了，关键时刻，朱治派人到曲阿将孙策家人接到自己的防区，百般照顾，关怀备至，让孙家人深受感动。

孙策渡江，转战江东，身为孙坚旧部的朱治自然不能袖手旁观，也带兵助阵。朱治在钱塘起兵，进攻吴郡太守许贡，两军在由拳展开激战，朱治大获全胜，许贡战败逃进山里投奔严白虎。

孙策占领会稽的同时，朱治也入主吴郡。

孙氏大管家吕范（？—228），字子衡，豫州汝南郡细阳人。

出身小吏的吕范，与那些文韬武略的汉末豪杰不同，此人并没多大本事，但人长得很帅（用现在的话叫颜值高），仪表堂堂，在那个不重内涵只看外表的时代（现在好像也是如此，看脸的时代），长得帅的人总是很吃香。

细阳有个刘姓财主，家资巨富，有个女儿也是一位美人胚子（典型的白富美）。吕范早就对刘氏美女垂涎三尺，并请人为自己提亲，女方的母亲却嫌弃吕范只是个小吏，家里穷困，看不上。但一家之主刘财主却对吕范另眼相看："我看吕子衡这人不像是一辈子受穷的命，我们的女儿嫁给他不会错的。"还真把女儿嫁给了吕范。

之后，吕范为躲避战乱逃到寿春，与孙策相识，孙策也被这个仪表不俗的帅哥深深吸引，吕范很会来事儿，很快就与孙策结下深厚的友谊，吕范认定孙策乃当世豪杰，久后必成大器，便忠心投靠，带着几百部众投到孙策帐下，孙策也将吕范引为心腹。

孙策征战四方，为了老母及家人安全，特派吕范到江都接回母亲，这种事不是亲信，不敢让他去，可见孙策对吕范的信任。

创业艰难，在孙策身边多为父亲孙坚旧部，除此之外，与孙策关系最亲密也最忠诚的"外人"就数吕范与孙河了，两人一直追随在孙策身边，历尽艰险不离不弃，忠心耿耿，孙策也把两人当作自家人看待，甚至让两人与自己和母亲同桌吃饭，关系之亲可见一斑。

孙河，字伯海，孙坚族中子弟，从小跟随孙坚，常在左右，被孙坚视为心腹。

孙策渡江，吕范一直追随在身边，孙策打下湖孰，便让吕范做湖孰相。孙策攻下秣陵、曲阿，收编了刘繇的部队，兵多了，自然要交给亲信将领统带，吕范是第一批得到补充的将领，孙策很大方给了吕范两千兵、五十匹战马。

孙策打下宛陵，吕范又被任命为宛陵令，虽然吕范很受信任，但吕范心里还有一个心结，那就是他在军中没有具体职务，虽然孙策给了他人马，但在军中却并未给他安排相应的位置，吕范决定主动要官。

一天，孙策与吕范下棋消遣，吕范看孙策心情不错，觉得此时说正合适，便说道："将军南渡后，远近郡县望风归顺，可谓一日千里，部众日渐增多，吕范虽不在将军身边，也甚为欣喜，但我也听说了一些军纪不严之事，将军新创大业，不严明军纪，难以号令部众，安抚人心，臣吕范不才，愿暂代都督之职为将军整肃部伍。"

孙策闻听此言，不以为意，说："子衡，你是读书人，手下人马也不少，况又立下大功，地方民政事务繁多，何必再去管军中琐事？"吕范很认真地说："臣远离故土追随将军并非为封妻荫子，而是想辅佐将军成就一番大业，吕范与将军一损俱损，一荣俱荣。如同舟泛海，死生随之，将军之事即臣之事。"孙策听了笑笑，并未立即答应，吕范见状也不再言，出去后，换了一身军装，回来拜在孙策帐下，自称都督，孙策也只好承认既成事实，吕范如愿以偿得以掌握军权。

第五章

英雄少年
——威震江东小霸王

（一）扫江东

孙策挥军南渡，破刘繇、败王朗，所向无敌，兵锋甚锐，威震江东。所过之处，攻必取战必克，如入无人之境。孙策如此勇猛，江东之人听到孙策之名心惊胆战，远近郡县望风归附。孙策横扫江东，江东人送给孙策一个绰号——小霸王。霸王者项羽也，孙策比项羽年少，故人称小霸王。

既然是霸王，所为之事自然霸气外露。孙策对敌人向来是出手就要命，绝不手软，与其对阵者，非死即残，能做俘虏就算幸运了。

刘繇算是幸运的，虽然打了败仗，好歹寿终正寝自然死亡，王朗也还不错，战败做了阶下囚，但保住了性命，还受到孙策礼遇，也未吃苦头，其他人就没这么好运了。

孙策善战，江东虽到处是他的敌人，却鲜有强敌，类似中原那般强敌林立的局面，在江东是看不到的，孙策年纪轻轻，势单力薄，却能在数年间横扫江东，不能不说，主因在于缺乏有力的对手。

江东反孙势力虽多，却是一盘散沙，各自为战，被孙策逐一击败。

孙氏身为江东人，回到家乡却如同深入敌国，原因在于江东大族对孙氏印象不好，这也是沾了袁术的"光"。袁术公然称帝成为天下口诛笔伐的对象。

昔日曾为袁术部下，如今的孙策虽竭尽全力通过各种途径，试图消除不良影响，但作为袁术旧部，孙策想洗白自己却发现总也洗不干净，一旦登上贼船，想全身而退，哪有那么容易。孙策发现尽管他早已同袁术决裂，划清界限，但他发现不论走到哪，人们还是习惯把他视为附逆于袁术的叛臣贼子。

初到江东如此，深入江东腹地，情况更为严重，朝廷命官如刘繇、王朗自不必说，就连地方宗族武装也打出忠于汉朝的旗帜反对自己。

对刘繇、王朗等社会名流知名人物，孙策顾及名声，虽说名声已经不佳，但为了不致臭名昭著，孙策对这些人还算宽大。但对地方土豪就没那么柔情了。

对胆敢反对自己的地方势力，孙策完全是另一张面孔，对这些人，孙策态度明确——挡我者死，顺我者生。攻占会稽、吴郡后，孙策终于可以腾出手来收拾这些地方杂牌了。乌程钱铜、嘉兴王晟等相继被孙策平灭，诛杀甚多。

孙策一路走一路杀，双手沾满鲜血，孙策的铁血政策，虽然残忍，但效果显著，立竿见影。孙策本人对诛杀敌人并未放在心上，但孙策的母亲吴老夫人却受不了了，毕竟女人心性慈爱偏柔，她见儿子整天这么杀人，实在看不下去，特别是嘉兴王晟，早年与孙坚有交情，孙坚还曾领王晟进内堂见过吴夫人，古代男女授受不亲，能向朋友引见妻子，交情必须相当好。

正因有一面之缘，当吴夫人听说孙策要杀王晟，马上出来求情："王晟与你父当年有升堂见妻的情分，如今他子侄宗族死亡殆尽，仅剩一孤苦老翁，还能有甚危害，你就看在你父昔日的情面上饶他一命吧。"话说到这个分儿上，孙策也不得不依从母亲，网开一面放过王晟。

严白虎，扬州吴郡乌程人。地方豪强，真正的土豪。

自从关东兵起，天下大乱，各地诸侯闻风而动，地方豪强也趁势而起，世道不太平，各地豪强纷纷招兵买马扩充实力，朝廷早已无力平乱，有些部队甚至公然抢劫，比土匪还土匪。靠朝廷不如靠自己，对此，全国豪强达成广泛共识，组建地方民团，平时保卫乡里，偶尔也到别处抢劫搞点创收，全国都差不多。

严白虎就属于地主武装中的佼佼者，在兼并了附近的几个小股势力后，严白虎的部众发展到上万人，成为当地屈指可数的实力派，但树大招风这句古话在严白虎身上同样适用。

只不过，严白虎这棵大树招来的不是大风而是活阎王。孙策早就想铲平严白虎，只是分身乏术。渡江后，孙策几乎无日不战，横扫刘繇、王朗的正规军后，孙策终于有精力对付土豪民团严白虎了。

看着各地"友军"被孙策逐个击破，严白虎的心情用一个词形容就是忐忑。当孙策大军出现的那一刻，严白虎的心反而不如早先那么紧张了，该来的总要来的，严白虎自知不是孙策敌手，所以从一开始，他就没打算出去与孙策野战，而是忙于掘壕固守，任凭对方喊破喉咙也决不出头。

迫于孙策的军事压力，严白虎主动派人到孙策军中讲和，孙策同意了。

为表示对此次谈判的重视，严白虎派自己的弟弟严舆作为代表到孙策大营谈判。严舆表示希望单独与孙策谈判，孙策也答应了。

两人见面后，席地而坐，开始商谈细节，正交谈之际，孙策忽然拔出刀砍向严舆的坐席，见孙策拔刀相向，严舆大惊之下本能地向旁退避，孙策看着一脸狼狈的严舆，轻蔑一笑："听说你动作敏捷身手不凡，我只是想试试你的身手。"严舆一脸尴尬，孙策知道严舆心已胆怯，随手抽出手戟，这一次他没有砍席子而是直接刺向严舆，这次严舆没躲开，当场被刺身亡，孙策擦干手戟上的血，随即发动对严白虎的总攻。

打仗靠的是信心与勇气，孙策全有，严白虎全无，仗还没打，胜负已分。被吓破胆的严白虎和他的部众哪里是孙策如狼似虎的正规军的对手，苦心经营的营寨很快被孙策攻破，严白虎突出重围，逃到余杭投奔许昭。

孙策部将程普请示孙策，是否进攻包庇严白虎的许昭，孙策这回表现得很有大将风度，说："许昭有义于旧君，有诚于故友，这才是大丈夫所为。"成全他吧。

这里的故友指的是严白虎，旧君却另有其人——盛宪。

在说盛宪之前，还要提一位扬州名士——高岱。

高岱，字孔文，扬州吴郡人。高岱在江东素有名望，喜欢结交四方朋友，经常接济一些穷困的士大夫，在地方上很得人心。

盛宪，字孝章，也是一位仪表不俗谈吐风雅的名士，与高岱同属士人，早年举孝廉入仕，一路升迁做到吴郡太守。到任后，盛宪的耳朵里灌满了高岱的事迹，对高岱这样的地方名士，盛宪当然不能交臂失之。盛宪推举高岱做孝廉，这是步入官场的关键，过了此关一只脚就已踏入仕途。高岱自然对保举自己的盛宪感恩戴德，视为知己恩主。

但不久，盛宪被免官，新任太守许贡跟盛宪有私仇，一上任就到处派人缉捕盛宪，盛宪被逼得走投无路，高岱不忘旧恩出手相助带盛宪躲到许昭家，在许昭、高岱的保护下，盛宪暂时逃过一劫。

这是一个报恩的故事，但故事到这里还没完，因为盛宪虽然没死在许贡手里，但最后还是难逃一死，死在孙策手上。就连高岱也不能幸免。

孙策占领江东后，为收买人心，故意做出亲近士大夫的姿态，高岱乃江东名流，名人有名人的难处，高岱被孙策选中做自己的政治宣传工具，但最后却成了高岱的悲剧。

孙策攻占吴郡时，高岱正隐居余姚。孙策为了显示自己的礼贤下士，特意派会稽郡丞陆昭前去迎接，孙策听说高岱对《左传》很有研究，还专门派人给他弄来一套，不管懂不懂，装模作样也看了几天，自以为很精熟后，便急不可待地派人去请高岱，想跟高岱探讨"学术"。

本来这只是一场表演，但有人看高岱不顺眼，故意使坏，两边扯谎。这人对孙策说："高岱跟别人说将军您虽骁勇善战，但不通经史，看不起您，如果您向他问及学问，他肯定推说不知，其实不是不知而是他轻视将军故意不答，将军如果不信，不妨试试。"又对高岱说："孙将军为人素来高傲，如果别人超过他，他会很不高兴，如果他问你问题，你一定要推说不知，好显示将军比你高明，只有这样才能让将军高兴。"高岱不知道这人故意在整他，还一再称谢。

到了见面的日子，孙策很有兴致地跟高岱谈起学问，谁知高岱一问三不知，让孙策好不扫兴，联想起之前有人跟自己说过的话，孙策自然对高岱的反常现象做出归纳——高岱这家伙果然看不起自己，不屑于跟自己谈经论道。

孙策被激怒了，自尊心受到深深的伤害，自打出世以来，从来都是孙策欺负别人，还没人敢轻视于他。当年荆州刺史王叡就因轻视其父孙坚，被孙坚逼死。现在历史又将重演。

高岱的下场可想而知。不过，孙策此时还没打算杀高岱，孙策只是将这位倒霉的书呆子关了几天，让他受点教训，但高岱的名气太大、人缘太好，这在平常或许是好事，但这时高岱的高人气却要了他的命。

听说高岱被抓，高岱的亲朋好友，那些受过高岱恩惠的人纷纷跑到孙策的府门前集体静坐请愿。孙策登上高楼看见外面黑压压的人群，填满了街道，不禁火往上撞，原本没打算杀高岱，这回也非杀不可了。

门外那些请愿的诸位不知道，孙策费尽心思搞政治表演，本来不爱读书的他，却逼着自己看对他来说犹如天书的《左传》就是为了改变形象收买人心，折腾了半天，孙策才发现前期工作全白做了，高岱这厮比他人缘好多了，孙策最受不了的就是这个，这些人没摸准孙策的脉就跑来请愿，结果却适得其反，这么一来，高岱想不死都不行了。

高岱被孙策下令处决，但高岱不是第一个被杀的名士也不是最后一个，高岱死于孙策之手，他的旧君、前任吴郡太守盛宪也只比高岱多活了几年。

盛宪，会稽人，也是江东名士，名气比高岱还大，但与高岱不同，盛宪在中原也有知名度，与名满天下的孔融孔文举相交甚厚，孔融一向恃才傲物，能入他法眼的自然不是凡夫俗子，但与高岱一样，盛宪的名气害了他，孙策早就听说过盛宪，虽然表面上很客气，但内心里对这个人气很高的江东名士并无好感，要不是后来遇刺，盛宪很可能也会成为下一个被解决的对象。

但孙策遇刺并没有改变盛宪的命运，虽然没死在哥哥手上，但最后到底还是死在了孙权的手里，远在中原的好友孔融知道盛宪处境危险，还特意上书曹操，请他出面以朝廷名义召盛宪入朝为官，救盛宪一命，曹操也听说过江东有个盛宪，加上他本人也爱才，就同意了，发出诏书任命盛宪为骑都尉。

诏书发出去了，但还是晚了，曹操的动作快，孙权的刀更快，盛宪最终还是难逃一死，盛宪虽死于孙权之手，但追本溯源，孙权只不过是完成哥哥的遗愿罢了。

杀了高岱，孙策觉得总算挽回一点颜面，看以后谁还敢轻视自己。但接下来发生的一件事，让孙策的自尊心又遭受了一次沉重的打击。

这次让孙策"受伤"的不是名士是个道士。这里指的受伤当然不是皮外伤，而是指心灵上的受伤，以孙策的本事，能让他挂彩的人还不太多。

东汉一朝，道教颇为流行，北方有张角兄弟的太平道，西南有张鲁的五斗米道，东南一带，在江东影响最大的要数道士琅邪人于吉。据说道教经典《太平经》就出自他的手笔。

于吉早年来到江东，一直在东南沿海各地传教，主要活动范围在吴郡、会稽郡一带，这里人口众多、生活富庶，信教的人也很多，于吉在这里建道观，收门徒，传道授法，也用符水给百姓治病，当地人对于吉十分崇拜，简直将他奉若神明，当成神仙尊奉。

一次，孙策在会稽郡城楼上大会宾客，宴请部将及本地社会贤达，喝得兴致正高，正巧，于吉从城下路过，这天可能有重大的道场，于吉身着道服坐在漆木做成的小轿上，在徒弟及众多信徒的前呼后拥下，一路招摇过市，吸引不少路人驻足观看，一些虔诚的信徒还焚香跪在路旁，场面很是气派。

队伍路过城门时，城上与会众人，不论是孙策部将还是其他宾客，见于吉来了，如同天神降凡，也不跟孙策打招呼，便争先恐后地下楼朝拜，在场的人大都下楼去了，只剩寥寥数人在楼上未动，孙策被晾在一边无人理睬。这令孙策怒火中烧，此情此景，着实让人尴尬难堪，而孙策又是极好面子的人。于吉的命运就在此刻被判定，在劫难逃。

区区一个道士竟然比三军统帅的自己还有面子、有人缘，这还了得？自己好歹也是一方豪杰，手下人尊重于吉超过自己，孙策深受刺激。

孙策的脾气怎么能忍受这种对待，当场翻脸，派人将于吉抓了起来，众人这才如梦初醒，只顾着迎候于吉，将主帅忽略了。

大家知道孙策的脾气，想求情也不敢，只好请女人出面，走孙策母亲的门路，孙策虽然性情火爆，却是个孝子，于是一批批妇女进府求情，孙策的母亲吴夫人也为于吉说话，但孙策这一次被伤得太深，连母亲的情面也不给，还是杀了于吉。

孙策对于敢在他地盘上收买人心的人，向来不留情，对那些敢于冒犯他的下属就更不用说了。久而久之，部下们都知道，对这位小霸王，只能顺着毛摸，要是惹恼了他，可不是好玩的，但还真有胆大不怕死的，这位敢摸老虎屁股的仁兄名叫魏腾。

魏腾，字周林，性格直率，刚正不阿，坚持原则，不会看人脸色，不管对方脸拉得多长，脸色多难看，他也不理会，依旧有什么说什么，魏腾接任虞翻担任会稽郡功曹。这是一个非同寻常的交接，与虞翻一样，魏腾也出身名门，魏氏也是江东四大家族之一。江东四大家族，会稽郡就占了两个，其中之一是虞翻的虞氏家族，另一个就是魏腾的魏氏家族。

会稽郡的两大家族对如何分派利益，达成共识，轮流坐庄，虞翻做了一任功曹，接下来就该魏腾上场了。

魏腾很有能力，人也很正直，但的确有点不适合做功曹。

一次，魏腾因为公事又惹恼了孙策，也许是事情过大，孙策大发雷霆，非要杀魏腾不可，部下们想劝又不敢，不劝，孙策真杀了魏腾，将彻底得罪会稽魏氏，同样非同小可。

孙策虽打下东三郡——会稽、吴郡、丹阳郡，但也只是控制住点，郡治所以外的广大地区的面，广阔的江东腹地，仍有许多小股宗族武装抗拒不服。江东世家大族本就对孙策心怀敌意，抱着仇视心理，如果此时孙策杀了魏腾，只有一个后果，江东大乱。

曹操在兖州杀边让就是最好的例子，孙策还不如曹操，因为那时曹操还有袁绍在后支持。孙策则完全靠自己并无强大外援，强敌倒是不少。一旦不能在江东立足，被打回去，袁术那里已经闹翻了，孙策就会无家可归，后果不堪设想。

这点孙策的部下们很清楚，于是派人第一时间将消息告知孙策的母亲吴夫人，请她出面讲情。

吴夫人当然清楚得罪魏家人会有什么后果，马上赶来，但孙策这会儿混劲儿又上来了，母亲的情面也不给，眼看儿子要铸成大错，吴夫人情急之下，被逼得站到水井边，冲着孙策大喊："你刚来江东，立足未稳，应礼贤下士，厚待士大夫，记功忘过，魏功曹也是为公事，你今天杀了他，明天全江东的人都会起来反对你，我不忍看到孙氏灭门，如果你杀魏腾，我就跳井。"说着手扶井口做出要往下跳的架势，这下孙策也被吓到了。赶忙命人放了魏腾，一场政治危机方才化解，吴夫人关键时刻救了魏腾，更救了孙策。

孙策征战三年，总算在江东打下一片天地。江东共有四郡，分别是吴郡、会稽郡、丹阳郡跟豫章郡，其中前三郡都在今江浙沿海一带，只有豫章在内陆，此外与之对应的，长江以北淮河南岸的江西还有二郡庐江郡与九江郡，此六郡都归扬州管辖，合称扬州六郡，《三国演义》里的江东六郡并不准确。

孙策此时已扫平江东三郡（并不彻底）：吴郡、会稽郡、丹阳郡，但扬州的另外"半壁江山"还在别人手里，孙策以铁腕手段镇压了东三郡的内外敌人，暂时稳定三郡局势，又将目光投向新的战场。

三国之决战中原

（二）目标：庐江、豫章

扬州的九江郡被袁术直接控制着，孙策只好暂时放弃，他把目标选定了庐江郡跟豫章郡，此时的庐江太守是刘勋，豫章太守是华歆。简单地说，一对绣花枕头。

刘勋，字子台，徐州琅邪（今山东临沂）人。早年在曹操的家乡做县长，因此与曹操很有交情，后来一路升迁做到庐江太守，他哥哥比他官还大——豫州刺史，总之这也是个世家子弟，出身好、后台硬，缺点是头脑简单，属于那种很傻很天真的类型，活到四十多还保持着一颗天真无邪的童心。

华歆（157—232），字子鱼，青州平原郡高唐（今山东禹城西南）人。出身高唐大姓，也是世家子弟，当时名士。

华歆出身于名门望族，加之本人也的确有些才学，年纪轻轻就声名远播，与北海人邴原、管宁结为好友一起游学四方，当时人称这三人为"一龙"，华歆是龙头、邴原是龙身、管宁是龙尾。

华歆名望很高，政治见识也过于常人，当年冀州刺史王芬跟南阳人许攸想废汉灵帝另立新君，还专门派人请曹操入伙，这帮人也请了华歆，华歆跟曹操一样，坚决拒绝，避免了一场大祸。何进掌权后，征召天下名士。河南郑泰、颍川荀攸，还有华歆都在征召名单之列，华歆应征到了朝廷，被任命为尚书郎。

董卓迁都长安，华歆申请外任，之后几经辗转到了徐州，朝廷于是任命华歆做了豫章太守。

华歆跟当时的许多名士一样，专长是坐而论道，好为大言，一旦接触具体事务就表现平平甚至糟糕，乱世里这种眼高手低、夸夸其谈的人只有被淘汰的命运。所以对即将面对的两个对手，孙策信心十足。

孙策正准备"接管"刘勋的防区，偏巧旧主袁术魂归西天。袁术死后，家属部曲还有数万，但钱粮匮乏，难以维持。大将张勋、长史杨弘等商议后，认为既然在淮南无法立足，不如去江东投奔孙策。

早听说孙策已在江东开基立业，虽说孙策之前与袁术决裂，但张勋等人都曾与孙策共事有交情，念在昔日的情分上，孙策应该会收留他们。

于是几万人在张勋、杨弘的率领下扶老携幼准备渡江。

袁术的族弟袁胤、女婿黄猗怕曹操趁机来攻，不敢在寿春久留，却也不愿投奔孙策。袁胤之前遭孙策驱逐，两人有旧怨，袁胤自然不愿去，于是率部抬着袁术的灵柩投奔驻兵皖城的庐江太守刘勋。

刘勋因而也得知了张勋等人的动向，张勋等人过江要经过刘勋的防区。

如此扩大势力的良机，刘勋怎能错过，袁术在世时，刘勋就已不服其号令，如今袁术尸骨未寒，这位昔日的部下更干了一件令人不齿的事，带兵拦截张勋所部，将袁术生前留下的金银财物洗劫一空，所有人马也全部收编。孙策听说后，气得七窍生烟，发誓要找刘勋算账。

刘勋发了一笔不义之财，不久，又有好事找上门。

097

英雄少年

（三）名士刘晔的鸿门宴

扬州名士、淮南人刘晔主动登门拜访，并送上一份厚礼，数千士兵。

刘勋乐不可支，说起这笔"意外之财"，还要说到三国时代的一位名人——刘晔。

刘晔，字子扬，扬州成德人，汉光武帝儿子阜陵王刘延的后人，汉室宗亲。刘晔出身高贵，学识渊博、谈吐不俗，著名的品人专家许劭逃难路过扬州刘晔的家乡，曾见过青年刘晔，当即被这个年轻人的不凡气质和才华吸引，称赞刘晔有王佐之才，许邵的好评，让刘晔一夜爆红。

但就算大名士，战乱来了，该跑还是要跑。许邵走了，但刘晔家大业大，人可以跑，田产家业却搬不走，刘晔只好待在家里守祖产。

汉末战乱起四方，扬州淮南一带也涌现出不少称雄一方的小军阀，如郑宝、张多、许乾之流，其中实力最强的是郑宝，因为江北都是大军阀，像郑宝这样的小军阀在中原是排不上名次的，只有向南才有发展，郑宝的想法与孙策不谋而合，问题在于他不仅自己去，还想裹胁淮南百姓与他一起走。

江东之所以鲜有强敌，正是因为那里相对中原落后，人口不多，两汉三国时代判断一个地区繁荣发达与否，只要看那里的人口密集程度就够了。

郑宝怕过江后，无民可募，到时连兵源补充都成问题，还何谈称霸一方？郑宝很为自己携民渡江的想法得意，可他不是仁厚君子刘玄德，没有声望，充其量不过是一个地方豪强头目，所以没人愿意主动跟他去，刘备的携民渡江也是因为曹兵压境，迫不得已才被迫出走，而现在淮南并无外敌，形势也不急迫，百姓留恋故土，安土重迁人之常情。

决战中原

可郑宝不懂，执意想百姓跟他走，结果，可想而知，应者寥寥。

郑宝也清楚仅凭自己的威望远远不够，毕竟，动员百姓迁移也不能一味靠武力，也要讲究策略，郑宝想到了刘晔。刘氏乃汉室宗亲世居于此，是淮南有名的世家大族，在地方影响颇大，刘晔更是本地名士，在当地很有声望，只要刘晔肯出面，这事就好办。

刘晔得知郑宝意图后，自然不愿做违心之事，他本人就不愿意搬，又如何去说服别人？但郑宝乃是强横军阀，相比于喜欢用脑子思考问题的读书人，他更倾向于用武力解决问题。

郑宝知道刘晔不情愿，准备强行逼迫刘晔就范。

刘晔此时也才二十几岁，面对如此棘手的问题也一筹莫展，内心忧闷，却又想不出对策，整日长吁短叹。恰好此时，曹操派人来扬州访寻名士，刘晔听说也前去与会，刘晔当着使者与在座名士，纵论天下形势，一番精彩的演讲，说得曹操来使频频点头，使者邀请刘晔一起去许县。

距出发还有几天，刘晔在家中整理行装。成了曹操的人后，刘晔有了底气，开始策划一场针对郑宝的鸿门宴。

郑宝也有自己的眼线耳目，对刘晔的行踪，他表现出特别的关切，刘晔与曹操来使的会晤，自然逃不过他的耳目，郑宝很快得知此事，但对其中详情，还不甚了解。为了探听底细，一天，郑宝突然率领数百部下携带酒肉登门造访。

刘晔对此早有准备。刘晔家庭院深深，有几重院子，招待几百人绰绰有余。为了方便动手，刘晔有意让家仆将郑宝带来的几百人都安排在前院，并以酒食款待。

最里面的单间雅座才是给郑宝准备的，一般部众是没资格进去的。按事前计划，刘晔挑选了几个心腹壮士，准备等郑宝喝醉后，趁行酒时伺机动手。

计划看似完美，但临场却发生意外，原来郑宝这人平时不爱饮酒，酒过三巡，郑宝依旧十分清醒，并未喝多少酒，醉意全无，精神着呢。这也只能怪刘晔事前的情报做得不到位，连郑宝不好喝酒的底细都没弄清楚。刘晔恐怕是想当然地以为军阀哪有不好酒色的，可偏偏就遇上了。

结果，场面一时十分被动，行酒之人看着眉飞色舞双眼炯炯的郑宝，心里发虚，吓得不敢行动，以郑宝的身手，想要在其清醒时将其制服，是相当困难的，弄不好就会惊动外面郑宝的部下，满盘皆输。

几个奉命刺杀郑宝的人，见此情景吓得一时不敢动手。

时间在流逝，所有人都紧张得透不过气来，夜长梦多，刘晔干脆自己亲自上阵，趁郑宝不备，拔出佩刀，挥刀砍向郑宝。

郑宝全然没防备，他到死也想不到，一个温文尔雅的名士居然也会拿刀砍人。看来人被逼急了，什么事都做得出来！

郑宝被当场砍死，刘晔一不做，二不休，砍下郑宝的头，提着还在滴血的血淋淋的人头走到外面，冲着外面数百名郑宝的部下，大声喊道："我奉曹公之命诛杀郑宝，余者无罪，有敢反抗者与郑宝同罪。"刘晔借曹操的大名狐假虎威，果然将在场众人全都给镇住了。刘晔成功杀了郑宝，还收编了其部众。

刘晔一下拥有几千部曲，不喜反忧，因为刘晔深知这些人平日放纵惯了，一旦被约束，势必会激起不满，自己出钱又养不起，放任不管，又将骚扰百姓，搅扰一方不安。思来想去，刘晔找到刘勋，将数千桀骜不驯的部众交给刘勋。

当刘晔说明来意，刘勋简直不敢相信自己的耳朵，这时大家都在拼命扩充势力，居然有人把到手的部队往外送，当确信刘晔的诚意后，刘勋当场笑纳了，他的部队又增加数千之众。

刘勋乐坏了，孙策气疯了。

（四）智取庐江

孙策决定对刘勋开战，拿下庐江郡，但刘勋此时拥兵数万，盘踞皖城，并不容易对付，与其强攻不如智取。

为麻痹对方，孙策派人给刘勋送去一份厚礼，使者还带去孙策的一封"亲笔"信，孙策在信中不吝溢美之词将刘勋狠狠吹捧一番，接下来是主要内容，孙策在信中说："上缭（今江西永修）一带宗族武装时常前来骚扰，自己几次想带兵征讨，怎奈路途遥远不得不放弃，听说当地十分富庶，您若能带兵征伐，我愿率军助剿。"使者献上孙策送的珠宝、葛布等贵重礼物。

刘勋感觉自己的运气实在好得不可思议。好事接二连三找上门，以他的智商当然看不出其中玄机，部下听说也纷纷前来祝贺，唯独刘晔反对出兵，刘勋问他为何反对。

刘晔说："上缭城池虽小，但城高池深，易守难攻，并非短期可攻克，时间一长，兵疲民困，皖城空虚，孙策如果趁机来袭，庐江危矣。到时上缭攻不下，庐江再有失，将军您将无家可归。大军远征，大祸立至。"

利令智昏用来形容此时的刘勋再恰当不过，加之这厮的智商本就不高，被孙策戴了几顶高帽便忘乎所以，又被孙策的金银财物打动，财迷心窍，此时什么也听不进。

促使刘勋出兵还有一个原因，他的部队严重缺粮，诸侯中，除了自己屯田丰衣足食的曹操，几乎没有不缺粮的，刘勋部的粮食本就不够吃，又先后接纳、收编了数万袁术旧部，就更显得捉襟见肘。

刘勋曾派族弟刘偕前往豫章借粮，太守华歆两手一摊，一脸苦笑，我这也缺粮，而且常年缺。但既然刘勋上门求助，不好拒绝，就派人带着刘偕去豫章郡治下的海昏县等处筹粮，请那里的宗族大姓筹措三万斛粮食。

刘偕在海昏、上缭一带奔走一月有余，腿都跑细了，好不容易才筹到几千斛。但在筹粮的过程中，海昏、上缭的富庶给他留下了深刻的印象，当地并非无粮，只是不想借罢了。

刘偕回去后将所见所闻一一详细报给刘勋，刘勋正为粮食发愁，听说那里粮草充足，这才决意出兵。

这时，孙策为了迷惑刘勋，令其不至于起疑，装模作样地带兵去打江夏黄祖，这下刘勋更放心了，亲率主力一路杀向上缭。

刘勋大军到达海昏时，上缭的几个宗族首领听说刘勋带兵打来，早就逃散一空，只余一座空城，财物粮食也早就提前转移，坚壁清野。等刘勋带兵赶到，这里早已人去城空，刘勋劳师动众却一无所获。

刘勋很郁闷，但让他更郁闷的还在后头，他中了孙策的调虎离山之计。孙策派出斥候（侦察兵），密切监视刘勋的一举一动。孙策讨伐黄祖的大军走到石城，得知刘勋中计，孙策马上改变行军方向，后队变前队，派表哥孙贲、表弟孙辅领兵八千在彭泽埋伏等待刘勋。自己与好兄弟周瑜领兵两万直取刘勋的老巢皖城。

此时的皖城守备薄弱，主力都跟着刘勋打仗去了，留守部队兵力薄弱抵挡不住两万人的进攻，城很快被攻破，袁术的三万部曲大部分在城中，全归了孙策。孙策也不客气，将皖城的人口财物席卷一空，人带走，东西打包带走。

孙策任命汝南人李术为新任庐江太守，领兵三千守城。孙策自己则率领主力部队追击刘勋，端了人家的老窝抢了人家的地盘还不算，还要追杀到底要人命，这就是小霸王孙策的风格。

刘勋听说皖城有失，急忙率部昼夜兼程回救，走到彭泽正好进入孙贲等人设下的伏击圈，被一阵截杀后，士兵折损大半。刘勋逃到流沂，向荆州刘表手下的大将黄祖求救，这附近能指望的援军也只有黄祖了。

黄祖跟孙策有杀父之仇，孙策对荆州刘表及刘表部下黄祖恨之入骨，恨不得将他们食肉寝皮、碎尸万段。对此，黄祖心中清楚，所以自从孙策渡江，黄祖就密切关注着小霸王孙策的动向，孙策的辉煌战绩让黄祖瞠目结舌不寒而栗！

一旦孙策这小子打下江东，下一步必定要找自己的麻烦，这几乎是肯定的，所以黄祖对周围"友军"也颇为留心，黄祖跟刘勋也是熟人，听说刘勋向自己求救，还败得那么惨，黄祖就有一种兔死狐悲的悲凉。他知道，孙策解决刘勋后，下一个就轮到自己了，这个忙不能不帮。黄祖当即派儿子黄射率五千水军紧急援救刘勋。

孙策军打了胜仗士气正盛，锐不可当，一路追来，黄射跟刘勋组成联军，跟孙策决战，结果，惨败。

乱军中，刘勋与黄射被打散，两人各自逃生，刘勋丢了地盘，只好北上，投奔老友曹操。黄射则直接逃回荆州。

孙策将刘勋余部两千余人全部收编，将缴获的战船一千余只也悉数带回江

101

东，战船是组建水军的基础，加上孙策原有水军，此时孙策的水军已经相当可观。荆州水军实力强大，而黄祖部又是荆州水军主力，打黄祖必须有强大的水军。现在有人有船，终于可以开战了。这一天我等了好久，孙策说。

（五）沙羡之战

建安四年（199），孙策率军水陆并进，进抵黄祖屯兵的沙羡城。

12月11日，战斗正式打响，为了这一天，孙策准备了很久，集中了他所能集中的全部主力，主力战将更是悉数上阵。

孙策军阵容强大：江夏太守代理建威中郎将周瑜、桂阳太守代理征虏将军吕范、零陵太守代理荡寇中郎将程普、弟弟代理奉业校尉孙权、代理先登校尉韩当、代理武锋校尉黄盖，孙策将其麾下能征善战之将尽数带来，要与黄祖决一死战。

以上几位太守都是孙策自己任命的，并未经朝廷许可，而且江夏、桂阳、零陵几郡，都是荆州刘表的地盘，人家有自己的太守，孙策地盘还没到手就先给分了，心情可以理解，但做法不提倡。

战斗在水上、陆上同时展开。战场上，杀声震天，战鼓声响成一片，孙策亲自披甲上马率军冲阵，黄祖军也不示弱，两军彼此对攻，很快绞杀在一起。

陆上激战的同时，水战也在激烈进行中，孙策水军顺风放火，弓箭手万箭齐发，箭像下雨一样射向黄祖水军。战斗从早上打到下午，黄祖军终于崩溃了，全军溃散。

黄祖的先锋军，刘表的侄子刘虎与大将韩晞以及所部五千人，全军覆没。黄祖主力也折损一万多人，被逼跳水淹死的也有上万，大小战船损失六千余艘，至于其他损失无法估计。

沙羡之战，孙策大获全胜，黄祖军经此一役元气大伤，只好固守待援，孙策并未立即进攻江夏，黄祖这才得以苟延残喘数年。

孙策不乘胜追击，不是他想放黄祖一马，而是有更重要的事要办，孙策虽占据江东大部，但豫章尚未攻取，就是已经占领的地区，也有许多反对势力伺机蠢蠢欲动，也就是说，孙策的后方并不稳固，他需要时间消化巩固占领区，一时尚无精力攻略荆州。

如果此时孙策率主力深入荆州，那么自己很可能会变成第二个刘勋，江东潜藏的反对势力决不会放过卷土重来的机会，报仇当然重要，但先保住现有地盘更重要。

（六）轻取豫章

孙策大破黄祖回师江东，挟大胜余威领兵直逼豫章。大军屯于椒丘，兵临城下。

此时坐在南昌城（豫章郡治）里的华歆早已如坐针毡，听说孙策大军到来，惊慌失措、六神无主，不知如何是好。这时手下通报，虞翻求见。华歆知道虞翻已投靠孙策，此来必有大事，不敢怠慢，立即召见。

虞翻此来的确是奉孙策之命，孙策知道华歆乃一介儒生，不知兵事，不会打仗。对华歆，不消真打，只需危言恫吓即可，便能迫使其就范。

孙策挟得胜之师来取豫章，志在必得。华歆未战先怯，想战，不是对手；欲降，文人又耻于迎降。华歆在和战之间摇摆不定，左右为难。

孙策对华歆的心思及处境揣摩得很到位，并充分利用了华歆文人的弱点，虽然将至壕边，却不急于攻城，而是派江东大族名士虞翻前往劝降。虞翻曾追随王朗，王朗兵败被俘极具说服力。孙策深信凭这些足以令华歆归附。

临行前，孙策对虞翻说："华子鱼乃当世名士，但非我之对手，你去告诉他，如若不降，势必有一场激战，死伤在所难免。到时他的身家性命能否保全就难说了。请您把我的意思转告给他。"

虞翻见了华歆说明来意，并劝华歆认清形势、及早投降："您跟我们会稽前太守王朗皆海内名儒，中原士大夫谁不知道您二位大名，就是在这偏僻的江东，仰慕您的人也数不胜数。"华歆听虞翻如此吹捧自己，赶紧客气："我哪里敢比王会稽。"

客气之后，进入正题："您看豫章的粮草物资、军器刀枪与兵士精勇，跟我们会稽比，谁更强？"华歆说："豫章哪能与会稽相比，相差甚远。"虞翻顺着华歆的话接着说："您说您不如我们王太守，这是您谦虚，但您说豫章兵勇、粮仗不如会稽，这倒是实情。既然如此，您也知道，讨逆将军（指孙策，此时孙策官拜讨逆将军）用兵如神，之前打败刘扬州（刘繇），您亲眼所见，之后兵进鄙郡会稽，您也知晓。如今您据守孤城，内无粮草外无救兵，不如早定大计（投降），现在大军已到椒丘。我把讨逆将军的话转述至此，这就告辞回去复命。如果明天中午之前，我们得不到您的消息，那以后的事就只好各安天命了。"

虞翻的话，柔中带刚，威胁的味道已经很浓了。华歆也不傻，听出了话中隐含的意思，读书人说话很文明，就算是最后通牒也说得如此斯文，但再斯文也是通牒。华歆当即表态："我久居江东，思念故乡。孙会稽来真是太好了，我终于可以重返故里。"

虞翻见目的达成，心满意足，回去向孙策复命。华歆可睡不着了，连夜写降书顺表。第二天一早派人送去孙策大营。到了约定时间，华歆换了一身儒生打扮，带着随从官员亲自到城外迎接孙策。

孙策见华歆如此懂事，也没为难华歆，对华歆十分客气，以晚辈后生的礼节对华歆行弟子之礼，算是给足了华歆面子，让这场投降仪式场面上看上去就像一个文化派对。

此后，孙策的幕府又多了一位座谈客，孙策对华歆奉为上宾，把这位中原名士养了起来，华歆并不寂寞，他的好友王朗已经在这待了一段时日，两人终于在孙策府上重逢。不知，二人见面时，有何感慨。

中原战乱，北方士大夫纷纷南下，南下方向有两个，荆州、扬州。原本地处偏僻的南方迎来一批又一批衣冠人物。华歆在中原时就已名满天下，到了南方，风头依旧不减，后来的这些中土名士，论名声排辈分都在华歆、王朗之下，两人在南方依然是名士领袖。

孙策对二人礼遇有加，他很有表演天分，把阶下囚当成座上宾，华歆等人也相当配合，在双方的共同努力下，终于塑造出孙策礼贤下士的良好公众形象。

每次，孙策请这些士大夫聚会宴饮，只要有华歆、王朗在座，其他人就不敢先发言，宴会上一片寂静，可等华歆起身上厕所离开后，会场上马上就活跃起来，大家有说有笑，大声喧哗，毫无顾忌。说到底，还是华歆的名望太大，众人对他又敬又畏，有他在场，众人不敢造次。

华歆身份既高、名望也大，又是海量，号称千杯不醉。每次喝酒，当别人都喝得酩酊大醉，或伏案不起、或醉卧于地时，唯独他还能坐在那仪态自若地自斟自饮，江东人因此送他一个绰号"华独坐"。

（七）孙策之死

孙策占领了庐江、豫章，除江北的九江郡，扬州已是孙氏的天下。

打江山不容易，守天下当然要用信得过的人。

孙策对扬州诸郡太守进行全面调整大换血，全部用自己人取而代之，孙策自己兼任会稽郡太守，让舅舅吴景当丹阳太守、堂哥孙贲做豫章太守，从豫章郡分出一个庐陵郡让孙贲的弟弟孙辅做太守，父亲的老部下亲信嫡系丹阳人朱治做吴郡太守。

这几个人事安排都没有问题，出问题的是庐江郡，孙策任命的庐江太守汝南人李术。不过，李术反水还要等到孙策死后。这也是孙策留给孙权的一个小麻烦。

虽然扫平了江东，但孙策心里还有一丝不快，那就是江北的陈登。

孙策率军西征黄祖时，广陵太守陈登曾派人过江联系严白虎余部，准备趁孙策大军西征后方兵力空虚的机会，与江东严白虎余部等宗族武装里应外合南北夹击，狠狠在孙策背后闹腾一番。只是陈登没想到，孙策这么快就大败黄祖，打得后者丢盔弃甲，不得已取消计划。但这事还是让孙策知道了，双方就此翻脸。

陈登之所以找孙策的麻烦，也是有原因的。

前任吴郡太守陈瑀是陈登的叔叔，陈瑀还在孙策没来之前就已经是安东将军。袁术称帝，曹操让吕布、孙策与陈瑀联手讨伐袁术，陈瑀早就瞅孙策不顺眼，孙策军到钱塘时，陈瑀曾派部下都尉万演等人秘密渡江联络丹阳、宣城、泾县等地的宗族武装祖郎、严白虎等人，让这些人做内应，里应外合夹击孙策。

但陈瑀的计划被孙策识破，孙策虽然年轻，但军事上已经相当成熟，立刻派吕范等人带兵进攻陈瑀，两军在海西一场大战，陈瑀惨败，部下四千人或死或降，全军覆灭。只有陈瑀一人逃了出来，单人匹马逃回北方，投奔袁绍。

叔叔被欺负，陈登自然要为叔父报仇。

但陈登此举也激怒了孙策，小霸王岂是好惹的。孙策收拾了黄祖，马上带兵来打陈登。孙策亲率数万大军将陈登包围在匡琦城。

陈登手下只有几千郡兵，实力对比悬殊，只有派人向曹操请救兵，派谁去呢？别人去，不放心，想来想去，陈登只好派自己的心腹广陵郡人功曹陈矫亲自去一趟许县。

陈矫（？—237），字季弼，徐州广陵郡东阳县（今安徽天长西北）人。

早年跟许多北方士大夫一样，为了避乱，陈矫曾一度渡江南下江东。

割据扬州一带的大军阀袁术以及后来的孙策都想把陈矫这位徐州名士招入麾下，但陈矫看不上这两位在当时人看来的乱臣贼子，不愿与之同流合污，几经辗转，又回到自己的家乡广陵郡。

广陵太守陈登早就听说过陈矫的大名，得知陈矫回乡，马上礼聘陈矫出任广陵功曹。

陈矫履职不久便得到了一次出使许县的机会。

一天，陈登把陈矫找来，对他说："我听说许县的一些士大夫对我有议论，我想请你为我走一趟，替我探听探听，回来将详情告诉我。"

陈矫领命而去，很快就回来了。

陈矫说："许县的士大夫都认为您很高傲。"陈登听了感慨地说："家教严谨，德行兼备，我敬重陈元方兄弟（陈群的父叔）；道德高尚，品行端正如白玉，我敬重华子鱼；正直有义，嫉恶如仇，我敬重赵元达；博闻强记，才华横溢，我敬重孔文举；英雄杰出，有王霸之略，我敬重刘玄德。我如此尊敬人，怎会是骄傲的人？余者庸碌，不值一谈。"

因为陈矫去过许县，又有名气，所以陈登才派陈矫去搬兵。

陈矫到了许县见到曹操，将广陵危急如实禀报并请曹操速发救兵："鄙郡虽小，但地形险要，您如能出兵救援，广陵百姓必感戴您的恩德，此后将竭力效忠朝廷，广陵得以保全，也可抑制江东孙策北侵，保全徐州一方百姓，您的声名也必定远播四方，这是您成就王霸之业的大好时机啊！还请早发救兵。"曹操爱才，见陈矫谈吐不俗，见识非凡，就想把陈矫留在身边，但被陈矫婉言拒绝。曹操于是立刻发兵救援。

援兵到时，陈登跟孙策的攻防战正在激烈处。

孙策为攻陈登，将主力悉数调来，广陵城外黑压压，到处都是孙策的军兵，广陵城里人心开始慌乱，用害怕两字已不足以形容他们此刻的心情，于是部下们纷纷到陈登那里"献计献策"，如今敌兵大军压境，以我们现有兵力恐难抵挡，不如暂时放弃城池，撤到山里，将一座空城留给孙策，南人习惯住在船上，就算把城让给他们，他们也待不长久。

种种理由，不过是临阵怯敌的借口，陈登没有当场戳穿他们的谎言，只是面对部众，慷慨陈词："我受皇命镇守此城，不能讨灭贼寇已是负罪之身，大敌当前，弃城而走，这岂是忠臣所为，诸位不必多说，我誓与城池共存亡，人在城在。"见陈登如此，那些心生怯意的人也只好打消逃走的念头，更多的人则被陈登所感动，各就各位，准备迎战孙策。

为麻痹孙策，陈登下令紧闭城门，守城士兵不许大声喧哗，没有命令不准露头，全都隐蔽在女墙之下，从城外看去，城上不见一兵一卒，犹如一座空城。这一招果然奏效，孙策以为陈登见自己大军杀来，不敢抵抗，弃城而逃了，也就不做防备，看看天色已晚，下令就地扎营，等第二天早上，再进城接收。

孙策没有等到第二天早上，因为就在这天夜里，匡琦城的南门被悄悄打开，陈登亲自率军夜袭孙策大营，为了不发出声响，人衔枚马裹蹄，悄悄地出城，放炮地不要。就这样，大队人马不声不响包抄到孙策军营后面，陈登一声令下，全军发起攻击，孙策军猝不及防，仓促之间，还没列好战斗队形，陈登已经率军杀了进来，孙策军被突然袭击，顿时大乱，一场混战，孙策损失惨重，杀到天明，陈登这才收兵回城。

陈登夜袭敌营，大获全胜，重挫孙军锐气，同时也鼓舞了守军士气，原来孙军也并不可怕，他们也是可以被打败的。

第二天，急于挽回颜面的孙策亲自带兵攻城，架起云梯四面攻打，要把丢的面子找回来。孙军攻势凶猛，城中四处告急，陈登组织士兵拼死抵抗，在城上往来奔走，到各处救援，勉强支撑了一个白天，已是精疲力竭。

陈登知道如不想出对策，如此下去，撑不了几天城就会被攻破。

苦思良久，陈登有了主意，晚上，陈登派人悄悄潜出城外，在城外十里，援军的必经之路上，扎起军营，又弄来好多柴草，两捆一堆，每隔十步堆一个，排成整齐的队列，同时点火，远远望去如同千军万马高举火把杀来，做戏做全套，城上守军也站在城头摇旗呐喊、欢呼：大军到了，援兵到了。孙策军望见远处的火光，又听见城上人的喊声，信以为真，以为援军真的来了，即刻崩溃。

陈登在城上见了，这样的机会岂能放过，马上带兵出城追击，曹操的援兵正巧此时也赶到了，在两军夹击下，孙策再次大败，逃回江东。

回到江东，孙策调兵遣将，积极备战，随时准备杀回去找陈登算账。兵马未动，粮草先行，孙策久经战阵，这点常识当然懂，但大军所需粮草，一时难以调齐，孙策不得不耐着性子在丹徒等。

孙策一生征战四方，难得有空闲，不过，这也是孙策短暂一生中最后的一点闲暇时光了。就是这仅有的日子，孙策也没浪费，带着手下在郊外骑马打猎，对古人而言，打猎骑射也是一种军事训练，孙策人不离鞍、弓不离手，可谓纯粹的军人。

但就是这次出围打猎让孙策送了命，原来孙策喜欢微服出巡，就是打猎也不多带人，每次打猎都是信马由缰，猎场也无警卫兵士，这就给刺客提供了机会。孙策如此搞法，不仅地方上叫苦不迭，就是随行人员也是牢骚满腹，孙策骑的是好马，跑得快，随从们自然跟不上，每次为了追他，都累得几乎吐血。

虞翻为此多次劝孙策：您每次出猎，带的人太少，警卫单弱，现在天下并不太平，这么做很危险，万一发生意外，如何是好，请您下次出巡，一定要多带侍卫，以保护您的安全。

孙策每次答应得都很痛快，但之后，一切照旧，屡教不改。虞翻的担心不幸成为现实。

孙策打下吴郡，太守许贡成为继王朗、华歆之后的又一位阶下囚，但许贡虽然做了俘虏，心里依然不服，许贡见孙策的势力越来越大，秘密给朝廷上书，说孙策此人桀骜不驯，朝廷最好将其召入朝中，委以虚职将其软禁，不然猛虎在外，久后必然伤人。

奏章写好后，许贡派自己的心腹家人秘密渡江前往许县，准备交予曹操。

不料，送信人在江边被孙策部下抓获，信也被搜了出来，孙策见信后，勃然大怒，以孙策的脾气，许贡的下场可想而知，许贡被孙策下令活活绞死。许贡生前府中的几位门客，颇有豪侠之气，发誓要为旧主复仇。

三人经常在孙策府邸外徘徊，寻找下手的机会，却一直未能如愿。这次几人打探到孙策到了丹徒，并经常外出打猎，随从侍卫不多，于是决定在郊外动手，刺杀孙策。

这天，孙策又像往常一样，纵马驰奔，一路追禽逐兽，偏巧来到三人埋伏之地，三人一见孙策孤身一人，并无随从跟随，机不可失，立刻动手，各操刀枪，一拥而上。

孙策打猎正在兴头上，见树丛中突然蹿出三人，各拿刀枪气势汹汹朝自己扑来，立刻就明白了，拼死抵抗，但因为是打猎，孙策手里只有一张弓，身上没带兵器，而这三位则是全副武装，此时四人近身肉搏，孙策明显处于下风，如果放在平常以这三位的武艺，孙策连近身的机会都不会给对方，但此时的孙策却是虎落平阳被犬欺，不多时，身上就被戳了好几个洞，浑身是伤，血流如注。

正在孙策命悬一线时，部下终于赶到，众人一起动手，将三个刺客刺倒在地，三个门客死了，但他们已经完成了使命，用自己的命换了孙策的命。

孙策虽未当场殒命，但也身负重伤，抬回府后不久便一命呜呼。

临终前，孙策叫来长史张昭及二弟孙权。当着孙权的面，孙策把张昭叫到床前，说出了自己的政治遗嘱也是临终遗言："如今天下大乱，我孙氏占据江东六郡，兵精粮足，凭此足以成就一番大事，还请您与诸公尽心辅佐我二弟。"接着，孙策又把孙权叫到床前："统帅三军，征战沙场，你不如我；举贤任能，使人尽其才，光大江东，我不如你。我死之后，由你接管六郡。一定要励志图强，不要忘记父兄创业的艰难。"说到这里，孙策缓缓闭上了双眼，走完了他波澜壮阔而又短暂的一生，死时年仅二十六岁。

孙策死后，二弟孙权接管大权，成为江东六郡的新主人。

孙权，（182年12月22日—252年5月21日），字仲谋，扬州吴郡富春（今浙江富阳）人，后来的东吴大帝。

孙权是孙坚的第二个儿子，如果不是长兄孙策遇刺身亡，这个位置是轮不到他的，但孙权也的确很能干。在乱世中，不仅守住了父兄传下的基业，还发展壮大，占据东南，成为东吴帝国的开国皇帝。与同时代的另两位英雄曹操、刘备一起演绎了一场三国大戏，青史留名。

人的一生如孙权般精彩纷呈也不枉此生。

这时的孙权才十九岁，年纪轻轻便要担当重任的确有点难为他。自从哥哥死后，孙权整天哭个不停，也无心理事，只是一味地痛哭。哭除了悲伤，应该还有些别的什么，没错是害怕。一下失去擎天柱，没有了哥哥的庇护，一切都要自己担当，孙权有点不知所措。

这时一个人来到孙权身边，说："孝廉，现在是哭的时候吗？"说话的人是孙策指定的托孤大臣——长史张昭。张昭说："如今盗贼横行，到处都是敌人，就算难过也要把悲伤藏在心底。这时悲伤，不理军政，就好比打开大门欢迎敌人进来，如果你哥哥活着也不愿看到你现在这个样子。"孙权这才擦干眼泪，穿上盔甲，骑马到各处军营巡视，安抚人心。

孙权接手的江东并不太平，用危机四伏来形容或许更合适。孙策征战四年，杀人无数，结怨无数。特别是江东世家大族之所以屈服，全是靠孙策用武力镇压的结果。如今，孙策一死，这些人中不乏蠢蠢欲动者。而且，孙策虽然接连占领会稽、吴郡、丹阳、豫章、庐陵，但也仅仅占据了郡治，偌大江东，地域广大，孙氏兄弟只占领了点和线，深山偏僻之处，敌对势力依然存在。

特别是山越，一直与孙家为仇作对。这个问题困扰孙权多年，直到孙权死的那天，山越也没有彻底解决。

那些从北方避难来的士大夫仅仅是以宾客身份在这里客居，跟孙氏兄弟并不是一条心，从见面的礼节上，就看得出来，这些人一直以宾客对主人的礼节而不是君臣的礼节与孙策兄弟往来。危急时刻是指望不上这些人的。

只有孙策指定的两个顾命大臣张昭与周瑜，对于孙策指定的接班人孙权毕恭毕敬，以君臣的礼节尽心辅佐。

曹操在得知孙策的死讯后，很快以朝廷的名义任命孙权为讨虏将军、会稽太守。这是孙权获得的第一个朝廷任命的正式职务。

（八）孙策留下的文臣武将

孙策留给弟弟孙权一个危机四伏的烂摊子，但与此同时，孙策也给孙权留下了一笔"丰厚的政治遗产"。

首先就是两个忠心耿耿能力出众威望超高的辅政大臣，长史张昭，中护军周瑜。这两人一个主内管民政，一个主外管军事，一内一外，配合默契，相得益彰。

这对黄金搭档也是孙策政治智慧的最后体现，虽然这位兄弟一生主要在外拼杀，但这个最后的辅政班子显然是孙策精心安排深思熟虑的结果，不得不承认，这个安排很有水平，这个组合确保了政治交接敏感时刻江东的安定。

张昭（156—236），字子布，徐州彭城（今江苏徐州）人。儒学世家出身，从小勤奋好学，刻苦用功，张昭的书法特别好，擅长隶书，曾师从名师学习《左氏春秋》。张昭与东海王朗、琅邪赵昱都是徐州名士，也是志同道合的好友。

徐州刺史陶谦到任，聘请当地名士到州府做官，张昭推辞不去。陶谦小肚鸡肠认为张昭看不起自己，一怒之下，派人把张昭抓了起来，幸好老友赵昱多方奔走才大事化小，不了了之。

关东兵起，天下大乱，徐州也卷入战火，张昭跟许多徐州人一样，渡江到江东避难。

孙策到江东后，与张昭结识，"一见倾心"，孙策看人还是很准的，两人促膝长谈后，孙策认定这是一个可以辅佐自己成就大业的股肱之臣。孙策当即任命张昭做自己的长史，并升堂拜母，君臣之间的关系更进一层。

孙策长期在外征战，后方事务无暇处理，统统交给张昭，孙策对张昭的信任丝毫不亚于后来刘备于诸葛亮。

张昭成了孙策之下的二号人物，大权在握，但有时一号人物跟二号人物的关系是很微妙的。有些事可大可小，请示了，一号首长很可能会不耐烦，不是都交给你了，让你放手去干，还请示我干吗？我哪有时间处理这些小事，都要我管，还要你做什么；可不请示，一旦出了事，一号首长又会发脾气，这么大的事，事前怎么不向我汇报，你就敢自己做主，你是不是也想做我的位置了。

总之，二号人物有时很尴尬。在孙策这里，张昭就是二号人物。

张昭同样遇到了棘手问题。当时许多北方士大夫都跟张昭有交情，随着中原局势日趋稳定，这种联系日渐增多。这些人是张昭的好友，每次来信都把张昭吹捧一番，孙策的业绩也毫不客气地被算在了张昭的账上。这让张昭很为难。主公孙策在前方浴血奋战，自己在后方"功成名就"，孙策不知细情，还以为自己在沽名钓誉自表功勋。

张昭很困扰，如果将信件如实上报，自己就有贪功揽权之嫌，如果压着不报，事后孙策知道，更有口难辩。张昭左右为难。后来孙策得知详情，很大度笑着对众人说："当年管仲辅佐齐桓公，国中大政都是管仲一手制定，齐国人推尊管仲，齐桓公也放手让管仲大胆去干，齐国才成为春秋五霸之首。如今，子布贤德名声享誉海内，而能为我所用，这难道不是我的功劳吗？"

孙策如此善解人意，张昭自然更为尽心竭力报效主公的知遇之恩。

孙策去世，孙权接班，张昭依然是长史，依旧一如既往兢兢业业辅佐孙权。张昭是个合格的、可靠的托孤大臣。虽然这位大叔有点婆婆妈妈且严厉到了不近人情的程度，但张昭用自己的忠诚赢得了孙策的信任也获得了继任者孙权的肯定，实属难得。

张昭跟孙权的故事后面还要说。接下来介绍另一位主外的中护军周瑜。

周瑜与孙策的关系，战友加兄弟，亲密程度比张昭更进一层，张昭跟孙策升堂拜母，周瑜与孙策则是少年好友，人们管孙策叫孙郎，管周瑜叫周郎，郎在汉代是对年轻男子的专称。两人建功立业也才二十几岁。

特别值得一提的是，这两位少年英雄还是亲戚，确切地说是连襟。当时桥公有两个女儿，大乔与小乔，生得国色天香，是远近闻名的大美女，因战乱流离失所，辗转来到江东。英雄爱美女，孙策也是英雄难过美人关，但孙策很有兄弟义气，遇见美女也不吃独食，跟好兄弟周瑜各娶一个，孙策娶大乔，周瑜娶小乔。年纪轻轻事业有成，又抱得美人归，少年得意的孙策，带着玩笑的口吻对周瑜说："桥公二女虽与父母分离，但能嫁给我们两个当世英雄，也是她们的福气。"

周瑜跟孙策有这层关系，自然也是孙氏股肱之臣，孙策将他选作托孤大臣，也是明智之举。孙策死时，周瑜领兵在外，听到消息急忙赶回。周瑜随孙策南征北战，在文武群臣中，威望很高，有周瑜跟张昭在，就算有人图谋不轨也不敢轻举妄动。在两位实力派人物的支持下，孙权得以顺利接班。

除以上两位重臣，孙策也为弟弟留下一批武将文臣，前面的几位嫡系已介绍过，下面的这批也是嫡系。

程普，字德谋，幽州右北平郡土垠（今河北丰润东）人。在江东众多武将中论资历没有人比他更老。程普一生先后追随孙坚、孙策、孙权父子三代，三世老臣，还曾救过孙策的命，忠诚、资历在群臣中无出其右者。

程普早年在州府做小吏，因为长得帅又精通人事（情商很高），深受上级的器重赏识。孙坚起兵讨伐董卓，程普就是其手下的得力干将，战宛城、攻阳人，攻城野战，屡建战功，身上到处是伤疤。

孙坚战死后，程普又追随孙策在淮南举事，渡江之后，摧城拔寨，孙策收编刘繇等人的降军，程普跟周瑜是第一批被补充的部队主将，每人二千兵、五十匹战马。

之后，程普攻乌程、克石木，连下波门、余杭，一路所向披靡，锐不可当。攻占江东六郡后，主要的敌人虽然消灭了，但各种反对势力纷纷转入地下潜伏，随时准备颠覆新生政权，为镇压反动势力，不给这些人反攻倒算的机会，孙策把手下能战的武将派出镇守刚刚归附的郡县，程普作为主力战将被派到最重要的地区。

程普先后被派到吴郡、丹阳郡做都尉，专门负责镇压各地叛乱。郡治稳住后，程普又"下乡"到偏远郡县宣城、泾县一带围剿山贼。程普就像个推土机，将反对势力，一律铲平。

孙策死后，地方潜伏多年的反对派想趁机起事，又是程普带兵平定。

因为资格老，功劳大，其他武将都要尊称程普一声程公。

黄盖，字公覆，荆州零陵郡泉陵人。黄盖在军中的资历仅次于程普，也是早年追随孙坚的旧部。孙坚死后，又跟着孙策渡江南下转战江东。

韩当（？—227），字义公，幽州辽西郡令支（今河北迁安）人。

生长于北地的韩当，家乡就是汉军与北方匈奴骑兵角逐的战场，韩当从小在这样的环境里长大，精于骑射也就再正常不过了。

孙坚相中了韩当的武艺，将其招入麾下，做别部司马。此后，韩当追随孙坚，鏖战沙场，擒敌斩将。追随孙策东渡，被提升为先登校尉，给兵二千，战马五十匹。征刘勋、战黄祖，韩当都是主力战将。

蒋钦（？—220），字公奕，扬州九江郡寿春人。孙策在淮南时投其麾下，渡江后，任别部司马随从征战。会稽郡吕合、秦狼叛乱，蒋钦带兵扫平，连续平定五县，稳定会稽。后征讨山越有功，被封讨越中郎将。

周泰，字幼平，扬州九江郡下蔡（今安徽凤台）人，周泰跟蒋钦从投奔孙策那天起，就追随孙策不离左右。渡江后任别部司马，随从征战。孙权特别喜欢周泰，特意向孙策要来周泰。

之后，孙权奉哥哥孙策之命，围剿山越，驻兵宣城。当时，孙权部下也只有一千兵，尽管周围山上到处是山越，但孙权人小心大，随便在外面布置一些岗哨，连围墙也不修，就睡觉去了。没想到，一天晚上，数千山越突然下山摸进孙权军营，等卫兵发现，山越已经杀进大营。匆忙之中，孙权跳上马，还没坐稳，大刀就已砍到马鞍，由于事发突然，周围的卫士全蒙了，一时没有反应过来，一个个如木雕泥塑愣在那。

危急时刻，周泰挺身而出，护住孙权，左挡右杀，砍散山贼，周围人见周泰如此勇武，这才反应过来，加入战团。一场激战，杀退山越，等敌人退走，周泰已是浑身是血，遍体鳞伤，昏死过去。这天要是没有周泰，孙权怕是性命难保，也就不会有后来的东吴大帝。

经过此事，孙策对周泰格外器重，破格提拔，让寒门出身的周泰当了县长。

陈武（178—215），字子烈，扬州庐江郡松滋县人，孙策在寿春时十八岁的陈武前来投奔，之后追随孙策渡江任别部司马。孙策攻破庐江，在刘勋投降的士兵中选拔精锐，组建了一支精兵，因为这些士兵都是庐江人，身为庐江人的陈武被孙策任命为这支部队的主将。

董袭，字元代，扬州会稽郡余姚（今浙江余姚）人。

董袭家是会稽大户，孙策领兵进会稽，董袭主动迎接，赢得孙策的好感，被任命为门下贼曹，负责地方治安。地方山贼黄龙罗等聚众叛乱，孙策亲自带兵围剿，董袭本地人熟悉地形，也随同出征，以战功升别部司马。

贺齐（？—227），字公苗，扬州会稽郡山阴（今浙江绍兴）人。

贺齐家是会稽大户，靠着家族背景，贺齐得以进入郡府，后任剡县县长。

贺齐到任后，发现县吏斯从勾结山贼，狼狈为奸，要将其绳之以法。主簿听说后，却比当事人还激动，赶来劝阻："这斯从是本县大户，势力很大，与附近山越过从甚密，今天法办了斯从，明天山越便会来围攻县署。还请三思，千万不可治他的罪。"

这位主簿的话并未能劝阻贺齐反而将之彻底激怒，贺齐当堂将斯从斩首示众。果如主簿所说，斯从家族得知斯从被杀，纠集数千人围攻县城，贺齐敢杀斯从，自然早有准备，听说山贼攻城，亲自带兵出城反击，将这股地头蛇彻底消灭。之后，贺齐又连续剿灭当地的几股山越，此后山越对贺齐敬而远之，轻易不敢招惹他，贺齐在山越聚居区威名远播。

建安元年，孙策打进会稽，察举贺齐做了孝廉，这是升迁的关键一步。这时，原太守王朗逃到东冶，太守逃了，还有县长。王朗提拔的侯官县长商升依然忠于王朗起兵反抗孙策。对这种小角色，孙策不屑动手，就派永宁县长韩晏文官挂武职以南部校尉领兵征讨商升，让贺齐接替韩晏做永宁县长。

但文官出身的韩晏很快败下阵来，孙策便让贺齐接任南部校尉。贺齐屡败山越，在江东已小有名气，商升听说这次领兵的主将是贺齐，顿时气短，连迎战的勇气都没了，马上主动派人与贺齐联系，表示愿意归顺。但部下张雅等却不愿降，贺齐还没来，他们先起了内讧，结果主战派的张雅杀了主降的商升，要跟贺齐决一雌雄。

贺齐只是县令，主力部队随孙策外出作战，贺齐手下兵马并不多，相反，张雅却是兵强马壮。

敌强我弱，贺齐虽勇，却不蠢。于是，他按兵不动，耐心观察形势，等待机会。机会总是留给有准备的人。没过多久，贺齐得知，张雅跟女婿何雄因为分赃不均，翁婿闹翻。

贺齐知道机会来了，于是派了一个心腹打入其内部潜伏，这位卧底有一项不太光彩的特长，搬弄是非，就是心里比较阴暗，唯恐天下不乱的那种，放在平常这是缺点，此时却是人才难得。

丈人与女婿闹矛盾，本不算大事，但架不住有人在旁煽风点火。很快，家庭内部矛盾迅速上升为敌我矛盾。正当两人打得不可开交之时，贺齐趁机从背后突袭，一仗就将张雅打得灰飞烟灭，很快平定侯官叛乱。

侯官硝烟尚未散尽，建安、汉兴、南平接连发生动乱，贺齐趁胜前进，进驻建安，从各县征兵，由各县县长亲自带队随贺齐围剿平叛。

山越，一直是孙氏兄弟的心病，自然不好打，贺齐与山越交战数年也只略占上风，贺齐因常年与之交战，对山越的活动规律及战斗特点颇为熟悉，从孙策到孙权，贺齐长期奉命驻守内地负责与山越的作战。

山越，孙权的噩梦，此后还会继续折磨他。

一直战斗在前线的贺齐是孙权的心腹亲信。

全琮（198—249），字子璜，扬州吴郡钱塘（今浙江杭州西）人，也是一个与山越常年打交道的山地战专家，与贺齐是同行。

全琮从资历上只能算小字辈，贺齐的接班人，孙策渡江的第三年全琮才出生，所以这里本没他什么事，但全琮却是个深刻影响了吴国历史的关键人物，不过，这种影响主要在中后期。之所以在这里提前介绍这位仁兄，是因为全琮此人实在不简单，他是孙权大女儿孙鲁班的丈夫，孙权的女婿。他的家族更不简单。

全氏家族在江东的地位仅次于四大家族。全家的发迹还要从全琮的父亲全柔说起。

全柔是汉灵帝朝的孝廉，做过尚书郎右丞，虽然官不大，但也曾在朝廷任职，见过世面。后来，董卓祸乱京城，全柔弃官归乡。回乡后，因是地方大族，很快又被任命为会稽郡东部都尉。

孙策兵到会稽，全柔以他敏锐的政治洞察力做出了准确的判断，此人年纪虽轻却雄武过人，将来必成大事。于是，就在旁人尚在狐疑犹豫时，全柔主动投靠，孙策渡江后，看到的多是一双双冰冷充满敌意的眼睛，见全柔如此识时务，很是感动，当即任命全柔做丹阳都尉。

全氏在关键时刻对孙策的宝贵支持为孙策入主会稽扫清了障碍也赢得了孙策的信任，从此确立了全氏在未来江东政坛不可撼动的特殊地位。

全氏父子，孙权坚定的支持者。

武将一一出场，接下来是文臣。

诸葛瑾（174—241），字子瑜，徐州琅琊郡阳都（今山东沂南）人。诸葛亮的哥哥，诸葛恪的父亲。介绍诸葛瑾却先提及前面这两位只是因为他们要比诸葛瑾更有名，说起来这位仁兄能在人才辈出的三国留下大名还多亏了他的弟弟和儿子，说诸葛瑾是靠弟弟、儿子出名好像有点委屈他，诸葛瑾在后来的吴国也位极人臣颇有一番建树，只是他的弟弟、儿子光芒过于耀眼，相比之下他才暗淡许多。

诸葛瑾能让后人记住他，跟他的长相也有关系，这位仁兄天生一张大长脸，俗称驴脸。偏偏他的主公孙权是个爱开玩笑的家伙，于是诸葛瑾"在劫难逃"成为孙权茶余饭后消遣的对象。这是后话，眼下诸葛瑾初来乍到，还是新人，就连他的主公孙权也还在实习期。

最先慧眼识才发现诸葛瑾的是孙权的姐夫曲阿人弘咨，弘咨将诸葛瑾推荐给正在招贤纳士的孙权，姐夫的面子不能不给，于是诸葛瑾就这样成了孙权的幕僚。很快，诸葛瑾就以自己的才干赢得了孙权的赏识和信任，成为其亲信谋臣。

张纮（151—211），字子纲，徐州广陵人。与张昭合称"二张"。孙策平定江东时亲自登门邀请，张纮才出山，被任命为正议校尉。孙策打仗经常身先士卒冲锋在前，张纮为此时常劝说孙策，身为三军之帅，不可轻易涉险，孙策架不住张纮总在耳边唠叨，虽然听不进去，也知张纮的一片苦心，但天长日久还是不胜其烦。建安四年，孙策扫平江东，便派张纮去许县朝廷觐见。

张纮到了许县被留下做侍御史。当时在许县的名士孔融等人与张纮过从甚密。曹操听说孙策遇刺，想趁机南下，张纮身在曹营心在吴，极力劝阻，曹操这时正准备跟袁绍开战，加之，刘备一直在曹操的后方骚扰，实在分身乏术，也就打消了南征的念头，以朝廷的名义任命孙权为讨虏将军、会稽太守，承认其合法性。

为了让孙权听话，服从自己，曹操又把张纮派了回去，令其说服孙权归附朝廷。张纮回到江东，仍一如既往忠心辅佐孙权，并未为曹操效劳。

孙策给孙权留下一批忠心耿耿的文武大臣，这些人在此后的岁月里也经受住了考验。孙权在众文武支持下，坐稳了位子。本以为经过一场风波之后，江东孙氏政权即将走入正轨，但就在这时，宗室里却有人反水。反水的不是别人，乃是孙贲的弟弟孙辅，孙辅以扬武校尉随孙策平定江东，擒祖郎、征刘勋，如此一位屡立战功的亲戚，竟然反水。

孙辅觉得孙权不过是一个孩子，乳臭未干，难以成事。不如，趁早给自己找个靠山，派人过江与曹操联系。事情败露后，孙辅的亲信都被斩杀，本人则被软禁，没几年便死了。经过此事，孙权对宗室内部又进行了一次清洗，才真正坐稳了江东之主的位子。

第六章

大浪淘沙

——功名成败不由人

（一）公孙瓒的最后岁月

正当南方的孙权事业蒸蒸日上的时候，北方的公孙瓒却是日薄西山，疆土日蹙，地盘越来越小。

这几年，公孙瓒的日子着实不好过，内有刘虞余部捣乱，外有强敌袁绍大兵压境，让公孙瓒首尾难顾，腹背受敌，焦头烂额。

眼看曹操、袁绍甚至后起之秀孙策都在扩张地盘，只有他困守孤城，被人围攻，公孙瓒除了叹气还是叹气。

刘虞余部幽州从事鲜于辅、齐周，骑都尉鲜于银推举阎柔为主将，联合乌桓、鲜卑等部族骑兵共同攻击公孙瓒。

刘虞生前与这些部族关系都相当好，守边多年，是坚定的主和派，在乌丸很得人心，听说要为恩公报仇，这些游牧骑兵也相当积极，再听说对手就是跟自己作对多年的敌手公孙瓒，更跃跃欲试。

于是，阎柔带着数万联军（刘虞旧部与乌桓骑兵），开始反攻。第一个目标，指向了渔阳。渔阳太守邹丹是公孙瓒的亲信，自然不能允许阎柔到自己的地盘上捣乱，话不投机，当场动手。

但阎柔有备而来人多势众，邹丹所部招架不住，被打得大败，邹丹本人也战死沙场。

由于公孙瓒平时对幽州大户压榨得过于凶狠，到了这时，墙倒众人推，幽州代郡、右北平郡等地方豪强纷纷反水加入反公孙阵营，公孙瓒陷入四面楚歌、孤立无援的境地。

袁绍见北边打得火热，也来凑热闹，派大将麹义带着刘虞的儿子刘和领兵接应。毕竟听说与自己为敌多年的对手被痛扁，不论如何，也是一件开心的事。

在刘虞旧部、乌丸骑兵、袁绍军的夹击下，公孙瓒军连战连败，步步后退。公孙瓒几次率军反击，没过多久就被灰头土脸地打回来。

公孙瓒实在难于招架，只好率部退回易京固守。

屡战屡败后，公孙瓒部被打得晕头转向，士气低落，再也没有出城野战的信心。此后，公孙瓒把全部心思都用在了垒砖头上，开始固守不出。任凭对方如何攻，就是两个字死守，摆出一副挨打的架势。

如此一来，战争的主动权完全握在了袁绍的手里，公孙瓒自以为得意的堡垒战术，最后只是作茧自缚，坐在城中等着挨打，想跑都跑不了。不过，这倒给袁绍省了不少事。

虽然公孙瓒的固守策略很蠢，但不得不承认，这位兄弟在防御工事的设计上很有两把刷子。

公孙瓒的防御思想总结起来就是六个字：深挖壕、高砌墙。在易京外围，公孙瓒挖了十道以壕沟为主体的环形防御工事。

沟挖好了，就开始盖楼砌墙，为了增强安全感，公孙瓒不知道在哪本兵书上看到"百楼不攻"，于是，在环形防御圈里大盖碉堡，每个碉堡都有十米来高，里面驻守一定数量的士兵并储存大批粮食，公孙瓒是准备在碉堡里长期抗战。仅仅大碉堡，公孙瓒就修了几百座，在防御圈的核心位置，公孙瓒给自己修了一座超级堡垒，下面是用黏土堆成的高十多米的土台，又在土台上建碉堡，公孙瓒的这个碉堡，出奇地大。堡垒的大门全是用铁浇铸而成。

为了保证自己长期在里面困守，不至于饿肚子，公孙瓒从各地搜刮了300万斛粮食，准备坚守，跟袁绍拼消耗打持久战。

因为连战连败，不少公孙瓒的部下对前途失去了信心，纷纷投降袁绍大军，外围郡县陆续归降袁绍，这让公孙瓒在伤心之余，对部下们越来越不信任，发展到最后，干脆不跟部下们见面了。

公孙瓒自己住的堡垒里，只住着他的家人，除了他一个男人，其他全是女人，他的老婆、侍女。部下有事请示，只能把请示事项写成文书，然后放到篮子里，再由碉堡上面的人用绳子系在篮子上把文书吊上去。部下们很想当面向公孙瓒汇报日渐严重的局势，但他们最远也只能走到碉堡的大铁门前。

公孙瓒已不复当年神勇，当年那个意气风发，凭着几十个人就敢跟游牧骑兵对抗的公孙瓒已经死了，现在的公孙瓒意志消沉，每天只能在美人陪伴下借酒浇愁。酒色摧残了公孙瓒的身体，更摧垮了他的意志。

袁绍见公孙瓒步步后退，知道消灭公孙瓒的时机到了，亲自带领主力部队赶来参加对公孙瓒最后的围攻。

很快，外围各据点接连向易京告急。告急的文书雪片似的飞到易京，部下们急得团团转，公孙瓒本人却异常淡定，好像被围的不是他的部队。

当部下请他速派救兵去援救处于危急中的外围部队时，公孙瓒却拒绝了，他拒绝派援兵的理由，在外人看来简直匪夷所思："一处被围，就派兵去救；今后其他地方被围就会有依赖心理，消极防守，等援兵去救他们。如此一来，他们不积极作战，就不能给敌人以打击。不派援兵，让他们知道，必须依靠自己，外援无望，他们为了保命，一定会全力以赴，如此，袁绍每攻一城，必然损失惨重。等袁绍元气大伤、锐气丧尽之时，我军再出击，必然大获全胜。"

公孙瓒对自己的这套理论很有"信心"，或者说是给自己心理安慰，因为这时的公孙瓒根本不敢出头，他说这话无非是掩饰自己的胆怯，战者，勇气也。打仗靠的是勇气，公孙瓒未战先怯，已经输了。但公孙瓒不能在部下们面前露出怯意，只能强装坚强。

征战一生，公孙瓒很清楚目前的形势，他覆灭的日子已为时不远。

公孙瓒的理论还忽略了一点，要想保命，除了拼死抵抗，还可以投降。于是，在袁绍的猛烈围攻下，外围据点纷纷失守，剩下的见救兵不到，也纷纷挂出白旗，投降。

有公孙瓒的"密切配合"，袁绍大军一路北上，摧城拔寨，公孙瓒部将或被杀或自杀，袁军步步进逼，终于攻至易京——公孙瓒的最后堡垒。

建安四年（199），袁绍大军开始围攻易京。形势危急，公孙瓒急派儿子公孙续突围向黑山军求救。

黑山军之前被袁绍打得很惨，恨死了袁绍，敌人的敌人就是朋友。在对抗袁绍这点上，黑山军与公孙瓒达成了攻守同盟。

此时的河北（黄河以北）已尽归袁绍所有，黑山军的生存空间越来越小，生存状态也极端恶劣。在平原上被袁绍打得抱头鼠窜，无奈之下只能钻山沟，山里面的生活是很苦的，什么娱乐都没有，连吃穿都成问题。而这一切都是袁绍造成的。所以，黑山军跟袁绍势同水火。

黑山军接到公孙瓒的求救请求，立即行动，黑山军很清楚，自己要想生存下去，不能孤军奋战，必须联合公孙瓒，两军现在唇亡齿寒，黑山军跟公孙军是一条绳上的蚂蚱。

黑山军尽起主力十万大军由主帅张燕亲自率领兵分三路，在公孙续的引领下，向易京急进。

此时的公孙瓒也意识到继续待在易京只能坐以待毙，一度萌生亲率主力骑兵打到外线去的想法，绕到袁绍的背后打运动战，如果这个计划得以执行，公孙瓒或许还有一线生机，毕竟，公孙瓒是靠骑兵起家，手下最能打的也是骑兵，骑兵打运动战有天然优势。

但长史关靖却劝住了他，关靖劝阻公孙瓒也有自己的理由，关靖说："如今，将军的部下们早就土崩瓦解，士无战心军无斗志，大家之所以还在这里坚守没有溃散，是因为将士们的家小还在城里，他们为了自己的一家老小才留在这。将军只要耐心坚守下去，等袁绍军力疲惫、粮食用尽，就会退走，只要袁绍退走，那些失去的郡县，夺回来也容易。将军如果率军远征，易京必然大乱。一旦易京失守，到那时，将军您就无家可归了。"

公孙瓒一听觉得关靖的话有道理，也就打消了出击的念头，也因此失去了最后的机会。

历史有时会惊人的相似，此时的公孙瓒的处境就如同不久之前的吕布。

公孙瓒与吕布同为边郡人，一个幽州骑将、一个并州飞将，两人都以擅长骑兵作战而闻名，出身经历相似也就罢了，就连他们面对的对手袁绍与曹操也近趋雷同，与生于边地出身寒门的公孙瓒、吕布不同，袁绍与曹操长在京师并任职于中央，有着深厚的官方背景。前者与后者在资源人脉与获取的支持上根本不可同日而语。

而更令人惊奇的是，公孙瓒与吕布的覆灭也几乎相同，就在曹操南征消灭吕布不久，袁绍也挥军北上，对公孙瓒展开了最后的进攻。而生死存亡的关键时刻，公孙瓒与吕布都选择了固守不出，两人擅长的是骑兵奔袭，骑兵本身也是进攻型兵种，放弃自己擅长的作战方式，偏偏选择自己并不十分擅长的防守，舍长取短，必败之道。

两人也都曾有外线作战的打算，却都被部下劝阻，而两人最后都放弃了自己的主张，直接导致坐守孤城，被动挨打。虽然以当时的形势而论，两人的覆亡不可避免，但率领自己的骑兵与敌人野战对决，纵然战败，也死得壮烈，总好过做瓮中之鳖。

虽然公孙瓒与吕布的坚守，也一度令对手顿兵坚城之下，损兵折将，十分头痛，但以袁曹之势力，破城只是时间问题，困守之日，胜负已分。

眼见袁军攻势猛烈，难以抵挡，就要撑不下去了，公孙瓒又写了一封求救信派人突出重围送给儿子，信写得很凄惨，大意是："儿子，袁军日夜围攻，鼓角之声，终日不停，攻城的云梯推倒一个又来一个。我在城中度日如年，你就算豁出命也要把援兵请到，大军如不能马上出动，也要争取派骑兵来，援兵到后在城北举起烽火，我就知道你们到了，到时里应外合，一举击败袁绍。儿子，如果你回来得快，或许我们父子还能见上一面；如迟了，只怕你只能给为父收尸了。天下虽大，可一旦失败，就再难有我父子安身之地。"

可以想象，公孙续读到这封信时的心情。公孙续带着五千轻骑兵昼夜兼程向易京靠拢。张燕率黑山军主力随后跟进。

公孙瓒随后又派人出城送信，跟黑山军约定到达时的联络信号，准备到时，里应外合。但这次，送信的人没能冲出去，被袁绍的人抓了个正着。这下，公孙瓒的整盘计划，袁绍都一清二楚。袁绍将计就计，到了约定的日期，袁绍派军在城北埋伏，按照约定点起烽火。

公孙瓒在城里望眼欲穿，看见城北火起，以为援军来了，马上点起城内精兵，亲自带人杀出城来。到了约定的地点，援兵自然没有，伏兵却有很多。公孙瓒进了袁绍设下的埋伏圈。之后，就简单了，公孙瓒军被埋伏的袁军一顿围杀，一场血战，公孙瓒损兵折将，狼狈逃回城里闭门坚守。

公孙瓒还想坚守，但袁绍已经没有耐心陪他了。袁绍知道，黑山军的援军很快就到，必须赶在黑山军到之前解决公孙瓒。在袁绍的督促下，袁军加速了攻城进度，日夜围攻，不给公孙瓒以喘息之机。但困兽犹斗，公孙瓒也拼了老命，拼死抵抗，攻城的袁军死伤惨重却还是攻不下来。

这时，有人给袁绍出主意，上面不好打，咱们就从下面打，土工作业——挖地道，袁绍闻言大喜，马上下令全军开挖地道，几十条地道同时开挖，士兵们轮班上阵，昼夜不停，地道以惊人的速度向前掘进。

人多好办事，很快地道就挖到了城下。之后，袁军将城楼下面的台基挖空，为防止塌陷，用木柱做支撑，很快，城楼下面就被木柱支满了。

随后，袁军又点燃木柱，木头烧起来不久烧成灰烬，失去支撑的城楼纷纷倒坍，公孙瓒苦心经营的堡垒在袁军的地道战攻势下，一座连着一座地倒塌，很快地道就推进到了公孙瓒的城堡外。

见大势已去，公孙瓒知道最后的时刻到了。公孙瓒回到住处，先勒死了妻子儿女，然后在城上点起大火，举火自焚。

公孙瓒自杀时，袁军已经攻进城来，一些忠于公孙瓒的部下仍在拼死力战，两军在城里展开巷战。公孙瓒的青州刺史田楷在巷战中战死，长史关靖此时深为自己当初劝阻公孙瓒出城而悔恨，策马奔向敌军死于乱军之中，公孙瓒的儿子公孙续不久也被乌桓骑兵所杀，盘踞幽州多年的公孙瓒势力至此彻底覆灭，幽州从此成为袁绍的势力范围，此时北方的冀州、青州、并州，加上新占的幽州，袁绍统一了黄河以北四州，成为当时实力最强的军阀，称雄北方。

（二）袁术的末日

正当袁绍在北方坐大，势力如日中天时，远在淮南的弟弟袁术，却因为自己的愚蠢，四面树敌，就因为想过把皇帝瘾，成为全国军阀口诛笔伐的对象，成了人人喊打的过街之鼠。

本来当皇帝这个心思，谁都有，但自从曹操把汉献帝接到许县，重建大汉朝廷，曹操、袁绍这些人都十分清楚，登基称帝，时机未到，连这两位实力派都不敢做的事，只占据扬州江北九江一隅的袁术却胆大包天，率先称帝。

论实力袁绍、曹操乃至刘表、刘璋势力都比他强，人家都不敢做的事，袁术却敢做，只能说明袁术很蠢，蠢到了家。

袁术称帝后，日子越来越难过，原本跟他对立的敌人如曹操、袁绍等人，更有了打击他的口实，袁绍离他远，打不着，但曹操的徐州、豫州跟他的九江却是"鸡犬之声相闻"，但曹操不是老子，并不想不相往来。相反，有地利之便，曹操经常派兵征讨袁术，自己忙不过来就派部将来，总之，不让袁术消停。

袁术打又打不过，躲又没处躲，别提多郁闷。

更糟的是，袁术仅有的吕布、孙策，一北一南两个政治盟友也因为他称帝离他而去。吕布一度投靠曹操，孙策则干脆独立发展。

袁术在曹操发兵攻吕布时，见死不救，坐视吕布覆灭，但袁术跟吕布实则是一对蠢货，中了曹操的离间之计，被曹操各个击破。

曹操先忽悠吕布，孤立袁术，把袁术揍得半死不活，又趁袁绍对付公孙瓒的有利时机，灭吕布。袁术因为吕布之前出卖自己，不派救兵，结果只让曹操高兴，而使自己更加孤立。

等袁术发现自己众叛亲离，为时已晚，在淮南待不下去的袁术，想投奔自己的部下，占据灊山的雷薄、陈简，临走之前，为了不让别人占领寿春，袁术一把火烧了寿春城，又干了一件蠢事。等袁术带着家眷几万部下风尘仆仆来到灊山，才发现根本进不去，雷薄、陈简不理他，这次袁术也品尝到吕布当年的痛苦了，他也尝了一回闭门羹的滋味。

袁术被昔日部下拒之门外，继续待在寿春，也难以为继。精兵良将死于外，其他诸将如雷薄、刘勳等拥兵自立，不听号令，粮草匮乏，士兵纷纷逃散。袁术走到这步田地，已是山穷水尽。

走投无路的袁术，思来想去，只有北上投奔哥哥袁绍这一条路了，虽然兄弟俩一直为仇作对，但毕竟是骨肉兄弟，想必袁绍也会收留自己，事到如今，袁术也不敢奢求其他，只求保住阖家性命。

袁术派人北上青州与自己的侄子青州刺史袁谭联络，表达北归之意，袁谭在请示父亲袁绍并得到准许后，准备亲自带兵迎接，关键时刻，还是骨肉之情靠得住。袁术很感动，打点行装，准备投奔哥哥袁绍。

但袁术想去冀州投袁绍，必要经过徐州曹操防区。此时的曹操跟袁绍蜜月期早已结束，一场生死对决即将爆发，自然不会允许袁术从自己的地盘过去。

曹操得知袁术要北上的消息后，没有丝毫犹豫，马上分兵派将，拦截袁术。曹操派出的领兵主将也是袁术的老熟人刘备。

刘备当年在徐州跟袁术曾有过交锋，后被袁术联合吕布将其驱逐。刘备恨死了这两人。刘备也是有仇必报的血性男儿，吕布被曹操生擒，本来有一线生机，但刘备的一句话要了吕布的命也报了当年的一箭之仇，对仇人袁术，刘备自然也不会手下留情。

（三）刘备在许县

刘备随同曹操出征剿灭吕布，战后随曹操回到许县。

在许县，刘备受到曹操礼遇，曹操上奏朝廷给刘备请功，朝廷给刘备加官晋爵，封刘备为左将军、宜城亭侯。当年那个摆地摊卖草鞋的刘备终于凭着自己的奋斗出将入相。

虽然眼前的光环很闪耀，但等待刘备的并非一片坦途。曹操心里很清楚，刘备乃当世英雄，对此人不得不防，所以，曹操表面上对刘备礼遇有加，照顾得无微不至，但暗中却对刘备严加防范，丝毫不敢大意。刘备在许县表面风光，实则形同软禁。曹操、刘备心知肚明，彼此心照不宣，谁也不愿把这层纸捅破。

刘备在许县为了不招惹不必要的麻烦，深居简出，除非重要场合与必要的应酬，一般都待在家中，大门不出二门不迈，刘备征战半生，叱咤风云，如何甘愿闲居？但此时，刘备寄人篱下，纵有英雄之志，又岂敢表露，招来杀身大祸。

刘备在许县犹如笼中之鸟，不得展翅高飞，但刘备始终在耐心等待出笼的那一天。曹操及其手下人的心思，刘备岂能不知，他们始终将自己视为潜在敌人，自己若招摇活跃，必遭毒手，只有韬光养晦，才能闯过难关，人在矮檐下不得不低头。今天低头是为了明天昂头。大丈夫能屈能伸。

刘备每天在他的左将军府里，除了浇花，就是种菜。为麻痹对手，刘备的戏演得很投入，他专门在左将军府的后花园开辟一块菜地，每天浇水施肥，忙得不亦乐乎，刘备是布衣出身对种地不外行，在刘备的精心侍弄下，菜地的菜长得格外好，胸怀天下的刘备，却能耐心摆弄菜园，非大英雄不能为此。

刘备的一举一动，都逃不过曹操的眼睛，许县是曹操的天下，遍布曹操耳目。刘备的活动，曹操都了如指掌，这对人精在一场没有硝烟的战场上展开了高智商对决。刘备略占上风。之所以这样说是因为，就在曹操如此严防看守下，刘备还是参与了一场反曹操的政治团体。这就是历史上著名的衣带诏事件。

这件惊天密谋的发起者是汉献帝的岳父董承。董承原是董卓女婿牛辅的部将，牛辅死后，李傕、郭汜乱长安，董承与杨奉等人保护汉献帝历经磨难逃到并州，之后几经辗转，一路护送汉献帝回到洛阳。因为护驾有功，董承也摇身一变成为朝廷重臣。董承还将自己的女儿嫁给汉献帝，汉献帝封董承的女儿为贵人，地位仅次于皇后。

董承嫁女，跟皇帝的关系亲近许多，但董承的日子并不好过，在洛阳，还是有兵的军阀，洛阳城里兵力最雄厚的不是董承而是韩暹，为了对付韩暹，董承悄悄招来曹操。当时这个决定曾让董承得意一时。但不久，董承就发现自己头脑发热之下的决定铸成大错。

这个曹操比韩暹更难对付。韩暹在时，自己只是受气，曹操来后，直接将皇帝操纵于股掌之中，自己也有职无权，成了闲人。董承对自己当初的举动追悔莫及，如今虽位居车骑将军，但徒有其名。

董承不甘心就此成为政治傀儡，但许县是曹操的天下，他也无计可施。刘备的到来，让董承对未来又重新燃起希望。很快，董承秘密与刘备取得联系，为了对付共同的敌人曹操，萍水相逢的董承与刘备成为战友。此时刘备之声名早已名满天下，董承知道想扳倒曹操，没有武力支持是不行的，刘备善于用兵，有他在，成功的把握就大了许多。

董承利用自己皇帝岳父的身份，又秘密联系了对曹操同样不满的长水校尉种辑、将军吴子兰、偏将军王子服等人。董承此举也得到了汉献帝的暗中支持，据说，汉献帝还写了一封用血写的诏书，为避曹操耳目，将诏书缝进衣带，这就是衣带诏的由来。

这是一件牵扯多方势力的重大政治事件，所谓衣带诏，仅仅是董承一人所说，究竟皇帝本人有没有参与，并没有直接的证据。当然，这也正常，事关重大，一旦失败，让曹操抓住把柄，那就被动了，也许是汉献帝有意为之，事情成功，就能收回大权；不成功有岳父挡着。

董承是如何把刘备拉进来的不得而知，一切都在秘密进行。

就在刘备与董承等人紧锣密鼓筹划之时，一天，曹操突然派人来请刘备到府中赴宴。刘备没有准备且心里有鬼，听到曹操请他吃饭，还以为是鸿门宴，担心自己跟董承的密谋被曹操觉察，吓得张口结舌，鸿门宴刘备也摆过。

刘备怀着忐忑不安的心情来到曹府。见面后，刘备察言观色，发现曹操和颜悦色并无异常，这才把心放到肚子里。

曹操青梅煮酒招待刘备，酒席上，两人相谈甚欢，聊着聊着，话题自然就谈到了天下大势。

曹操看似漫不经心地问刘备："玄德，你看当今天下，谁算得上真正的英雄？"刘备知道曹操的每一句话都可能是一个陷阱，因此格外小心，听曹操问他，故意装傻，报出了一串名号：吕布、袁术、公孙瓒、刘表、袁绍，曹操听了连连摇头，最后曹操才说："天下算得上英雄的，只有我曹操跟你刘玄德二人而已。"刘备这时正在吃菜，闻听此言，吓得把筷子掉到地上。

正好这时天空乌云密布一个闪电紧接着一个闪雷，刘备反应极快赶紧遮掩说，这雷打得真吓人，可把我吓坏了。借着雷声把自己那一刻的慌乱掩饰过去。这就是历史上著名的青梅煮酒论英雄。

事后，曹操也有些后悔，酒后失言，吐露真情。而刘备的心情更为紧张，虽说自己的即兴表演瞒过了曹操，但这些日子蜗居种菜并未让曹操放松对自己的注意，看来许县并非久居之所，必须尽快离开这是非之地。

正巧，袁术要北上投袁绍，须过徐州曹操的地盘，曹操考虑刘备跟袁术过去的恩怨，打算让刘备去痛打袁术这只落水狗，利用军阀打军阀，向来是曹操的拿手好戏，曹操的如意算盘打得很精，自己给刘备一个报仇雪恨的机会，刘备对自己必然感恩戴德，更主要的是袁术是去投奔袁绍，虽说这兄弟俩不和，毕竟是兄弟，刘备打袁术，间接就与袁绍结仇，两人有了过节，就算刘备以后想反，也不好意思去找袁绍，但曹操还是错了，他低估了刘备的能力与人望，也小看了袁绍的度量。

聪明的曹操还忽略了最重要的一点，他不久之前曾亲口对刘备说刘备是英雄，既然是英雄又岂能久居人下。精明的曹操犯了错误——派刘备去打袁术，这是一个让曹操追悔一生的决定。此后，虽然曹操一度也把刘备打得东躲西藏，但他再也抓不住刘备了。

曹操的谋士郭嘉、程昱、董昭等人听说曹操要派刘备出征，都来劝阻。天下智谋之士所见略同，他们都不同意放刘备，因为，这无异于放虎归山，后患无穷。他们的担忧很快成为现实。

刘备来投时，曹操对刘备以礼相待，还上奏朝廷，任命刘备做豫州牧，郭嘉对此就很有意见，劝曹操对刘备严加防范，郭嘉对曹操说："刘备此人，有雄才，深得人心，他的手下关羽、张飞都是万人敌之勇将，刘备非久居人下者，古人有言，一日纵敌，数世之患。还请主公早作打算。"郭嘉的话已经说得很明白了。

但曹操也有他的考虑，自己正在招揽四方豪杰，刘备主动来投，要是把他杀了，以后谁还敢来，因此并未采纳。

这次，听说让刘备带兵出征，三位坐不住了，这才一起来找曹操，说当初主公您的考虑是对的，我们也理解，但如今派刘备领兵，我们就不理解了。

经众人提醒，曹操猛然醒悟，但为时已晚，刘备得到圣旨，早就开拔起程了，去了多时了。君无戏言，话已出口，万难更改。

曹操对刘备一直都十分留心，剿灭吕布，夺占徐州，曹操并未让刘备留在徐州，而是派自己的亲信车冑做徐州刺史，把刘备连同家属带到许县，就是要就近控制。

但再聪明的人也有犯糊涂的时候，曹操放走刘备放虎归山，从离开许县这一刻开始，终其一生，刘备都是曹操强劲的对手。

曹操派大将朱灵做刘备的副手。朱灵是冀州清河人，此人原是袁绍部将，曹操征陶谦时，袁绍怕曹操兵力不够，派朱灵领兵增援，后来，朱灵就留在曹操处，曹操让朱灵跟刘备一起去，就是让朱灵监督刘备，但朱灵只是副将，再说以他的智商怎是刘备的对手。

刘备带兵到了徐州下邳，把正要北上的袁术一行堵了个正着。这时的刘备兵强马壮（虽说人马是曹操的）雄兵数万；而袁术则只有几千疲惫之兵，剩下的全是部曲家小，一个个如同丧家之犬，不对，应该就是丧家之犬。因为他们已经无处可去了，放火的就是他们自己。两军相遇，见袁术如此狼狈，刘备当然开心，报仇的时候到了。

刘备亲自指挥，几万军队如同猛虎下山扑向已毫无反抗之力的袁术军，袁术的最后一点家底就这么完了，部队完全溃散，袁术也只好携家带眷没命地跑，一路逃回寿春，寿春也不能久留，袁术只好继续南走。

建安四年六月，袁术带着败兵走到江亭，时值盛暑，天气闷热，酷暑行军，苦不堪言，部下们怨声载道，垂头丧气，三三两两坐在道边，说什么也走不动了，部下给袁术找了一间破茅屋勉强居住。袁术一辈子锦衣玉食，哪遭过这份罪，但事到如今，也没条件讲排场了。

天气炎热，袁术口干舌燥，找来手下厨师，让他给自己弄点蜂蜜水喝，在袁术看来这是一件微不足道的小事，自己当年喝的可是玉液琼浆，如今标准已经降低，应该不难办到。谁知，厨师听到他说要喝蜂蜜水，双手一摊，苦着脸说："主公，这里只有血水，哪里去给您弄蜜水。现在只剩几袋麦子了，只能凑合着给您弄点麦粥喝。"

袁术失望地摆摆手，想到自己从前的风光与如今的境遇，反差如此强烈，袁术心绪难平，越想越气，胸口发闷，不久，开始吐血。一天晚上，袁术一个人坐在简陋的竹床上，仰天长叹："我袁术怎么会落到今天这个地步啊！"说罢，大口吐血不止，夜里就死了。

这就是袁术的结局。

袁术死后，袁术部曲大部投了刘勋，刘勋被孙策打败，这些人又被孙策收编，孙策死后，被孙权接收，孙权娶了袁术的女儿，袁术的儿子袁耀也在孙权那里当官，袁耀也有一个女儿，后嫁给孙权的儿子孙奋。

刘备率军打败袁术后，报仇雪恨之余又完成了曹操交给的任务，到此，理应唱着得胜歌，敲着得胜鼓，回许县向曹操复命了。但刘备根本没有回去的意思。

回许县，别逗了，虎口脱险好不容易才逃出来，怎能回去。

刘备让副将朱灵带着部分军队回许县，自己赖在徐州不走了，倒霉的是徐州刺史车胄，这位老兄是曹操任命的徐州刺史，刘备这个前任赖在徐州不走，让车胄很为难，赶刘备走，曹操没有命令，他不敢轻举妄动，但不让刘备走，这位大爷留这儿，明摆着是不怀好意。车胄很纠结，但很快他就不再纠结了，刘备帮了他，直接让他去地府了。

刘备随即杀了徐州刺史车胄，重占徐州，公开与曹操决裂。

刘备杀人夺城，又回到老地方徐州，再也没有跟曹操和平共处的可能。刘备占据徐州后，让二弟关羽做下邳太守，自己带兵回到小沛。

刘备重新归来，徐州各地纷纷响应。地方实力派以东海人昌豨为首纷纷投奔到刘备麾下，刘备的政治号召力不同凡响，简直可说是一呼百应。

刘备为什么选择在这时跟曹操撕破脸皮呢？原因很简单，此时的曹操正面临一场生死大战，黄河以北，占据冀州、并州、青州、幽州的袁绍已正式起兵准备与曹操决一死战。

刘备认为曹操北面大兵压境，袁绍大军即将南下，曹操无论如何也不敢更没精力在此时南下对付自己，曹操能不能保住许县和他的兖州、豫州都在两可之间，没有余力来打徐州，所以，刘备才敢如此大胆。

那么，刘备对形势的估计对吗？只对了一半，曹操此时的日子的确不好过，正如刘备所料，袁绍大军压境，曹操被压得喘不过气来，前线吃紧，曹操的主力部队都奉命在黄河沿岸集结，摆出了一副决战的架势，大战一触即发。这些刘备都猜对了，但有一点，刘备却猜错了，曹操虽然很紧张，但这并不妨碍他忙里偷闲来打刘备。

在曹操看来，刘备比袁绍的威胁更大，如果刘备知道曹操这么看得起自己不知是该高兴还是该沮丧，刘备的错误就在于他不清楚他在曹操心目中的地位。

曹操本来想第一时间就来，但事情太多，前线有好多事需要他亲自处理，没办法，曹操派司空长史沛国人刘岱（这个刘岱不是前任兖州刺史，此人是曹操老乡，曹操此时官拜司空，司空长史是曹操的秘书长）、中郎将扶风人王忠领兵围剿刘备。

这时的刘备拥兵数万，正意气风发，派孙乾到袁绍处联系，准备南北夹击曹操，把曹操变成肉夹馍。刘备虽然对曹操有点畏惧，但对曹操的部将，特别是这两位"小卒"并不感冒。

两军打了几仗，刘岱等人被刘备赶出徐州，临走，刘备还不忘挖苦几句："你们来多少人我也不怕，若是曹操自己来，方是我的敌手。"

刘备从未像这样自信过，他相信，曹操不打败袁绍是不敢南下的，而袁绍兵多将广，打败他谈何容易，所以他的徐州很安全，他自己是这么认为的。

（四）大战之前

刘备在徐州得意忘形，即将展开生死对决的两个主角袁绍和曹操谁也没闲着，两人都在做着紧张的战前准备，不打无把握之仗，这是两位历经风雨的豪杰共同的人生信条。

先说曹操，从实力对比看，曹操比袁绍要差好多，仅仅从地盘上，袁绍占据冀州、青州、并州、幽州，黄河以北四州之地，兵精粮足，之前除与公孙瓒争夺幽州打得比较艰苦，其他诸如青州、并州，并未费力，这四州本就兵强马壮，受到的战争破坏又不大，战争潜力雄厚。袁绍钱粮充足，兵力雄厚，且户口众多，后备兵员足以支撑长期战争。

再看曹操，地盘只有兖州、豫州，还有局势不稳的徐州，刘备正在那闹腾，不算徐州，曹操只有两州，就这两州的情况也好不到哪去，豫州地处中原腹地，那里紧邻洛阳等政治中心，先后被董卓、李傕、郭汜诸人的凉州铁骑蹂躏，原本富庶之地现在却满目疮痍。兖州更惨，曹操与吕布在兖州恶战二年，兖州横遭兵火赤地千里。曹操的兖州、豫州，尚处于战后的休养生息，百姓穷困，人口也流散四方，总之，曹操缺乏打持久仗的实力。

曹操兵源粮饷两缺，就是不缺敌人。曹操对即将到来的与袁绍的这场改变中国命运的大决战，早有准备；虽然两人为了生存曾经彼此依靠互相利用，但当共同的敌人消失，朋友也就成了敌人。

为了集中全力对付北方的袁绍，曹操很早就开始清扫外围，南面的张绣、刘表，东面的吕布、袁术，都多次遭受曹操打击，挨揍次数最多的就数张绣了，这位仁兄之所以这么倒霉，是因为他的地盘距曹操实在太近，但这位也非常抗打，曹操三征张绣，也没能打下来，还搭上一个儿子曹昂和一个侄子曹安民。

曹操南征不顺，但东征战果颇丰，先后解决了吕布、袁术，徐州方面的侧翼威胁被解除。但荆州方向的张绣跟刘表却始终是曹操心中的一块心病。刘表还在其次，此君只想自保，一般不会主动出击，但张绣就不好说了，一旦跟袁绍开战，势必是大仗恶仗。这时，张绣如果从后出击，也是很大的威胁，张绣兵力不多，但主力到时都在前方，难以分兵南下，必须在正式开战之前解决张绣。

袁绍也在积极备战，虽然扫平公孙瓒，军民疲惫，但想到打过黄河，统一中原指日可待，袁绍的疲劳就一扫而光。面对南方，袁绍踌躇满志，他相信自己的实力，也了解对手的实力，他相信自己的军队完全可以横扫曹军，就像横扫公孙瓒。比实力、拼消耗，曹操都不是自己的对手，自己手下谋臣如云，战将千员，曹操势力单弱又岂能抵抗自己的河朔雄兵。

尽管占尽优势，但袁绍也很精明，用最小的代价取得最大的胜利才是王道。开战之前，袁绍就开始在曹操的后方打主意，英雄所见略同，袁绍也想到了张绣。

张绣，一时之间成了香饽饽，成为曹操、袁绍竞相争取的对象。

袁绍若争取到张绣，就等于在曹操背后钉入一枚钉子，尽管张绣人马不多（估计也就数千部众），但就以往曹操与张绣的交战记录来看，曹操还真奈何不得张绣，凉州兵团的战斗力不容小觑，而如果张绣归附于袁绍，一旦袁曹开战，张绣军势必趁势而起，在曹军后方闹一个地覆天翻。

曹军实力远弱于袁军，到时主力势必集中于北线，那么一来，留给南线张绣的机会会更大。可惜，一个人搅乱了袁绍的如意算盘，没错，就是贾诩。

袁绍抢先下手，派使者到张绣处联系，希望张绣与自己联手合力对付曹操，此时袁氏正如日中天，势单力弱的张绣原本就想傍上一棵大树，见袁氏主动示好，大喜过望，正要应允，谁知，张绣的首席大谋士贾诩却对袁绍的使者冷语相待："请您回去替我们向袁本初致歉，他连自家兄弟尚不能容（指袁术），还能容下别人吗？"贾诩这话明确表达了婉拒及送客的意思。

贾诩说这话之前也没跟张绣打招呼，张绣在一旁听到贾诩的话，被当场吓傻，赶紧把贾诩拉到一边悄悄说："您怎能如此说？得罪了袁绍，我们今后依靠何人？"贾诩却满不在乎地说："主公不必忧虑，可去投曹操。"

张绣蒙了："如今袁强曹弱，就算投，也要投强的一方，况且，我们跟曹操有杀子之仇，就是想投，恐怕人家也未必接受。"

贾诩料到张绣有此一问，说道："这您大可不用担心。曹操尊奉天子，意欲匡复天下，成就大事，怎会拒绝主动来投之人！再者，袁绍兵多将广，咱们这点人马人家未必看得上，曹操就不同了，他正缺人，咱们现在去那是雪中送炭，他一定欢迎。做大事的人不会计较个人恩怨，我们去，正好给他一个机会，向天下人展示他的胸怀。曹操不仅会接纳我们，而且还会厚待我们。"

张绣一向对贾诩言听计从，真的带着人马投了曹操，这时是建安四年十一月，袁曹两军已在官渡摆开阵势，大战一触即发。张绣此刻投降，给了曹操关键时刻宝贵的支持，用贾诩的话就是雪中送炭。

对张绣的来降，曹操表现出异乎寻常的热情，只字不提当年宛城的事，拉着张绣的手问寒问暖，亲切得不得了，不知道的还以为是多年未见的好友重逢，实质上却是一个诡诈的权谋家与自己的杀子仇人的一场政治秀。当然，曹操如此举动，也并非完全是在作秀，此时张绣来归，不仅仅是少了一个敌人增加一个帮手那么简单，更是在人心惶惶之际，给己方阵营以鼓舞，大战之前，振奋士气。所以说，曹操对张绣也有些许感激之意。

曹操的举动出乎张绣的意料，弄得张绣竟有点不知所措，毕竟心虚，他心里很清楚自己的过去。

对张绣，曹操是做戏，但对贾诩，则是真的，曹操知道张绣来投，贾诩功不可没，这个才是自己真正的恩人。曹操悄悄找到贾诩，拉着贾诩的手说："使我名重天下，信义布于四海的人，就是您哪！"

为了表达对贾诩的感激之情，曹操给贾诩封官晋爵，朝廷在他掌控之中，他想封谁就封谁。很快，任命下来，贾诩被提升为执金吾，这是一个负责皇宫外围以及京城治安的大权在握风光无限实权与荣誉合一的美差。

当然，贾诩的这个执金吾只能在许县小城之内巡视，封都亭侯、冀州牧，冀州在当时是最富庶的州，不过，此时的冀州还是袁绍的，但也属重职。

曹操向来喜欢拿别人的地盘分封，当初对董昭就是如此，一个冀州牧不知封了多少人。

一次，部队酷暑行军，烈日当空，士兵们被灼热的太阳烤得外焦里嫩，一个个口干舌燥，行军的速度因此越来越慢，而这时军情紧急，必须尽快赶到前线。但天气炎热，士兵口渴难当，曹操也要考虑士兵们的情绪，谁又愿在这种天气赶路。

怎样才能让士兵们心情愉快地赶路呢？狡猾的曹操眼珠一转，有了主意。坐在车上的曹操叫来几个亲信耳语了一阵，接着这些手下走到行军队伍里大喊："弟兄们，加把劲，前面就有一片梅林，梅子又好吃又解渴，大家快走，去前面吃梅子啊。"

嗓子渴得冒烟的士兵们一听说有梅子吃，刚才还无精打采，瞬间便精神焕发，行军速度以不可思议的方式在加快，到了前面，果然有一片树林，但没有梅子，曹操让部队在树林中休息，派人外出找水，水很快找到了，士兵们喝饱了水，继续上路。

这是一件微不足道的小事，但曹操的机智诡诈尽显其中，曹操对跟随自己的部下，只要有功，从不吝惜赏赐。对贾诩如此，对其他有功旧部也是，但若没有功劳，想要赏赐，痴心妄想。有功必赏，有过必罚，赏罚分明，曹操以此得众心，纵横天下。

争取张绣，曹操胜出，但实力雄厚的袁绍不以为意。

在用人方面，曹操比袁绍高明，曹操对部下恩威并用，唯才是用，人尽其才，部下则尽心尽力为曹操效劳；袁绍对部下没那么苛刻，相比曹操，袁绍对部下们要温和得多，也更宽容，但问题随之而来，袁绍的部下们一个个像被宠坏了的孩子，张狂骄横。

袁绍的政权依靠的是地方豪强与世家大族，以儒学世家相标榜的世族就其实质也是豪强，这些家族在地方势力强大、呼风唤雨，袁绍对此也只能睁一只眼闭一只眼，毕竟，他也是靠大家的支持才有今日。表面上，无比强大的袁绍，内部缺乏向心力和凝聚力，他的内部并不像他的外表看起来那么强大。

对袁绍的外强中干，荀彧看到了，曹操也看到了，袁绍本人则是知道但装作不知道。此时的袁绍刚刚吞并了公孙瓒的幽州，大胜之后，从上到下，意气风发，但大胜之后往往比大败更危险，后来姜维洮西之战大胜后有段谷之败，东吴东关告捷后遭合肥新城之败就是典型。当然，这些袁绍是没机会知道了。袁军将骄兵惰，大意轻敌，缺乏耐心，此皆兵家大忌，这也为袁绍的最后结局埋下了伏笔。

第七章

官渡大战

——曹操袁绍的决战

（一）曹操的战前防御部署

建安四年六月，远征归来的袁军刚回到大本营邺城，袁绍便迫不及待地召集部下研究下一步的进军方略。这次，袁绍的目光从北方的幽州移到了黄河以南的许县。

幽州的硝烟还未散尽，袁绍就如此心急，接连的胜利烧昏了袁绍的大脑，袁绍将公孙瓒与曹操放到了一个层次上，轻敌致败，古往今来，许多人都是败在轻敌。袁绍虽骄狂，但他手下还是有头脑清醒的明白人。

在这次决定袁绍集团命运的军事会议上，冀州广平人、监军奋威将军沮授提出反对意见："主公，为荡平公孙瓒，我军苦战一年有余，虽然战胜，但士卒疲惫不堪，百姓充兵役，运物资，也需要休养生息。府库钱粮消耗殆尽。眼下不是进兵的最佳时机。

当务之急是安抚百姓，积谷练兵。我们可向朝廷报捷，如果曹操不给我们通报，我们就有了出兵的理由。之后，我军进兵黎阳，逐步蚕食河南（黄河以南），制作舟船、打造军器，派遣偏军骚扰敌境，一有机会便深入其后方，使其不得安宁。我军主力则以逸待劳。如此，不消三年，曹操肯定支撑不住。到时，我们再进兵就稳操胜券了。"

沮授话音未落，名士之乡出身豫州颍川人郭图就出来反对，前文说过，袁绍的手下谋士按地域划分形成颍川跟冀州两个地域性政治集团。沮授反对南征，郭图按照以往的规则，自然要出来唱反调。

133

官渡大战

郭图说："以主公您的英明神武，兼有河北四州之众，扫平曹操还不是易如反掌。"郭图在恶心政敌沮授的同时顺道又拍了袁绍的马屁，郭图知道袁绍最喜欢这种恭维。

沮授见郭图又跳出来阻挠大计，十分不快："拯救黎民诛除暴乱的是义兵，倚强凌弱的是骄兵，义兵天下无敌，骄兵必败。曹操以天子的名义号令天下，我们去攻他，舆论对我不利。曹操法令严明，士卒精锐，绝不是公孙瓒那样坐以待敌的庸人。放弃百战百胜的方法决成败于一战，况且兴师无名，臣实在为主公担忧。"

郭图不等沮授把话说完，就上来抢话道："武王伐纣，难道不是义兵！况我军讨伐的是汉贼曹操，怎能说是兴师无名！我军兵强马壮，又是得胜之师，士气高涨，不就此时一鼓作气扫清中原，更待何时！上天给我们机会，如果我们自己不利用，那就辜负了上天的旨意。沮授的策略不能说不好，但过于保守，不合时宜。"

郭图的话很合袁绍的胃口，袁绍最终采纳了郭图的意见，进兵的决议就这样定下来。

郭图胜了一次，还不满足，趁热打铁，在袁绍面前打沮授的小报告："沮授这个监军的权力太大，如不加以限制，让他成了气候，一旦他有异心，就不好了。"袁绍本来就对冀州人不信任，听了郭图的话，马上把沮授的兵权一分为三，让郭图、沮授、淳于琼各统一军。

袁绍让审配、逢纪留守大本营邺城，主持大后方并负责向前方供应粮草军饷。与此同时，袁绍任命乌桓首领蹋顿官职还赐给官印，并派人到南方联系自己的盟友荆州刘表共同起兵，夹击曹操。

这年秋天，袁绍点起十万大军，铁骑万人，旌旗南指。兵锋甚锐。

袁绍亲征为大军主帅，谋士有许攸、辛评、苏由。

前锋军：前锋将军颜良；步兵校尉马延；前锋将军文丑；越骑别部司马韩定；越骑校尉王摩；豫州牧刘备。

左武卫营：监军将军淳于琼；步兵校尉睦元进；屯骑校尉韩莒子；骑督吕威璜；越骑别部司马赵睿。

右武卫营：监军都督沮授；步兵校尉蒋奇；长水校尉苟谌。

中营垒：主将袁绍；幕府长史袁谭；主簿陈琳；中垒监军都督代行军司马郭图；步兵校尉高览；屯骑校尉张郃；屯骑司马何茂；越骑校尉韩荀；越骑司马韩猛；

射声校尉吕旷；射声司马吕详。

后军：总管将军蒋义渠；步兵校尉张凯。

粮草押运：司马兼护军逢纪；督运校尉孟岱。

以上袁绍的主要将领除袁尚与审配留守冀州，高幹、郭援在并州，袁熙在幽州以及青州留守部队外，主力悉数集中于官渡一线。其后方留守部队约五万人。

大将颜良率步兵校尉营精兵万人为先锋，大将文丑率骑兵校尉营约一万随后，另有骑兵机动部队数千（可能由刘备率领）在最后，总兵力约二万。

左军兵力：两校尉营兵力二万以上（战役后期抽调淳于琼所部一万去护粮，估计不会全部派去）；

右军兵力：两校尉营兵力约二万，原沮授指挥的部队较多，但战前被郭图、审配分去不少。

中军兵力：主力军团——共四校尉营兵力约四万以上。

后军数千。

袁军作战部队编制与汉朝军队相近：一个校尉营约有兵一万人，相当于现代的师（含四部曲）；部曲有二千六百人，编制相当于团；兵力介于校尉营和部曲之间，别部相当于旅或加强团。鲁肃曾说赤壁战前刘备余部"不当一校之众"——也就是不到一万。

袁军总兵力约十六万，用于进攻官渡的就有近十一万。

袁绍意图以主力压上一举歼灭黄河以南的曹操势力。袁绍计划：大军由邺城南下经黎阳、白马（今河南滑县）、延津、官渡（今河南中牟）杀向五百里外的许县。

许县的将军们听说袁绍大军南下，议论纷纷，人心惶惶，恐惧写在了每个人的脸上。面对危局，尽管曹操自己也是十五个吊桶打水七上八下，但为了安稳人心，也只好装作一副满不在乎的样子说："袁绍这人，我太了解他了，志向很大，却没有头脑，表面凶悍内心胆怯，兵众虽多但军令不明，将领虽多但政令不一，土地虽多也是为我们储备粮食罢了，没有什么好怕的。"

曹操使尽浑身解数安抚人心，文坛领袖曹操的老对头孔融又出场了。孔融在曹操的据点许县大肆炒作袁绍不可战胜论。曹操好不容易安抚下来的人心，被孔融又给搅和了，对这位知名度高又爱出来捣乱的孔融，曹操不便亲自出面，荀彧出场了。荀彧找到孔融把这位蛊惑人心的才子狠狠批了一顿。

孔融还不服气对荀彧说："袁绍地广兵强，田丰、许攸为他出谋划策，审配、逢纪都是忠心事主的忠臣替他处理政务，领兵的颜良、文丑乃是勇冠三军的名将，袁绍的阵容如此强大，怕是很难对付吧。"

面对孔融一连串咄咄逼人的追问，荀彧不慌不忙一一作答："袁绍虽然兵多，但法纪不严，他的军队如同一盘散沙，并没有多强的战斗力，田丰虽然足智多谋但他性情耿直，袁绍是不会听他的话的；许攸虽也是个难得的人才，但此人太过贪婪，袁绍满足不了他的贪欲；审配忠贞，但此人独断专行；逢纪刚愎自用，此数人矛盾重重不会齐心，时久必生激变，至于颜良、文丑不过是一勇之夫。"

孔融虽然心中仍旧不服，但慑于荀彧的义正词严，加之，曹操已经在给他脸色看了，孔融也就不再说什么。许县的人心在曹操、荀彧的努力之下，渐趋稳定。

人心安定了，下一步就是分兵派将，积极迎战。

建安四年八月，曹操率精兵两万进军黎阳。

曹操命河内太守魏种牵制袁绍的并州，保护侧翼安全；命建武将军夏侯惇率部五千人防守敖仓，派一部防守孟津，以掩护左侧安全；命平虏校尉于禁率领步骑两千驻守延津，东郡太守刘延所部扼守白马，共同阻击南下的袁军；东平相知兖州事程昱率兵七百防守甄城，保障右翼；命琅邪相臧霸率精兵深入青州，骚扰袁绍的青州军牵制袁军使敌人不能从这个方向威胁许县。

九月，曹操分兵官渡，命裨将军徐晃、张辽率兵一万于官渡前线布防，阻挡袁军前进，自己回到许县做最后的准备。

十二月，曹操再次统帅大军北上，带着偏将军徐晃、裨将军张辽、许褚等和谋士郭嘉、荀攸、贾诩、董昭、毛玠等一班文武移驻官渡，组织防御，指挥战斗。

为加强防御纵深，曹操又布置了第二道防线：

命厉锋校尉领广阳太守曹仁驻兵于豫州颍川郡的阳翟，以掩护左侧背；

命蔡阳率部驻守荆州南阳郡的叶县，以防止汝南黄巾军刘辟、龚都等部；

命扬武中郎将曹洪率部驻守荆州南阳郡郡治宛城，防守南面的南阳到颍川之间的广大地区以及许昌外围，防备刘表，保卫许都。

命裨将军李通率部与汝南太守满宠驻守汝南，防止袁绍的门生故吏起兵反叛；

命侍中兼尚书令荀彧镇守许县，坐镇大后方接应各路军马，同时筹集军粮供应前线；

命李典军负责向官渡大营押运粮草；

命司隶校尉兼督关中盐运使司钟繇督运关中粮草；

命扬武将军张绣所部约五千人驻兵于兖州陈留郡保障整个右翼安全；兖州、

徐州等地其他守备部队约五千。

曹操于十一月派卫觊到关中，统制盐政，招抚流民，进行屯垦；命督军校尉颍川太守夏侯渊督运粮草；命典农中郎将、长水校尉任峻典选军器与粮运。

曹军总兵力在六万以上，这与当时的历史情况比较符合，曹军为防备四周其他势力可能的攻击，部署了超过二万的警备兵力，而为防止袁军的两翼包抄，又用去一万部队，因此曹军在官渡前线的兵力大大缩减。

不过正是由于以上正确部署，才保证官渡战役的顺利进行：打垮汝南刘辟、消灭袁绍派出西线迂回部队韩荀军。实际上许攸建议偷袭许县之计，并不高明，曹操部署的曹仁军就是防备这一手的。有备方能无患，曹操可谓深明此理。

从以上部署可以看出，曹军主力均由曹氏将领统率：夏侯惇军五千，曹仁军五千，曹洪和夏侯渊军各有四五千，曹操亲领一万，曹操的异姓亲信将领如于禁、乐进各领约四千兵，而新附降将在当时带兵较少或没有单独带兵。

曹军除了在官渡部署重兵集团外，另两个较大的重兵集团是南阳一带的夏侯渊、曹洪、蔡阳兵团和汝南一带的满宠、李通兵团。南阳兵团主要是防备荆州刘表，在整个战役期间不仅使刘表集团不敢向北进攻，保障整个西南安全。汝南兵团任务是防备镇服当地豪强。汝南是袁绍老家，当地有不少豪强响应袁绍，均被汝南兵团一一剿灭，从而保障东南方向的稳定。

针对袁绍人多势众，来势汹汹，曹操采取"以逸待劳、后发制人"的战略，将决战地选在更靠近自己一方的官渡。

以双方的兵力和态势上看，袁绍兵多，曹操兵少。千里黄河，袁军处处可渡。曹操如分兵把口，防不胜防。况且自己本就兵力不足，过度分散兵力，只会被敌人各个击破，千里河防，想守住不让袁军渡河是不现实的，何况青州在黄河南岸，已为袁绍所据，袁军想过河可以选的地方实在太多，沿河防守是下策。

因此，曹操在黄河防线上只象征性地派了警戒部队，而把主抵抗线设在官渡。官渡距黄河有二百里，距曹操的大本营许县远近适宜。这里地势起伏，沟壑纵横，不利于袁军的骑兵作战，而且这里还有天然屏障官渡水，官渡水水流缓慢、泥沙淤积，不论是徒步还是坐船，这里都不是理想的地点。

官渡水与阴沟水、莆田泽在官渡东西各形成一个河流密布的水网地带，宽度只有几十里的官渡成为东西数百里之内进入许县的唯一通道，曹操在此地张开罗网，严阵以待。

地形上，官渡地处鸿沟上游是汴水的起点。当时鸿沟运河西连巩洛，东下淮泗，而官渡是枢纽。荀彧给曹操的信上也认为扼守住官渡是掐住袁绍的喉咙。

可见，官渡在汉末三国是许县北面门户，是一个重要的渡口，也是保卫许县的屏障。

看得出曹操选择这里作为主战场，放弃黄河天险，大踏步地后退，的确是"用心险恶"。

曹操知道黄河防线肯定守不住，与其在黄河岸边跟袁绍拼命，不如把敌人放进来打，虽然这样比较冒险，但也是目前最好的选择了。

在这场战争中，一开始，袁绍占据主动权，采取的是攻势，而实力相对较弱的曹操只能采取守势，聪明的曹操选择了后退决战，把敌人引进自己选定的作战地点。

从后勤供应上看，退守官渡，靠近许县，曹军的供应更便捷；而袁军的补给线却被延长了二百里。有时补给线的长短就可以决定一场战争的胜负，战争在某种情况下就是打后勤。

在中国的战争史上这样的例子实在太多了，发生在战国时期的著名的长平之战就是典型战例。此战，秦国、赵国，两大强国倾国而出，全都派出了主力部队参战，秦国名将白起就是先退军吸引赵军追击，把赵军引入自己一方的控制区，从而拉长赵军的补给线，之后派骑兵机动到赵军后方一举切断赵军粮道，从而成功地将赵军主力十四余万大军包围。赵军主将赵括就是著名的纸上谈兵的那位，先打了几个小胜仗，就得意忘形，乖乖地钻进了口袋。

此后的日子，对于被包围的几十万赵军，那就是地狱一般的生活，因为补给线太长且被秦军切断，粮食运不进来，军中存粮吃完，就开始吃人，之后，赵括率军突围被射死，赵军投降被坑杀。对这段历史，熟读兵书战策的曹操、袁绍都不陌生，但在灵活运用上，袁绍不自觉地做了赵括，而曹操就是那个白起。

曹操早在建安四年八月，袁绍吞并公孙瓒不久，就北渡黄河视察白马对岸的黎阳，并于这年九月、十二月，两次亲到官渡考察战场地形。

因为官渡地处平原，没有天然险阻，曹操特意派人在这一带增修堡垒，设置人为障碍，准备迎战。

就在曹操积极准备跟袁绍的大战时，曹操的后院起火，与其说是火不如说是一场政治地震。皇帝的岳丈董承密谋反曹，被人告发。

建安五年（200）一月，董承集团被曹操一网打尽（唯一的漏网之鱼是刘备），车骑将军董承以及他的同党将军吴子兰、偏将军王子服、越骑校尉种辑被诛灭三族。曹操对这种事向来举手不留情。许县到处是曹操的耳目，董承的失败其实早已注定，事情很快平息，但此案涉及多个重量级人物，在政坛上引发的地震波不容小视，董承是皇帝的丈人，此事与当今天子的关系也引起诸多猜测，只是涉及宫廷机密，外人难以窥知真相。

曹操这时还不打算解决皇帝，用他当年自己的话说废立皇帝不是一件吉利事，更何况又是在多事之秋，多一事不如少一事，对汉献帝，曹操只能网开一面。

董承被杀，董的女儿董贵人也未能幸免，曹操杀红了眼，不会放过她，即使她是皇帝的贵妃。

为了保住爱妃，汉献帝向曹操苦苦求情，请他看在自己的薄面上，手下留情。

董贵妃这时身怀有孕，还是龙种，但曹操不为所动，冷酷地回拒，董贵妃与腹中胎儿命归黄泉，皇帝除了悲伤，更多的是愤怒，但面对权臣曹操，他也只能手握空拳，仰天长叹。

曹操震惊之外异常愤怒，大战在即，对异己分子，必须杀，从重从快。曹操杀董贵人也是在警告献帝，不要轻举妄动，不听话，下一次被杀的就是你。经过这次风波，皇帝身边的侍卫全部换上了曹操的人，汉献帝被完全监控，曹操这才放心。

处理了宫廷事务后，曹操将重心向外线转移。第一个打击对象是刘备。在搜捕查抄董承一党时，刘备的大名再次进入曹操的视野。

尽管官渡前线大军云集，曹操还是统率精兵亲征刘备。

刘备对即将到来的危险毫无察觉，这段时间，刘备的心情好极了，不时有人来归，东海郡昌豨等地方豪杰纷纷叛曹归刘，徐州郡县多响应刘备。时间不长，刘备已拥兵数万。用不了多久，自己就能在徐州站稳脚跟，到时就算曹操来了，也有与之对抗的资本，想到不久之后，即将成就一番霸业，刘备睡觉脸都笑成了一朵花。

就在刘备做着雄霸一方的美梦时，斥候急告，徐州境内发现大批曹军。看旗号，主帅正是曹操本人。刘备一开始不信，还训了斥候，你看清楚了吗？怎么可能，曹操正在官渡前线，这时，他怎么可能来徐州，谎报军情，军法处置。斥候吓得拔腿开溜，溜得挺快，回来得更快，这回斥候带回了更准确的情报，确实来了，曹操本人。看着斥候一脸肯定的表情，刘备对自己的判断产生了怀疑。

为再次确认，刘备亲自带着几十个骑兵打马扬鞭亲自侦察。刘备驻马高坡之上，向远处眺望，刘备看到了曹操大军，也看到了传说中的那面旗帜，没错，是那个人的，在确信来者是曹操本人后，刘备在第一时间迅速做出反应——撤退。

多年来，尽管历经风雨，多次身陷险境，但每次刘备都能化险为夷，靠的不是运气而是本事，刘备打仗的本事算不上一流，但撤退的本领绝对一流。在确认危险后，刘备再一次展示了自己的非凡撤退功力，连家都没回，几万手下也不要了，老婆孩子也来不及带，身边只有三弟张飞和几十个骑兵，刘备深情地望了一眼小沛的方向，然后打马扬鞭一路向北，头也不回朝着北方疾驰而去。

刘备走了，二弟关羽苦了，因为走得急，刘备来不及带关羽一块走，此时关羽正领兵驻守下邳，也就是吕布曾经守过的城池。

刘备之前屯兵于小沛，小沛乃豫州之地，刘备自己坐镇徐州门户小沛，徐州腹心下邳，刘备交给了关羽镇守，刘备将部属家眷也托给关羽，张飞因之前有丢弃眷属的"前科"，刘备已经不大放心让三弟留守后方了，而关羽性格持重得多，玄德比较放心。

刘备丢弃小沛北上，很可能是希望关羽能守住下邳，而自己则从袁谭处搬来救兵。关羽如能像吕布那样守上两月，到时刘备就可以带兵回援。

徐州地处东方，素来繁富，下邳更是如此，下邳南濒泗水，沂水占尽水运之利，又有灌溉渔猎之便，土壤肥沃，物阜民丰，比之中原腹地屡遭兵火的兖州、豫州要富庶得多，刘备如何肯将徐州拱手相让。

只要有一线希望刘备也不会放弃，百折不挠刘玄德岂是浪得虚名！

曹操大军再次包围下邳，只不过，这次围的不是吕布而是关羽。在曹军的猛攻硬打之下，关老爷也扛不住了。罗贯中的《三国演义》在写这部分时，为了给这位后来的武圣人遮羞，特意煞费苦心地编了土山约三事，降汉不降曹。其实，罗贯中先生大可不必费事。打不过就投降，不丢人，英雄也投降，更何况投降的对象是一千年才出一位的曹操。

不管关羽有没有跟曹操谈判讲条件，到底还是降了。之后，曹操马不停蹄又去打昌豨，昌豨也降了。没过多久，徐州又成了曹操的，刘备的部众连同家属也全被曹操笑纳——微笑着接纳。

刘备狼狈北上，不久之前，袁术曾想从这里北上投奔袁绍，但被刘备阻击。不久之后，刘备沿着相同的路线北上，不知这时在逃命路上的刘备作何感想。刘备先到了青州，袁绍的儿子青州刺史袁谭接待了他。

袁谭（？—205），字显思，豫州汝南汝阳人，袁绍长子。刘备曾做过豫州刺史，在豫州刺史任上，刘备举荐豫州汝南人袁谭做茂才，在东汉这是进入仕途的起点，有这层关系，刘备跟袁谭也是旧相识。刘备是天下知名的英雄又是推荐过自己的恩人，袁谭自然张开怀抱露出笑脸，热烈欢迎刘备。

袁谭将刘备及其部下接入平原，热情款待。对平原，刘备是有感情的，毕竟自己曾在这里做过地方官，也是从这里发迹，但从前的主人如今却变成了客人，还是一路逃难而来，刘备实在没心情怀旧。

袁谭安顿好刘备，马上派人给袁绍报信，袁绍听说鼎鼎大名的刘备到了河北，哪敢怠慢，派人带兵前去迎接，自己也随后带全队出城二百里相迎。场面热烈而隆重，袁绍如此盛情迎接刘备，给足了刘备面子。刘备在冀州待了一阵，被打散的旧部得知刘备在河北陆续来投，刘备又有了些人马。

决战前夕　回到官渡，曹操打垮刘备重占徐州，迅速回师，虽然袁绍的反应比较迟钝，总是慢一拍，但毕竟也是久经战阵的人。时间一久，被袁绍抓住机会就不妙了。

曹操回到官渡，袁绍才准备动手，举军南下。

这时，田丰说："曹操攻破刘备，回师许县，已有准备，曹操善于用兵，诡诈多端，许县是其巢穴，他怎能不防。虽然曹操兵少，也不可轻敌。不如在前线与之对峙，按兵不动。

主公据有四州之众，兵精粮足，四州赋税足够军需，粮饷不是问题，就是三年五载也可支持。持久战于我军有利，曹操势单力薄，资财匮乏，用不了几年，曹操就会被拖垮。这期间，我军只需派小部队轮番袭扰曹操后方，使其不能安心屯守，待曹军精疲力竭，再出兵攻伐，不仅稳操胜券且易如反掌。主公放弃万全之策而集中主力与曹操决一时之胜负，战场上形势多变，我军未必能全胜，万一战事不顺，到时主公追悔莫及。"

田丰性情耿直，不会察言观色，所说虽是实情，但袁绍却不喜欢听，袁绍本就烦他，袁绍给他脸色，他看都不看，还在那喋喋不休说个不停，袁绍却没有耐心继续听下去，直接把田丰关进监狱。

袁绍把田丰关进监狱，那些支持田丰的人，吓得不敢再多说一句话，连田丰这样的元老重臣袁绍都不留情面，其他人就更不用说了。袁绍压制了舆论，关闭了言路，反对的声音没有了，他将自己固执己见的蠢人本色保持到战败的那一刻。

袁绍也并非平庸之辈，他意识到了自己的优势，他认为的优势，这就是出身。天下皆知袁氏四世三公，在士大夫中威信很高。反观曹操出身不好，宦官子弟，顺风臭八百里。这个优势必须要利用上。

官渡大战

袁绍名士风流，手下文士（笔杆子）云集，这时正好派上用场，袁绍最有名的笔杆子叫陈琳。

陈琳（？—217），字孔璋，徐州广陵射阳人，著名的建安七子之一，文章写得妙笔生花。袁绍让陈琳起草檄文，所谓檄文也就是宣战书，中国自古是礼仪之邦，就算打仗也要讲礼数，不然会被人家笑话没文化。

檄文既是宣战书，写得自然不会客气，在树立自己一方正义光辉的高大形象的同时必须尽一切可能用尽一切能想到的贬义词贬低对手，一定要把对手骂得一钱不值，如同禽兽，不对，应该是禽兽不如。

檄文是舆论战的重要阵地，不能不佩服古人，在那个没有电视、报纸、广播的时代，人们发明了布告檄文这一广大人民群众喜闻乐见的宣传方式，把对方最不想让人知道的隐私丑行，用这样一种方式公开，震慑对手，攻击对手的心理防线。这招不能说不高明。

具体负责操刀主笔的陈琳，跟曹操一样早年也曾在京城生活过，对曹操的底细，包括那些劣迹一清二楚，袁绍的秘书班子又广泛搜集了不少有关曹操的黑材料，经过大才子陈琳的组织润色，一篇声讨汉贼曹操的战斗檄文便跃然纸上。当然，在文学创作中有一些"合理的想象与艺术夸张"也是在所难免的。

经过几个昼夜的辛勤写作，声讨曹操的檄文正式刊出。袁绍看后很满意，这有助于人们重新认识曹操鲜为人知的另一面。在这篇大作中，陈琳把曹操从小到大犯过的事，用高度凝练的语言重新做了组织和概括，一个奸诈阴险的奸雄形象就这样被树立起来。曹操威逼皇帝、偷坟掘墓种种丑事都被公之于众。

很快这些布告就贴满了各州郡的大街小巷。

这招的确够狠，曹操被袁绍的文战搞得很被动。据说，曹操本人看了檄文也吓出一身冷汗，这说明檄文确实戳到了曹操的痛处。

在打笔仗这一回合，袁绍占了便宜，不过，能说不代表能打，接下来的实战表演就没那么容易了。

对于战争的前景，很多人看好实力雄厚的袁绍，但一些头脑清醒的人士还是觉察到了潜在的危机。沮授在出发前，将亲戚族人请到家中，拿出自己的全部家产给大家分发，沮授当着众多亲友的面说："仗打赢了，钱财会滚滚而来，如果战败，性命不保，还要钱财有何用。"

沮授的弟弟沮宗觉得哥哥有点悲观，上前劝道："曹操兵少力弱根本不是我们的对手，哥哥何必如此悲观。"沮授长叹一声："曹操实力虽弱但此人才略过人治军有方，又打着天子旗号，很难对付，我们虽然打败了公孙瓒，但也疲敝不堪，将骄兵惰，这一次恐怕我很难生还了。"

袁绍的部下沮授如此悲观，再看看曹操的部下程昱。振威将军程昱奉曹操之命率兵七百守鄄城。曹操觉得程昱的兵太少，想给他增加两千人，程昱却坚决不肯，程昱之所以拒绝曹操的好意，也是希望减轻曹操正面战场的负担，自己这边少两千人，曹操那就多两千人。而且程昱对曹操也说出了不增兵的好处："袁绍拥兵十万，自以为所向无敌，见我兵少，必轻视于我，不屑攻击，径直过去。要是给我增兵，袁绍从这过就不能不攻，攻，鄄城必破，反而适得其反，所以，您就不必给我增兵了。"

袁绍带兵杀来，听说程昱只有七百人，果如程昱所料，袁绍根本没搭理程昱带着大军就过去了，权当程昱是空气，程昱也乐得自在。事后，曹操对贾诩说："程昱之胆过于贲、育！"

（二）官渡大战　第一阶段　北攻南守——白马延津之战

建安五年二月，袁绍亲率十万大军进驻黄河北岸的重镇黎阳，官渡之战正式打响。

袁绍派大将颜良、淳于琼、郭图等渡河进攻东郡太守刘延驻守的白马城。对袁绍的这个决定，谋士沮授坚决反对，他说颜良性情粗暴有勇无谋不可担当主将。但袁绍根本不听，结果，颜良打了两个多月，白马城还是打不下来。

刘延顽强防守顶住了袁军的进攻，但到了四月，撑不住了，派人向曹操求救，曹操也知道刘延快要撑不住了，曹操决定亲自带兵北上救援刘延。

就在这时，曹操的谋士荀攸给曹操献计，荀攸的主意简单地说就是声东击西，调动袁绍大军。荀攸说："现在敌众我寡，必须想办法调动敌人，主公可带兵到延津做出要渡河抄袭敌军后路的姿态，袁绍怕后路被切断，肯定会分兵西进阻击我军，等袁绍大军被调到延津，主公趁机带兵迅速回援白马，出其不意，攻敌不备，颜良想不到我们会半路返身杀回，到时候杀他个措手不及，白马之围必解。"

曹操与袁绍最大的不同就是肯听别人的意见，特别是正确的。曹操当即采纳荀攸之计。

袁绍听说曹操到了延津，果然上当，带着主力西上，要截击曹操。

曹操带兵走到半路，听说袁绍中计，马上掉头改变方向昼夜兼程向白马杀来。

再说颜良，本以为主公袁绍带兵西进去阻击曹操主力，自己这边并无敌情，便放松了警惕，只顾进攻白马，对曹操即将发起的进攻全无心理准备。等曹军进到距白马只有十几里时，颜良才接到禀报，慌忙收拢部队应战。

颜良部仓促迎战，但曹操却是有备而来，来者不善。

曹操对颜良早有耳闻，也知道这位河北名将不好对付，所以曹操从他的众多爱将中选了两位来专门对付颜良，说起这两员战将全都是大名鼎鼎的人物：关羽与张辽。白马之战之所以有名，全拜关羽所赐，名人效应，自古有之。

关羽自从在下邳归附曹操，曹操对他可谓恩宠备至关爱有加，送钱送美女，想将关羽留下为己所用，三国时代最宝贵的是人才，曹操爱才也识才，为了收买关羽，曹操不惜金银爵位，可关羽不为所动，人在曹营心在汉。

曹操也看出关羽并无久留之意，但曹操并不死心，希望以自己的诚意打动关羽，并为留住关羽做了最后的努力，曹操特意将张辽找来，曹操为啥找张辽呢？因为张辽跟关羽交情至厚，而且两人是并州老乡。张辽是最合适的人选。曹操让张辽去探关羽的底。

张辽带着使命来找关羽"聊天"，关羽何等聪明的人，没等张辽摸清他的底，他就把张辽的底摸透了。人非草木孰能无情，关羽深知曹操的良苦用心，曹操待他不薄，关羽也深受感动，关羽也是血性汉子最重情义。但忠臣不事二主，关羽跟刘备情同手足，关羽自从与刘备结识，此生便跟定了刘备。曹操对自己再好，也不能留在曹操处。这一切早已注定，关羽与曹操心中其实也早有答案，但曹操不愿信，关羽不愿说。

到了这时，关羽知道必须摊牌了，话不好出口，但终究还是要说。关羽长叹一声："曹公待我天高地厚之恩，我怎会不知，又怎会不感动。但我受刘将军厚恩，誓同生死。我不会久留此地，但我一定要沙场立功报答曹公的恩情后再走。"张辽把关羽的话转述给曹操。关羽如此重情义，同是性情中人的曹操也只有叹息。

官渡大战，曹操本来不打算用关羽，曹操不想给关羽立功的机会，这样，关羽也就不能走了。但要对付袁绍大将颜良，必须要派大将前去，一战成功，此仗对曹操只能胜不能败，为确保万无一失，曹操不得不派关羽出阵，曹操还给关羽配了一员副将张辽，做关羽的助手。

关羽、张辽领命率前锋部队先于大军出发，一路急行。关羽首先发现敌军，颜良为了显示自己的大将威风，出门打仗还打着伞盖，军中只有主将才有这个排

三国
之
决
战
中
原

场，在战场上，颜良的举动颇为显眼，这就第一时间向对方暴露了自己的位置，颜良为出风头，无意中给关羽提供了一个机会，关羽在万军丛中迅速锁定目标。如果不是颜良如此张扬配合，适时暴露自己，关羽想在千军万马中找到颜良还真要费些工夫。

机不可失，关羽发现战机，锁定目标，打马加鞭冲着颜良杀过来。颜良很快也发现了关羽军，但关羽不像他这么高调，颜良还没弄清对方的主将是谁，就见一员大将冲着自己杀来，颜良见对方只有一个人，自己身边簇拥着一群卫士，并未在意，可对方越冲越近，眼看就要杀到眼前，身边的卫队一个个却如同木雕泥塑，傻愣愣站着，这下颜良慌了，急忙举刀迎战，但为时已晚，关羽冲到颜良马前，手起刀落，寒光一闪，颜良的脑袋就搬家了。

擒贼先擒王，关羽的斩首行动，快、准、狠。颜良一死，手下群龙无首，顿时大乱，关羽、张辽自然不会放过这么好的机会，挥军掩杀，袁军主将阵亡，军无战心，四散奔逃，一溃千里。袁军溃退下去，白马之围解了。关羽立下大功。

白马解围，曹操入城后，只干一件事，搬家总动员，全城百姓都被曹操弄了出来带着一起撤退，曹操知道袁绍虽然中计，但他发现上当肯定还会回来，到时，白马守不住，百姓不能留给袁军，此地也不可久留，必须尽快撤退。

越是战火纷飞的时代，人口越宝贵，兵源田赋都要从这里出！有百姓才有兵员粮饷。曹操带着白马百姓上路了，沿着黄河向许县方向撤退。

袁绍又被曹操戏弄了一回，听说曹操要逃，憋了一肚子气的袁绍，恨不得将曹操生吞，当下指挥主力大军渡河。这时，谋士沮授觉着这太冒险，上前劝道："主公，战场上变化无常胜负难料，我们把全部主力都投到南岸，是否太过冒险，万一受挫，这么多人马撤回来绝非易事。臣以为不如把主力放在延津，分兵进攻官渡，如前方报捷，再派兵接应也不迟。如果主公把主力悉数投到官渡，战事稍有不利，大军危矣。"

袁绍这时一心想平灭曹操，他将主力全部压向官渡就是要以泰山压顶之势把曹操压得粉身碎骨，如此方解心头之恨。哪还管得了许多，袁军的悲剧命运就在此时注定。

看着大军一批批乘船渡河南下，沮授心中充满了不安和焦虑，但主公不听劝，他也只能随军南下，站在船上，看着滚滚东流的黄河，沮授发出感叹："悠悠黄河，我还能回来吗？"言不听、计不从，沮授很郁闷，到了南岸，沮授干脆装病不再管事，请求回邺城。

袁绍知道沮授在闹情绪，不但不准，还把沮授的部下划给郭图，事可以不管，但人不能走。好好给我待着，看我破曹。这对君臣大战之前不是齐心合力谋划决策，而在那使性子，搞内斗，战争的结局可想而知。

袁绍带兵一路南下追到延津，追出不远便追上了曹操的撤退大军。曹操跟几年后的刘备遇到了相同的情况，带着百姓走不快。曹操听说袁绍追来，并未慌张，显得从容镇定，因为这早在他的意料之中，如果袁军不来，才是怪事。曹操下令全军布阵，做好战斗准备。此时曹操所在的地方在延津以南不远处的南山脚下。

曹军在南山坡下摆开阵势、严阵以待，曹操派人登上高坡侦察敌情，不一会儿，斥候回报，前方出现敌人，有五六百人，全是骑兵。又过了一会儿，再次报告：骑兵又多出许多，尾随的步兵多到数不清。曹操听了笑笑，不用再报了。曹操随后下了一道让部下们困惑不解的命令，骑兵一律解鞍下马，把马都放到山坡上去吃草。

部下们被曹操的这一非常之举彻底弄糊涂了，主公难不成被吓昏了头？敌人马上就要杀到眼前了，己方骑兵本就不多，把马都放出去，敌人来了如何抵挡？到时，岂不任由袁军斩杀？大家面面相觑，但军令如山，曹操治军极严，部下虽不解其意图，却不敢违抗军令，只好一一照做。

这时，从白马转移出来的大批辎重，正在运输途中。运动中的辎重队缺乏保护，一旦袁绍大兵打来，这些辎重队毫无反抗之力，所有的辎重必将成为袁绍的战利品。

这批辎重好不容易从白马转移出来，如果就这样被袁军抢去，之前的努力岂不前功尽弃？几乎所有的曹操部将此刻都倾向于就地筑垒防守。

曹操理解部将们的心思，但他另有打算。就在众将指挥士兵准备挖壕筑垒，就地抵抗时，曹操的谋士荀攸对曹操说："这些辎重正是诱敌的好诱饵，大破敌军就在此时。"曹操看了看荀攸，两人目光相对，相视一笑，彼此会意，曹操冲着荀攸点点头，没错，他也是这么想的。

曹操故意将辎重放在那里，并将部分马匹散放，以此来吸引袁军来抢夺，而精锐骑兵则隐蔽等待时机，适时出击，杀袁军一个措手不及。因为袁军在数量上占据优势，正面对敌，难有胜算，只有用计取胜。

骑兵的机动速度是惊人的，袁绍大军转瞬便杀到跟前，这次袁绍派来的领兵主将乃是与颜良齐名的河北名将文丑，以及刚刚投奔来的名闻天下的英雄刘备。

刘备、文丑率领五千骑兵、一万多步兵，一路跟踪追击，终于追上了曹操的撤退大军。最先出现在战场的是侦察骑兵，主力随后陆续赶到。

这时，曹操部将们的脸色开始由红转白，面无人色。大家纷纷吵着要上马迎战，但曹操却露出一脸诡异的微笑说："时机未到。"

文丑、刘备的骑兵越来越多，有一部分心急的已经奔着辎重去了，看着一车车财物，想发财的士兵早已把军纪抛到九霄云外，连文丑、刘备也制止不住疯狂的部下。

袁绍的兵见钱眼开，纷纷下马争抢财物，队形顿时大乱，相互之间，甚至为抢夺财物而争执起来，袁军军纪松弛的弱点瞬间暴露无遗。

曹操等的就是这个机会。曹操立刻下令："上马，全军出击。"曹操这时候手下只有六百骑兵，数量只是袁军的十分之一，数量不多但质量上乘，曹军知道这一仗如果输了，财物丢了是小事，脑袋能不能保住都不好说，因此人人奋勇个个争先，号叫着冲了出去。

再说，袁军这边，大家都在忙着发财。袁军的注意力都集中到了战利品上，等曹军杀来，才仓促抵抗，却被士气高涨的曹军砍得人仰马翻。袁绍的大将文丑也死在乱军之中，一代名将如此死法，着实有些难堪，此战，袁军死伤惨重，损兵折将，只有刘备毫发无伤，全身而退，逃回去向袁绍汇报去了。

刘备在逃跑方面的确很有天赋，懂得如何在处境不利时，保存自己才是关键，更是本事，如果只是逞匹夫之勇，刘备早就死了好几回了，那也就不会有后来的蜀汉帝国了。

袁曹交锋，两仗打下来，袁绍的两位名将先后阵亡。原本气势如虹的袁军，士气遭到严重打击，军威大挫。

袁绍虽然打了败仗，损兵折将，但实力尚存。曹操打了胜仗，局势依旧严峻。只有刘备这边风景独好，他的好兄弟关羽回来了。

《三国演义》把斩颜良诛文丑的功劳都记在了关羽的账上，并不是历史实情，但关羽解围有功，却是千真万确。曹操从不亏待有功将士，关羽因功受封汉寿亭侯，赏赐的金银财物自不必说，但关羽却不为高官厚禄、黄白之物所动，毅然抛弃所有的一切，策马狂奔，北上投奔自己的哥哥刘备。关羽北逃，曹军发现后想追，曹操却摇了摇头："各为其主，放他去吧。"

《三国演义》为了树立关老爷的光辉高大的正面形象，特意安排关羽带着两个嫂子，长途旅行，放着近路不走，偏走远路，一路还过五关斩六将，编出一大串故事来欺骗读者的感情，事实上，关羽的回归就是直接北上，没有这些婆婆妈妈迂回曲折。刘备对关羽的回归，自然喜出望外。

关羽归来，刘备在本地也收获了一员大将——赵云赵子龙。赵云曾是公孙瓒部将，刘备帮公孙瓒打袁绍时，赵云被借调给刘备，两人因此相识，之后，战事结束，赵云就离开了刘备。

赵云见公孙瓒难有作为，不久便辞官回乡。刘备北上到邺城投奔袁绍，赵云听说刘备回来了，大喜，英雄又有了用武之地，主动登门拜访。故人相见，畅叙离别之情，刘备说，兄弟，别走了，跟着哥哥干吧，赵云当即应允，留了下来。

赵云，冀州常山人。长期在北方打仗，善于指挥骑兵作战。在公孙瓒手下时，赵云就是骑兵指挥官。归附刘备后，依旧干老本行，统率骑兵。北方骑兵横行天下，公孙瓒的骑兵很有战斗力，白马义从的攻击力可与鲜卑骑兵匹敌，赵云更是精于骑战。

赵云很快适应了角色，但赵云最发愁的是自己的手下寥寥无几。刘备这时也只剩下千余人，且大部是步兵。赵云便与刘备商量就地招兵买马，重新组建骑兵，由他负责督率训练。

但既然在人家的地盘上，就算招兵也不能过于招摇。赵云利用自己以前的人脉，召集昔日旧部，经过几月奔波，终于拉起一支数百人的骑兵，虽说人不多，但都是身经百战的精兵强将，百战之余的精兵。赵云舍不得把这些人当大兵用，他们都是种子，未来的希望。

这些人对外称刘左将军部曲，因为一切都是暗箱操作，秘密进行，袁绍并不知情。

三国之决战中原

（三）相持阶段的大后方

白马延津之战后，战场上出现了一段时间的平静。从建安五年七月开始，战争进入相持阶段。表面平静之下，暗潮汹涌。

正面战场出现短暂的平静，但同时，双方不谋而合，分别在敌人后方开辟第二战场。

曹操派人到北方联系刘虞旧部鲜于辅、阎柔，支持他们在袁绍的大后方从事破坏活动，折腾的动静越大越好。

袁绍也不甘示弱，在这方面袁绍比曹操有优势。袁绍的故乡豫州汝南一带，有很多受过袁氏恩惠的门生故吏，这是一支可以利用的力量。此刻汝南是曹操的地盘，曹操虽然名义上占据豫州，但地方豪强不乏心系袁氏者，很多人都不看好曹操，持观望态度，而且多数人更倾向于支持袁绍。

袁绍派人回汝南四处活动，希望在曹操的后方有更多的有识之士"弃暗投明"。对袁绍的举动，曹操早有防范，也做了相应的部署。曹操派地方豪强出身的大将李通坐镇汝南。

李通（168—209），字文达。荆州江夏平春（今河南信阳）人。

李通家族在江淮一带颇有势力，天下大乱，各地宗族武装纷纷起兵，李通也在朗陵拉起一支队伍，在地方扩张兼并，对地方士大夫则收买拉拢，属于地方实力派。

曹操在许县重建朝廷，李通率先归附，因此受到曹操的赏识和信任，被任命为振威中郎将，屯兵汝南。

曹操南征张绣，一度失利，李通闻讯火速率部驰援，助曹操打退张绣，立下大功，李通以实际行动表明了忠心，也赢得了曹操对李通及其宗族部曲的好感。

战后，李通被晋升为裨将军，封建功侯。曹操特意在汝南划出两个县，任命李通为阳安都尉，负责维护地方治安，主要任务就是看住与袁氏关系密切的门生故吏。

曹操与袁绍在官渡进入相持阶段后，袁绍为打开局面将手伸向汝南，派人到汝南，加封李通征南将军，想用高官厚禄拉拢李通。刘表也派人前来表达了"合作"的愿望，都被李通坚决拒绝，李通的决绝让亲友们很害怕，担心得罪了一南一北两大诸侯，因为当时的舆论普遍对曹操的前景持悲观态度，就连许县的不少朝廷官员都暗中与袁绍联络，为自己日后留下退步。

就在许多人为自己寻找今后出路的时候，李通居然拒绝了袁绍的主动示好，这在旁人看来简直不可思议，李通疯了吗？

担心之余，亲友纷纷上门劝解李通，哭着说："如今官渡胜负未分，将军孤军守汝南，曹操自顾不暇，若得罪袁绍、刘表，遭其怨恨。袁绍若胜，必来报复，到时我们必死无疑。为了全族安危，将军不如与袁绍联合。"

李通并不疯，相反他的神志相当清醒，此时正是曹操最为艰难的时刻，也正因为如此，才更要坚定立场。如果站错队，自己苦心经营多年的宗族势力将毁于一旦。

李通认定了曹操，他相信曹操能赢，遂将全部身家性命及整个宗族都押在了曹操身上。这时搞两面派，骑墙的结果就是两边不讨好，所以，李通面对苦苦相劝的亲友部下，拔出宝剑大呼："曹公英才盖世，必能平定天下。袁绍虽人多势众，但任人唯亲，最终必为曹公所败。我李通有死而已，绝不背叛曹公。"李通以性命相拼，这才稳住局势。

李通为了表明心迹，将袁绍来使斩杀，并把人头与袁绍给的征南将军印绶一起送到许县。之后，李通又连续出击，扫平汝南各地叛乱，李通战后因功被封都亭侯，晋升汝南太守。

官渡大战，前方粮草军饷都要后方供应，为保证前线，曹操向各地州郡发出命令，规定了各地上缴的钱粮数目。

这时，袁绍的策反收到了效果，虽说豫州有李通这样忠贞坚定地挺曹派，但还是有相当多的地方豪强实力派见风使舵，有的直接投靠袁绍，有的虽未公开叛曹，但也不再听从许县号令，而与袁绍眉来眼去，暗送秋波。

豫州始终"守身如玉"的只有阳安郡等少数郡县，李通知道前线急需粮草，而且，这时也是表示忠心的机会。当时，这也是与那些"墙头草"划清界限的最好办法。其他郡县不把曹操的命令当回事，但李通既然跟定了曹操，他必须积极，为加快进度，还派人到下面催缴。

但有人出来反对，说起此人还是李通的"仇人"，曾亲手处决了李通妻子的舅舅，说起此人也是位名士——赵俨。

赵俨（170—245），豫州颖川人，名士。

赵俨时任郎陵县令，不过可别小看这位县令，赵俨可是豫州当地的知名人物，此人后来官运亨通，是曹氏的心腹谋臣，颇受重用。

赵俨的这个县令还是曹操亲自下令任命的，让一位名士做百里县令，有些屈才，但曹操也有不得已的苦衷，豫州、兖州虽说归入了他的治下，但乱世人心难测，反叛事件时有发生，地方割据势力大多有奶便是娘，谁山头硬就倒向谁。

曹操起用当地名士做县令就是利用这些名士在地方的声望安抚当地势力，稳定人心。颖川郡是豫州大郡，此郡名士辈出，是各方势力争夺的焦点，也是曹操极力安抚重点经营的地区。而颖川名士在本地的势力举足轻重，派他们去，更容易取得当地豪强的支持，甚至名士所在家族本身即是地方豪强。基于这种想法，曹操任用了一批名士，下放到地方当县长，赵俨只是众多名士县长之一。

赵俨是本地人熟悉当地情况，他十分清楚如果按李通的做法，非出乱子不可，搞不好今天收上税，明天就会有人来砸县衙，很可能逼反一些本就心存观望

三国之决战中原

的中间势力。所以，赵俨极力反对这时向地方征派粮饷。

但李通也有他的难处，李通说："如今，主公与袁绍正在官渡前线对峙，远近不少郡县都背叛了主公，如果我这时不送粮饷，肯定会有人认为我也怀有二心，我也知催逼粮草可能激起民变，但我这么做也是迫不得已。"赵俨说我有办法，赵俨立即给坐镇许县的荀彧写信说明情况原委，荀彧不敢擅自做主，又将情况上报曹操，曹操很能体谅下属的处境，大笔一挥，那就免了吧。

少收一些钱粮，能够稳住一个大郡，这笔买卖合算，曹操从不做亏本生意。

百姓听说本应上缴的粮赋减免了，热情顿时高涨，脸上也有了笑容，纷纷表示支持曹操。曹操的大后方"多云转晴"。

袁绍见敌后策反初见成效，决定再接再厉，将星星之火变成燎原之势，让曹操葬身火海。

袁绍的胃口越来越大，已不满足于小打小闹，他要在曹操后方开辟第二战场，形成南北两个战场，让曹操首尾难顾，如此重任，寻常之辈自然难以担当，所以刘备再次披挂上阵。奉袁绍之命南下，与当地亲袁反曹力量联合，造成南北夹击曹操的有利态势。

建安五年（200）七月，汝南一带的原黄巾军刘辟部起兵叛曹，正式归附袁绍。刘备奉袁绍之命带兵南下会合刘辟，在汝南、颍川曹操的大后方纵横驰骋。袁绍人脉加之刘备的号召力以及刘辟的破坏力，声势浩大，许县以南许多郡县纷纷叛曹，曹操一时十分被动。

曹操在官渡前线面对数倍于己的袁军，压力本就很大，偏偏这时，刘备又在他的大后方，火上浇油。一想到刘备，曹操就恨得直磨牙，相比于袁绍，曹操更痛恨这个卖草鞋的大耳贼。

北有袁绍南有刘备，曹操愁眉不展，曹仁看不下去了，主动请缨："主公，不必担忧，臣请领兵扫平刘备。汝南、颍川因大军在外，后方空虚，刘备大兵压境，迫于形势，不得已附逆，并非真心。刘备所部多是袁绍部下新兵居多，兵不识将、将不识兵，大军进击，一举可破。"

曹操大喜，曹仁自出世以来一直统领骑兵，尤其擅长骑兵远程奔袭，曹操当即派曹仁所部骑兵出击。

曹仁骑兵，行动迅速，风驰电掣赶到汝南，对刘备发起闪击战。刘备未料曹军来得如此之快，部队被打散，刘备败走。先前归附刘备的郡县也被曹仁收复。

袁绍派了两路人马深入曹操后方，刘备军只是其中一路——东路军；袁绍还派了西路军，西路军主将韩荀负责切断曹操粮道。刘备这一路兵败后，袁绍寄予厚望的西路军韩荀部也在鸡洛山被曹仁击溃。

袁绍的两路纵队都败了，第二战场受挫，袁绍只好将全部精力再次集中到正面战场，从正面向曹军发起进攻。

（四）官渡大战　第二阶段　互有攻守

建安五年八月，袁绍拔营起寨，向前推进，曹军退守官渡。袁军在官渡以北的阳武扎下连营，袁军营寨东西横亘数十里。袁绍利用当地土丘，修筑堡垒土山，直逼曹军据守的官渡。

袁绍步步为营，以泰山压顶之势，将主力尽数投入正面压向官渡，想以此压垮曹操，在此与曹操一决胜负，进行主力大会战，毕其功于一役。曹操虽然兵马没袁绍多，也不甘示弱，分兵守险与袁军对峙。

这时候，不论是袁绍还是曹操，谁的日子都不好过，袁绍劳师远征，出兵半载，损兵折将，却进展缓慢。在兵力占优的形势下，仍难以取胜。十万大军，一天的消耗就触目惊心，开战以来，消耗巨大，即使是实力雄厚的袁绍也有些吃不消。

曹操的处境比之袁绍更为艰难，几次小胜改变不了敌强我弱的总体态势，袁绍依然占据主动。形势对他很不利，尽管后方叛乱被曹仁摆平，但许多部下甚至许县大本营都有人暗地里"私通"袁绍，对这些，曹操早有耳闻，但法不责众，他此刻也无暇处置这些"小事"。

更糟的是，曹操的军粮即将耗尽，存粮已不足一月之用。眼下距秋收还有一段日子，正是青黄不接的困难阶段，如不能在一月内取胜，一旦粮食用尽，军心必然大乱，到时不用袁绍来攻，曹军便会不战自溃。

此时的曹操内外交困，进退两难。身为主帅，他必须做出抉择。

到了九月，曹操决定主动进攻，发兵攻击袁军大营，袁军营寨经数月修筑，营垒坚固，曹军几次强攻，都无功而返。

曹操见攻击受挫，只好收兵继续坚守。

袁军趁曹军后退，全力攻击曹军营垒，曹军拼命防守，双方相持对峙达一月之久。

此时的官渡前线，袁军前、中、左、右四军近十万大军对抗曹军二万余人

（曹操后军曹仁军，而增援军到后是三万三千人）。

曹操想坚守，袁绍却不打算让他守下去。袁军此前堆的土山此刻派上了用场。袁绍嫌土山不够高，在上面加盖敌楼，袁军居高临下，占据地利优势，对面曹军的一举一动都尽收眼底。袁绍挑选弓箭手，每天站在敌楼上，向曹军营寨射箭，曹军在军营里走路都要举着盾牌，稍不留神就被钉上一箭。整天提心吊胆，苦不堪言。

曹军被袁军弓箭压制，时有伤亡，曹操担心这样下去，士气会受到影响，发动部下想对策，集思广益，曹操手下不乏能人，有人针对袁军的敌楼，发明了抛石机，取名霹雳车，利用杠杆原理将石头等抛出，试制了几台，经过试验，效果不错，曹操下令迅速推广。

不久，曹军就造出了数十架抛石机，这下轮到敌楼上的袁军倒霉了。雨点般的石头铺天盖地砸向袁军弓箭手藏身的敌楼，上面的袁军无处躲藏，被砸得头破血流，死伤惨重，再不敢露面，全都躲进大营去了。

袁绍见上面打不动，就改在下面攻，将当年对付公孙瓒的撒手锏土木作业——地道战用上了。

袁绍派人在营中秘密开掘地道，朝着曹营方向挖掘。曹操见袁军许久不见动静，派人前去哨探，发现袁军都变成了"地下工作者"，曹操不同于只会盖碉堡挖壕沟的公孙瓒。袁绍这次的土木攻势注定要碰壁了，因为曹操也是一位地道战专家。

曹操在家乡谯县建有一座四通八达纵横交错密如蛛网的地下运兵通道，主体部分全在地下，这座地下军事工事，设计之巧妙、构造之复杂、功能之完备，令世人惊叹。

谯县是曹操的家乡，在建安年间设谯郡。曹丕篡汉称帝后于魏黄初二年（221）升谯郡为"陪都"，与许昌、长安、洛阳、邺并称"五都"。谯县是曹操最早经略的城池，乃曹氏根本之地，曹操在此地的防御上，颇费了一番心思。

曹操的地下运兵道，幽深蜿蜒，曲折不定，全部由青砖筑成，距地表约1.8米到3.5米，底宽约0.7米，高约2米，有单行道、并行双道、上下双层道、转弯道等多种类型，纵横交错，规模宏大。建运兵道时考虑精细，如砖壁1米高处距离不等留有小龛可以放灯，且为防止相对而行时拥挤，隔一段修上下两层，上层既可容一人至数人隐身，也可起到人员分流作用。另外通道内还建有储藏室、猫耳洞、单人掩体、多人掩体、绊腿板、陷阱、通气孔、传话孔等。

相比于资深土木作业专家曹操，袁绍的道行还差得远，袁绍在外面挖，曹操在里面挖，袁军直线掘进，曹军在营中横向拦截，袁军辛苦挖掘的地道全都挖进了曹军横向开掘的堑壕里，地道战失败后，袁绍一时也想不出新的对策。双方又陷入僵持。

但时间一长，曹操先支持不住了，毕竟他的实力远不如袁绍。虽然曹操属于内线作战，补给相对方便，但长久对峙的消耗战，仍令曹操倍感压力。

兵少粮尽，难以持久；百姓疲困，多有怨心。

远近郡县多有背曹投袁者，余者亦有动摇之势，这就是眼下曹操的处境，险恶的局势令曹操焦虑不安。

在给首席谋士荀彧的信中，曹操流露了退兵之意。荀彧接信后，深感事态重大，当即给曹操回信，鼓励曹操，务必坚持到底，此时决不能后退。

荀彧在信中说："主公切不可于此时退兵。袁绍举倾国之兵而来，意在与我军决一成败，我军若退，敌军必趁势而进，犹疑观望之辈，难保不生二心。

当年，楚汉相争，刘邦、项羽相持于荥阳、成皋，两军陷入苦战，双方都筋疲力尽，然刘项均不肯先退，为何？以先退者势屈。退，即示弱于敌，后退一步，就可能动摇根本，导致全线崩溃，前功尽弃，后果不堪设想，主公万万不能退兵！

主公以弱抗强以少敌众坚守官渡，扼敌之咽喉使其不得向前，如今已半年有余。我军粮草不济，敌军亦然，况敌军远来，受阻于官渡、智穷力尽，战事即将有变，望主公激励将士奋力一战，成败在此一时。兵者，以正合以奇胜。战事胶着，正是主公出奇制胜之良机。"

曹操本已有所动摇，经荀彧力劝，才下定决心留下与袁绍做最后的决战。此时，战局已到了决胜的关键时刻，但曹操对能否打赢这场战争仍无胜券。

庞大的军费开支，让本已生活困窘的百姓雪上加霜，几万大军的军粮全靠后方民夫车推肩扛向前线运送，穷困的百姓连草鞋也买不起，只能赤着脚往来于运粮路上。

转运艰难，曹操每每看到民夫们汗流浃背冒着酷暑辛苦搬运粮草，就不禁紧蹙眉头。

一天，又有一支运粮队风尘仆仆赶到大营，看着满身尘土，脚上磨出血泡的民夫，曹操知道民力已达极限，不能再这么打下去了，必须速战速决，曹操拍着一个民夫的肩膀对在场的人说："兄弟们，辛苦了，我十五日内必破袁绍，到时你们就不必如此辛苦了。"

曹操虽然向众人做了许诺，但就连他自己对十五天打败袁绍也心存疑惑，交兵半载尚不能决出胜负，半月又能有何胜算。曹操此举不过是安抚众人，也是在安慰自己，但有一点他是清楚的，必须尽快与袁绍决战，否则不被打垮也会被拖垮。

曹操的运粮队很辛苦，袁绍的运粮队也不轻松，数量上多出曹军几倍的袁军粮草消耗更为惊人，且袁军深入河南远离后方，粮草转运尤其艰险，曹操用兵善于断人粮道，袁绍深知之亦格外留心，特派大将韩猛统领精锐部队押运数千粮车，往返于大本营与前线官渡。

两军长期对峙，袁军辎重的行进路线被曹操探知，谋士荀攸立即发现这是一个机会，建议曹操抓住良机袭击运粮队，曹操最喜欢袭击敌军粮道，如此良机岂能错过。曹操问荀攸谁去合适，荀攸说徐晃可以，此人去必可破韩猛，曹操说好，就这么定了！

大将并州人偏将军徐晃、沛国人中军校尉史涣两员猛将奉命率军截击韩猛的袁军运粮队。

不久，徐晃与史涣在故市成功伏击韩猛所部，杀散袁军后，徐晃命人将载运粮草的粮车一一点燃，熊熊的大火映红了天空，待袁军增援部队赶到，看到的是早已化为灰烬的一辆辆粮车残骸。

袁军粮草被烧，这一胜利让曹军欢欣鼓舞，士气高涨。

（五）官渡大战 第三阶段 决战——乌巢之战

战局进入最后关头，曹操以数万之众将袁绍十万大军阻于官渡数月，使其前进不得，已经创造了平原防御战的典范。袁绍孤注一掷把主力投入到河流纵横河网密布的官渡水与济水之间，空间狭小，机动困难，导致部队虽多却无法有效展开，袁军的数量优势被曹操利用地形巧妙化解，使本应一边倒的战局打成了旷日持久的阵地堑壕战。

建安五年十月是曹操一生中最为艰难危险的岁月，没有之一。

后来曹操征马超、征孙权、征刘备，差不多每次都占据主动，进退自如，虽未必全胜也是从容不迫，游刃有余，胜似闲庭信步。因为这些战事不论胜败，对曹操来说都无关大局，即使打败了，他也输得起。

而此时的曹操，他的身家性命以及他的全部都押在了官渡，此战胜负不止决定他的生死，更关乎曹氏、夏侯氏的存亡。此战若胜，他就是中原霸主；此战若败，他及他的家族在中原都将再难有立足之地。

曹操面对的是粮草将尽的窘境。除非出奇制胜，否则，最后失败的很可能是他曹操。曹操已无路可退，后面就是大本营许县，而后退就意味着崩溃（可能性很大）！

此时此刻，曹操的处境比袁绍险恶得多。让曹操忧虑的不仅仅是强敌压境、粮草耗尽、百姓怨叛、大族离心，更令曹操惊惧寝食难安的怕是变生肘腋，因为就在前线军中、帐下文武已有多人与袁军暗通款曲（事后缴获的大批文书可以证明），对此，曹操不可能不知道，但此类人为数不少，若是处置不当，很可能适得其反，引发内部火拼哗变，不用袁军来攻，自己内部就分崩离析，一想到这些，曹操不能不怕。

事实上，曹操这时想退都不敢退，既然内部已有为数众多的动摇者，那么，一旦退兵，撤退过程中，难保不会发生如后世淝水之战的状况，曹军若果真南撤，中间势力便会倒向袁氏，趁势而起！大呼，曹军败了，并趁机作乱者，必大有人在。到那时，曹操就真的大势去矣。

幸好，曹操听从了荀彧的话，关键时刻，顶住了压力，这才有了后来的转机。

曹操明白渡过危机唯一有效的方式就是在战场上击败对手，然而，袁绍并非平庸之辈，想从正面击溃强大的袁军谈何容易，那就只有长途奔袭，险中求胜！

曹操做好了决战的准备，上天总是把机会留给有准备的人。

粮草被烧后，袁绍加派了兵力，派手下大将淳于琼等五人率兵一万押运保护粮草，袁绍此举不可谓不用心，曹操兵力不过数万，大部在前线，机动兵力很少，自己用一万人护粮，万无一失。袁绍把大军的囤粮之所选在官渡大营以北约四十里的乌巢。

曹军劫粮需越过正面袁军防线，且后方乌巢守军兵力雄厚，以曹操现有之兵力，劫粮之兵不多难以成事，可派出的兵多了，正面大营的兵力就不够用了。

曹军若果真敢来劫粮，面对上万守军，短期内很难结束战斗，而袁军大营距乌巢不过四十里，袁军骑兵转瞬即至，到时劫粮的曹军将腹背受敌。

袁绍自以为他的布置万无一失，但他小看了被逼入绝境的曹操绝地反击的能力！

曹操在寻找出奇制胜的战机，为最后的决战做准备，袁绍也希望尽快结束战争，就在这时改变战争走向的关键人物——许攸出场了。

许攸（？—204），字子远，荆州南阳（今河南南阳）人。许攸非常不简单，此人乃当时名士，早年在京城洛阳就十分活跃，与袁绍、曹操便是那时相熟的好友，与两人交情都不浅。袁绍从京城逃奔冀州，许攸也随之去了冀州，许攸足智多谋为袁绍出谋划策，被袁绍视作心腹智囊，许攸是袁绍的主要谋臣之一，对袁军内部情况十分熟悉。

这次远征官渡，许攸也随军而来，战事胶着，许攸也为之焦急，许攸知道曹操力量用尽，因此建议袁绍，趁曹军主力集中于官渡、许县空虚之际，派轻骑兵远征奔袭许县，釜底抽薪，一举解决曹操。只要占领许县，官渡曹军不战自溃。但袁绍并未听从，袁绍也认为曹操支撑不了多久了，一心想坐享其成。

许攸为自己的计策未被采纳而郁闷，这时又有一个不好的消息传来，许攸在邺城的家属因犯法被审配"依法扣留"，许攸听了勃然大怒，认为审配故意找自己的麻烦。

许攸仗着与袁绍的关系，多年来在冀州横行不法，只是袁绍护着他，其他人对他无可奈何，审配一向执法如山且与许攸一向不和，对许攸的所作所为早就心怀不满。这次，袁绍远征在外，留守邺城的审配大权在握，许攸虽然在外，家眷还在城中，审配决意狠狠惩治许攸。

以许攸多年的劣迹，想找他的罪证，易如反掌。

许攸在前线被冷落（他自己认为），家人在后方被拘押。被宠惯了的许攸接受不了，自尊心受伤的许攸一气之下，选择叛逃，去投曹操。

许攸来投老友，曹操正为粮草告急而彻夜难眠。听说许攸来了，曹操兴奋得一跃而起，连鞋都来不及穿，光着脚就跑出迎接，他实在太清楚此人在袁军的分量，更明白这人此时来投的意义。

见到许攸的那一刻，曹操的喜悦之情溢于言表，禁不住拍手大笑道："子远，你来了，我的事好办了。"说着，曹操拉着许攸的手，亲切地把许攸接入自己的大帐。

入座后，两位久别重逢的故友自然要畅叙一番友情，寒暄过后，转入正题，这才是曹操欢迎许攸以及许攸深夜拜访的目的。

许攸看着曹操笑着问："袁军势大，孟德打算如何破敌？现在存粮还能支持多久？"曹操一脸诚恳地表示："粮草还能支持一年。"许攸听了脸色大变："胡说，到底有多少，说实话！"曹操底气明显不足，吞吞吐吐答道："还可勉强维持半年。"许攸听了脸拉得老长不高兴地说："孟德，你还想不想破袁绍，跟老朋友都不说实话了，你给我照实说，到底还能挺多久？"

曹操知道再不能耍赖了，许攸一定是摸清了自己的底，否则不会这么理直气壮。干脆，说实话吧。想到这，曹操嘿嘿一笑，说："刚才是跟你开个玩笑，不瞒你说，军中的粮草只够一月之用了。子远，有何破敌良策教我？"

许攸探到了曹操的底，这才满意地点点头，说："孟德孤军据守官渡，外无救兵粮草将尽，可谓万分危急。如今袁绍在乌巢有一万多辆粮车，守军防备不严；孟德如能率一支奇兵深入袁军后方烧毁辎重粮草，不出三日，袁军必败。袁绍想不到你们敢深入腹地去烧粮，此去必能成功，如此，孟德必获全胜。"

第二天，曹操召集文臣武将开紧急军事会议，谋士荀攸、贾诩、郭嘉、董昭，武将曹仁、曹洪、夏侯渊、张辽、徐晃、乐进、于禁，全都参会。与会者都是曹操心腹谋士，荀攸、郭嘉不必说，就是贾诩、董昭也是后来的重要角色，至于武将，曹家军得力干将尽数在此，曹操的五虎上将除张郃此时尚在袁军中，其余悉数到场。这是一次承前启后继往开来的大会、这是一次团结的大会、奋进的大会，总之，这将是决定曹操及其集团命运的会议。

因为都是自己人，曹操开门见山直奔主题，把许攸劝自己袭击乌巢的事在会上宣布，并征求意见。

会上，有人赞成，有人反对，但反对的占多数，毕竟，许攸是从袁绍那里过来的，谁知道他是真心归顺还是假意诈降，搞不好是袁绍设的套布的局，让我们往里钻，深入敌军后方烧粮，风险很大，袁绍又不是白痴，囤粮重地岂能不派兵严防？再说，上次袁绍已经被烧过一次，这次恐怕不会那么容易得手。

众将七嘴八舌，议论纷纷，曹操倾向于出兵，听到这么多人反对，也有点犹豫，关键时刻，谋士荀攸、贾诩极力劝曹操，这是大破袁军的良机，机不可失、时不再来。

曹操在反复权衡后，采纳了荀攸、贾诩的意见，决意出击。这时，曹操一线部队只有两万多人，为了这次偷袭，从中选了五千精兵，如此一来，正面防线更吃紧了，但事到如今也只有剜肉补疮孤注一掷。

曹操留下智囊荀攸、亲信曹洪留守大营，带着乐进等一班猛将，在一个月黑风高的夜里，向着袁军囤粮的乌巢进发。

为骗过沿途袁军哨卡，曹军全部换上袁军军服打着袁军旗号，为了夜间行军不发出声响，人衔枚马缚口，五千人静悄悄地上路。

为隐蔽起见，部队专走小路，不敢走大路，尽管这样一路上还是难免与袁军岗哨遭遇，曹操对此早有准备，让人跟站岗的袁军说，袁绍不放心军粮，特派我们前来增援，袁军想不到曹军竟有如此胆量，敢于孤军深入，而且曹操编的理由也很充分，因此并未引起怀疑，一律放行，曹军顺利到达乌巢。

到乌巢后，随着曹操一声令下，五千曹军将随身携带的干草等引火之物点燃，五千人的放火队，场面很壮观。

留守乌巢的袁军事前根本未作防备，早早入睡，夜深人静，营外突然大火熊熊，映红半边天，一个个慌忙披衣出来探看究竟，闹成一团。

乌巢袁军主将淳于琼被部下从睡梦中唤醒，急忙披挂上阵，带着部下出来一看，四面都是大火，烈焰飞腾，吓得不敢出击，只是命令手下士兵死守大营。

曹军在外随心所欲地放火，第二天早上，天色渐明，淳于琼才看清，前来偷袭的曹军不过只有几千人，自己有一万多人，淳于琼胆子大了，带着部队呐喊着冲了出来，在营外列阵。

只要出来就好办，曹操和他的部下们都清楚成败在此一战。五千人在曹操的带领下冲击淳于琼的军阵，阵形很快被冲乱，尽管袁军人数是曹军的一倍，但曹军此时已无退路，深入敌后，不胜即死，因此斗志昂扬，一人舍命十人难敌，何况五千死士，袁军抵抗不住很快败下阵来，淳于琼见势不妙，企图撤回大营，但既然出来了，想全身而退谈何容易。

曹军跟袁军此刻已混战成一团，难分彼此，袁军后撤，曹军尾随着败退的袁军也冲进大营。曹军攻势凶猛，见人就砍，遇粮便烧，双方从营外杀到营内，到处是扭打在一起的士兵，不断有人倒下，尸体横七竖八躺了一片。

曹操在乌巢折腾这么大动静，官渡大营的袁绍不可能不知道。

事情紧急，袁绍立即分兵派将，考虑到乌巢距大营有四十里，派步兵增援，时间上来不及，等步兵赶到恐怕粮食早烧得一粒不剩了。于是，袁绍把手下凡是能调动的骑兵全都召集起来，紧急增援乌巢，骑兵速度快，不多时便可赶到战场，曹操正与淳于琼部激战，援军正可趁势前后夹击偷袭粮仓的曹军。

至于步兵，行动缓慢，不适合长途奔袭，但袁绍自有主张，袁绍紧急集合步兵主力，派大将张郃、高览率领进攻曹军官渡大营，一来可起围魏救赵之效，迫使曹军回援；二来，一旦攻破曹操大营，就算曹操偷袭乌巢成功也注定败局。

危急时刻，袁绍临危不乱，从容指挥，发挥骑兵速度快机动性强的优势去救乌巢，派攻坚能力强的步兵去攻曹军大营，分工合理，部署得当，这已经是当时袁绍所能做出的最好选择。

当曹操率军与淳于琼部在乌巢激战正酣时，袁绍派出的骑兵一路飞驰仿佛从天而降的神兵，局势瞬间发生逆转，原本气势如虹占尽优势的曹军被赶来增援的袁绍轻骑兵与淳于琼部两面夹击，陷入腹背受敌的窘境。

到目前为止，袁绍的决策行动可圈可点，袁绍迅速派出骑兵火速增援，大大出乎曹操的意料，曹操想到袁绍一定会派兵，但没想到来得这么快。

正在激战的曹军发现了背后的滚滚烟尘，以及随后出现的袁军骑兵。部下向曹操报告，其实，根本用不着，曹操早就看见了。部将建议分兵抵挡，但曹操拒绝了，本来就是以少打多，仅仅淳于琼就一万人，分兵的结果只能被各个击破，五千人共赴黄泉。事到如今，只有豁出去拼了，曹操命令：全力进攻，等敌人到背后再说。

曹操带头冲入敌阵，主帅身先士卒，部下深受鼓舞，随之发起冲锋，与袁军展开殊死战斗。

曹军善于长途奔袭，远的不说，近者张辽、关羽解白马之围即是如此，如今曹操亲自率军奔袭乌巢，也是置之死地而后生、投之亡地而后存。数年后，曹操北征乌桓也是以此长途奔袭，出敌不意，取得大胜而威震塞外。

这是后话暂且不提，且说混战中，淳于琼被曹军斩杀，与他一起战死的还有部将眭元进，骑兵主将韩莒子、吕威横、赵睿等，主将一死，部队失去指挥，随即崩溃，四散奔逃。

淳于琼部全军覆没，曹操令人割下袁军士兵的耳朵、鼻子，拿着血淋淋的刚从死人身上割下的五官给袁军援兵欣赏，如此重口味的恐怖艺术令袁军心惊胆战，斗志瞬间跌至冰点。

看着浑身是血的曹军向自己杀来，袁军骑兵本能地选择了逃跑，乌巢就这么完了，袁绍大军的粮草在冲天大火中付之一炬。

袁绍听说淳于琼遭袭，开始不以为然，对儿子袁谭说："即使曹操能攻破淳于琼，我攻破他的大营，胜的仍然是我们。"

袁绍派大将张郃、高览进攻曹操官渡大营，张郃深知曹军营寨坚固，对袁绍说："曹操率精兵攻淳于琼，淳于琼恐难以抵抗，一旦乌巢粮草有失，我们危矣。末将愿带兵去救。"但袁绍手下的谋士郭图等人坚持让张郃攻曹营。张郃大怒："曹操营寨坚固，数月都未能攻下，这么短的时间如何攻得下来，如乌巢不保，大势去矣。"但军令如山，必须服从，张郃带着怨气去攻坚固设防的曹营，结果可想而知。

当乌巢战败，粮草被烧的消息传来，张郃、高览知道大势已去，张郃倒也干脆，也不回去复命了，跟高览火线投敌，直接降了留守大营的曹洪，刚刚还在攻营，这会儿又来投降，曹洪有点反应不过来，好在荀攸在场，劝道："张郃乃河北名将，因受排挤来投，这是真心归顺，将军勿疑，应开门相迎才是。"曹洪这才打开营门放张郃进来，张郃就此归顺曹操，曹操的最后一位五虎上将到位，人数终于凑齐。

乌巢被烧，张郃反水，袁军全线崩溃。袁军主力拥挤于官渡一隅之地，如此布阵，打仗时人数优势发挥不出，逃跑时几万人挤在一起也跑不快，结果，打又打不过，跑又跑不了。

袁绍只带了八百骑兵仓皇逃回北方，南征军主力尽数被歼，七万袁军被俘。随军辎重连带袁绍带来的古玩字画也都成了曹军的战利品。

曹军经此恶战也损兵折将，只有数万人马的曹军，却要看守七万俘虏，曹操担心这么多的俘虏，一旦有变，难以控制，曹操经过反复思虑，最后还是下令将七万战俘全部坑杀。

袁军渡过黄河深入敌境作战，对当地地形不熟，很容易遭敌袭击，而辎重部队往往战力薄弱一击即溃，败兵逃跑势必冲击全军，打击士气，很容易造成全军溃败。这也是田丰、沮授强烈反对渡河作战的原因，因为一旦失败，无法撤退就会全军覆没，而结果也是如此。

退到黄河边上，由于黄河宽阔，在河上无法架设浮桥，只能用船只摆渡，数万大军根本无法在短期内过黄河，当时全军乱作一团。主帅出逃，群龙无首：欲战，军心涣散、士兵各自逃亡，已经难以收拢部队进行有组织的抵抗，各级将校要么随袁氏父子北逃，要么只顾自己逃命，即使有人想抵抗，也控制不了部队；想逃却四下无路，只能投降。

这就是官渡之战曹操能轻易俘获七万袁军的原因，曹操坑杀七万降卒，出于无奈，也因为害怕，当时曹操自己也没粮，而投降的人又太多，人数已经超出自己部队。这些人一旦失去控制，将给曹操带来难以预测的麻烦，但杀降不祥，曹操此举仍过于残暴。

官渡战役双方实际参战兵力：整个战役，曹军实际参战兵力约为三万人。他们是分期投入作战的：

第一阶段在官渡参战的曹军约两万；战役相持阶段和后期，曹军战役预备队曹仁军五千投入战斗，增援南线的曹洪军四千和右翼的掩护部队张绣军五千。

曹操认为右翼距袁军较远，而且北有鄄城、东有琅琊等部队防守，威胁较小，故抽调其主力投入主战场；而南线暂时解除威胁后，也及时抽调兵力投入主战场。这个阶段曹军在官渡参战的兵力达到三万。

曹操在战役最困难的时期投入预备队起到了关键作用。

左翼掩护部队夏侯惇军无参加作战的记载，估计没有直接参加官渡作战。原因有三：

第一，夏侯惇防守的孟津和敖仓极为重要：孟津为河水上重要渡口，如被袁军占领，袁军很容易以大部队迂回威胁许县曹军大本营。而敖仓是曹军最大的粮仓，对于粮食非常困难的曹操来讲，那里决不能有任何闪失。

第二，夏侯惇的防地隔河与袁军相对，中间没有缓冲地带，将其抽调到其他地区很危险。

第三，孟津距官渡四百里，不能很快进行增援（右翼陈留距官渡只有百里）。

袁军的参战兵力：前军、中军全部参战；左右两军主力也尽数参战，只有后军及运输部队没有参战。实际参战兵力超过十万。

此战之后，袁绍一蹶不振，后病死，曹操又经过数次战役，历经七年，终于消灭袁绍军事集团，占领北方四州，为统一中国北方奠定基础。

认为曹军以一万对抗袁军十万，过于夸大曹操的能力；还有人说曹军参战兵力达七万之多，这也不正确；还有人觉得袁军人数虽多但战斗力差，不如曹军精锐，曹操获胜实属平常。其实不然，袁军乃北方精锐，公孙瓒的部队如何，皆燕、代之士，骁勇善战——尤以骑兵、弩兵为主。界桥之战，公孙瓒以一万多骑兵用于冲锋（其中精锐白马义从约四千）。而袁军能将如此凶悍的部队击溃，可见，实力不弱。

当时许多将领都觉得偷袭乌巢过于危险，只有荀攸、贾诩力劝曹操出击。由于曹操中军只有一万余人，多留兵则攻击乌巢兵力不足，少留兵可能被袁绍反击大营，结果曹操仅带五千步骑出击。深入敌后，如偷袭不成，极有可能被袁军切断退路而全军覆没。

淳于琼乃袁绍帐下大将（史书记载淳于琼很清醒：当时曹军于深夜进行攻击，由于无法判断敌军兵力多少，淳于琼选择坚守大营，以静制动。待天明后，发现曹军兵力不多，才出营与曹军激战，只不过在激战中被曹军猛将乐进杀死），部队在乌巢一直与曹操精锐血战，最后统兵大将全部阵亡（包括淳于琼、眭元进等五名将军，没有将领逃跑），袁军才溃败。

袁绍大营也派骑兵前来增援夹击。可以说乌巢偷袭战，对曹操真是非常惊险。袁绍认为曹操孤注一掷去偷袭乌巢，以乌巢远在后方且有重兵防御，曹操必率大营主力前往，而此时大营必定空虚，袁绍这才决定以主力趁机攻击曹军大营。

只是袁绍没有想到曹操只带五千兵就敢攻击乌巢，而大营又有曹洪军增援，袁绍这才失败。

淳于琼等人拼命力战，如袁绍派张郃部主力夹击曹操，谁胜谁负，还真难以预料，关键在于曹操兵力部署出乎袁绍、郭图意料，才造成袁绍决策失误。曹操置之死地而后生的果决与曹军兵将的勇猛也是决胜的关键。

官渡战役是名副其实的以少胜多之经典战例。

袁绍主力部队被消灭殆尽，虽然他本人侥幸逃过一死，但袁绍自己也清楚，属于他的时代结束了。逃回河北的袁绍见到留守部将蒋义渠说："我的性命就交给将军了。"蒋义渠马上把自己的大帐让出请袁绍处理军务。被打散的袁军听说袁绍在蒋义渠营，纷纷归队。袁绍收拾败兵，聚集数万人马，防守黄河北岸，以防曹军渡河，这回轮到袁绍守黄河了。

冀州的一些郡县听说袁绍打了败仗，接连反叛，袁绍虽损兵折将，实力尚存，亲自率军平乱，讨平各地叛乱。

官渡战败，袁军损失惨重，元气大伤，袁绍回来不久就病倒了。两年后，抑郁而终。

袁绍败走官渡，沮授与袁绍失散来不及退走被曹兵俘获，沮授人虽被俘却颇有骨气，连连大呼："沮授不降！沮授不降！"曹操闻声而来，认出是故人沮授。

曹操与沮授彼此早就相识，在洛阳时，沮授师从蔡邕学习六经。沮授的辩才、沮授的学识给曹操留下了深刻的印象。曹操念及旧情且爱惜沮授的才干便有心招降，对沮授说："您想不到会成为我的俘虏吧？"沮授说："袁绍不听良言以致失利，沮授智穷力困才会被俘。"曹操说："本初不用先生之言以致于此，方今天下未定，正是智谋之士施展才华之时，孟德不才想请先生助我匡复天下，不知尊意如何？"

沮授听了并未作答，只是淡淡说道："老母幼子俱在河北，明公如念及昔日情分，速死为幸。"曹操还在耐心劝说，但见沮授不为所动并无降意，不由长叹一声道："若早得先生，天下何愁不定。"曹操下令赦免沮授，将其软禁在军中。曹操希望时间久了，以自己的诚意打动对方，使其回心转意。

袁绍帐下谋臣如云，而沮授是曹操极为看重的谋士之一。

沮授多谋善断、智计超群，曹操欣赏；沮授被俘不屈、忠于故主，曹操敬重。

曹操是个爱才的人，他提倡唯才是举，凡是有本领的人，曹操都希望为他所用。正因如此，曹操才赏识敬重那些忠贞之士，如关羽，曹操觉得此人忠义，便格外器重，尽管关云长最后仍北投刘备弃他而去，但曹操对关羽却颇为宽厚，还下令手下不要追赶，成全关羽。天下人因此对曹操赞誉有加。曹操手下好多勇将谋士都是从敌营投诚而来，大将如徐晃、张辽，谋士如郭嘉、贾诩等，可见曹操的人格魅力。不过对于坚决不降的人，曹操如认为他是人才，仍极力邀请，实在不愿意为之所用，曹操便深感惋惜。

但未过多久，沮授试图逃跑未果，被抓了回来，曹操见沮授不为所用，只好下令处死沮授。

曹军清理战场时，缴获了大量袁绍军中的文书，有人好奇看了几眼，立刻吓得赶紧丢开，因为他看到了许多熟悉的名字，这事很快被曹操知道。

有人建议把所有缴获文书进行全面清查，查出内通外贼的内奸，但曹操却拒绝了。接下来，曹操的举动让在场的所有人都吃了一惊，当着众人的面，曹操连一眼都没看，下令把缴获的文书堆在一起点火焚烧，曹操的这番举动出人意料。

高人就是高人，曹操忍了，尽管曹操内心也痛恨勾结外敌的内奸，但为了安抚人心，他选择了宽恕，因为他知道，一旦查实，引发的政治地震不亚于另一场官渡之战。

曹操选择宽恕，对那些心怀二意者网开一面，既往不咎。曾有人问曹操为什么不惩处这些人，曹操很大度（或者装作很大度）地说："袁绍强盛之时，连我都难以自保，更何况别人。"真实的情况是，曹操不敢追究，袁绍虽然被打败，但实力尚存，曹操的后院豫州、兖州也不是安定的大后方，各地的宗族武装还有很大的势力，一旦惹恼了这帮人，可不是好玩的。

特别是，当时是乱世，大家都缺乏安全感，看见曹操日子不好过，想另攀高枝也属正常。有这种想法的不是一个人而是一群人，正所谓法不责众，涉及的人太多，曹操也不能把这些人都抓起来，毕竟还要靠这些人干活儿，而且，一旦查实，这些人就有了历史污点，以后大家还要在一起共事，那多别扭，如果给这些人改过自新的机会，这些人自然会对曹操感恩戴德，精明的曹操自然不会干傻事。

一场政治危机，被曹操巧妙化解。与曹操相比，袁绍的政治水平就差多了。

袁绍的谋士田丰之前因在出兵问题上跟袁绍不和，被袁绍一气之下关进大牢，这回袁绍惨败而回，没脸见田丰。

大军大败而回，很多人都以为这回田丰要受重用了，因为很显然他更高明更有水平。当狱吏向他道贺，认为他必将被重新起用时，田丰却一脸凝重："主公外表宽容实则心胸狭隘，他不体谅我的忠心反而怪我直言犯上；如果这次大军打了胜仗，他一高兴，为表示他的宽宏大量或许会放了我，可如今惨败而归，他羞于见我，我必死无疑。"一些侥幸逃回的袁军也三三两两聚在一起、私下议论：主公要是早听田丰忠言，我们也不至于败得这么惨。

士兵们的议论传到袁绍朵里，袁绍羞愧交加，袁绍本来打算放田丰，但不怕没好事就怕没好人，田丰的政敌逢纪见袁绍有意放过田丰，赶紧上来打小报告："我听说田丰得知主公打了败仗，不但不难过反而高兴得拍手大笑，说早就料到有这么一天。"袁绍听了顿时火冒三丈，逢纪的一剂猛药彻底堵死了田丰的最后一线生机。

不久，田丰在狱中被赐自尽，曹操战前听说田丰没来喜上眉梢："袁绍身边没有智囊，此战必败。"袁绍战败逃走时，曹操还说要是袁绍早用田丰也不致有今日之败。

此战袁绍不仅损兵折将，手下谋士也是死的死、亡的亡，所剩无几，忠心如田丰、沮授，或被袁绍杀，或被曹操杀，许攸倒是没死，直接叛逃。只剩下热衷于内斗的郭图、逢纪。审配本人虽未从征，但两个儿子却都做了俘虏。

回到邺城，袁绍帐下文武并不反省战败教训，反而继续窝里斗干些损人利己的勾当。审配儿子被俘，审配不可能不为此焦心郁闷，但还有人出来落井下石。袁绍的部将孟岱对袁绍说："审配家族在地方势力太大，他们家的部曲过大，他本人又手握大权，如今他的两个儿子被曹操俘获，难保他不变心，万一他为了救儿子而举兵反叛，届时，曹操再从南面与之遥相呼应，里应外合，冀州就危险了。"

孟岱的话戳到了袁绍的痛处，当初为笼络地方豪强，袁绍对这些人发展私人势力也是听之任之，现在这些人羽翼丰满，对袁绍构成了潜在威胁，可问题在于这些人没有谋反迹象或证据，又不好处置他们。孟岱的话提醒了袁绍，旁边谋士郭图、辛评等人也极力附和，袁绍动心了。

不久，孟岱取代审配做了监军执掌兵权。

有落井下石的就有雪中送炭的，世上还是有好人，袁绍身边善于阿谀奉承的奸邪小人不少，但亦不乏骨鲠忠直之士。护军逢纪就是这样的人，逢纪与审配向来不和，两人势同水火不相往来，这时逢纪是最有理由借机报复的人。

但逢纪用实际行动证明了自己人格的高尚，不是郭图之流可比。袁绍换人之前曾征求逢纪的意见，逢纪回答："审配天性忠烈，耿直忠贞，仰慕古人的杀身取义，不会因二子在南而背叛主公，主公大可不必为此疑虑。"袁绍本以为逢纪会趁机大说审配坏话，见逢纪反而为审配说情，大惑不解，问道："你们二人不是有仇吗？为何为他说话？"

逢纪坦荡答道："我与审配不和是实，但那是个人恩怨，您问我的是国家大事。属下怎敢为私仇而废公事！"袁绍听了逢纪的一番话也深受感动，世上还有如此仗义之人实属难得，但感动归感动，袁绍还是夺了审配的权，但因有逢纪说情，袁绍多少还是有所保留。事后，审配特意登门致谢，两人从此化敌为友，同心协力辅佐袁绍。

官渡大战之后，曹操将曾经不可一世的袁绍打得丢盔卸甲，从此掌握战略主动，但袁绍父子在河北经营多年，树大根深，想一举消灭袁绍势力也绝非易事。

趁着北方大战之后的短暂平静，曹操忙里偷闲把目光投向了广阔辽远的南方。那里正打得不可开交，虽没有官渡之战的大场面，却也十分热闹。

三国之决战中原

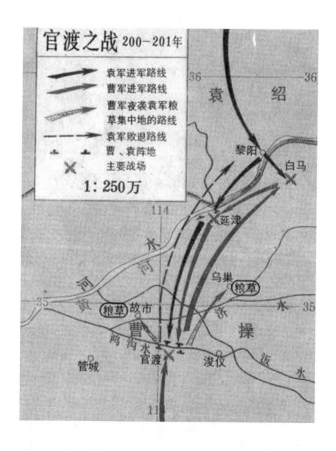

第八章

内斗不休
——陷入『内战』的南方

（一）尽责守土——刘馥

此刻，割据长江一线扬州、荆州、益州的三大势力——孙权集团、刘表集团、刘璋集团也都在战斗。不过，不同于曹操与袁绍的外线作战，南方三大势力正忙于"内战"。

先说扬州。曹操的主要精力都用于北方对付袁绍，但对于精力充沛的曹操，南方也是不能放弃的重要战略目标。

刘备奉曹操之命成功阻击企图北上的自封扬州刺史的袁术后，袁术不久便抑郁而亡，扬州刺史出现空缺，如此要职怎好无人，曹操很快任命严象担任扬州刺史。严象捧着曹操颁发的委任状走马上任。但严象到了扬州具体说是扬州九江郡治寿春城，屁股还没坐热，就被孙策派手下大将李术领兵扫平。

刺史被杀，曹操在扬州的势力受到打击，这时正值官渡之战进行得激烈，曹操顾不了扬州，只能暂时放弃。江北扬州暂时进入无政府状态。袁术旧部、地方大族纷纷割据一方，各占山头。庐江人梅乾、雷绪、陈兰等人，各自聚集了一批人做起了山大王。淮河以南到处是乱兵土匪。

曹操在官渡取胜之后，马上任命刘馥为扬州刺史到地方收拾局面。如果说上次曹操用人不当，这次是找对了人。

刘馥（？—208），字元颖，豫州沛国相县（今安徽濉溪县西北）人。曹操的沛国老乡，贴心不如老乡。刘馥接到任命，即刻走马上任，此时偌大的一个扬州只有江北的九江郡在曹操势力范围之内，余者都被孙氏兄弟占了，所以刘馥这个

167

内斗不休

扬州刺史与九江太守也没多大区别。说这两者是一回事，估计也没人反对。扬州刺史在当时绝对不是一个好差事，看看前任的结局就知道了。不过，刘馥倒是省去了办交接手续的麻烦，因为根本没人跟他交接。

刘馥单人匹马来到合肥，这里是扬州境内仅存的为数不多的归属曹操的据点。刘馥到了合肥，丝毫不敢怠慢，立刻马不停蹄，四处奔走，着手组建新的州府，虽说只剩一郡，好歹也是朝廷治下的扬州。很快，各个衙门陆续重新办公，一切恢复如初。

接下来，刘馥派人到各地招安，梅乾、雷绪、陈兰等人都收到了刘馥发来的公开信。这些手握重兵的人很快纷纷下山前来向缺兵少粮的刘馥投降，论实力，这些人中随便一个，人马都比刘馥多出几倍，之所以看到招降信就下山，并不是他们怕刘馥，像刘馥这样的书生，再来一百多也不会让这些土匪害怕。

他们怕的不是刘馥，而是刘馥的后台——曹操。官渡之战让曹操声威大震。连袁绍那样的实力派都败了，这些虾兵蟹将哪还敢跟朝廷对抗，纷纷做了顺民，至少暂时是的。

秩序恢复后，躲避战乱的百姓，回归家园。地总要有人种，不然吃什么。对重返故里的百姓，刘馥的政策是各回各家各找各妈，无家可归的，由州府安置。这时地多人少，闲田多得种不过来，刘馥将流民就近安置，垦荒种田，恢复农耕，短短两年，合肥一带就恢复了昔日的繁华景象。

之后，刘馥兴办教育重建学校，南下避难的学者见江淮安定纷纷北上回乡、聚徒讲学。江淮一带河流纵横，刘馥因地制宜兴修水利，大片农田得到灌溉，粮食产量因而大增。四面战火中，扬州确切地说是九江，在模范父母官刘馥的治理下俨然成了世外桃源。

刘馥勤于民政的同时也没忘记加紧备战，毕竟这里不同内地而是"边防前线"。距此不远就是孙权的地盘，合肥随时都有可能成为千军万马交锋的战场。

为了战备，刘馥率领合肥百姓加高城墙，大量囤积木材、石块为守城之用，还编织了数万条草袋，以备万一城墙残破用以堵塞缺口。城防工事做好后，刘馥还不放心，又储存了几千斛鱼膏，如果城池被长期围困，缺粮，这些鱼膏也能充饥，虽说味道不敢保证，但至少能吃。

刘馥的这番苦功并没有白费，几年之后，就在赤壁大战这年，孙权率十万大军围攻合肥，全赖刘馥主持修造的城墙又高又厚，孙权攻了一百多天硬是没能啃下这座坚城。城没破但也险象环生，时值梅雨季节，连降大雨，大雨将城墙冲塌多处，那时城墙多是蒸土筑成，土怕水，两者结合产下的就是泥巴，而泥巴是立不住的，这时刘馥留下的草袋派上用场，守城士兵将草袋披在城墙上相当于给城墙穿上了一层雨披，穿上"雨衣"的合肥城挺住了暴风骤雨的侵袭。

到了晚上，为了防备孙权偷袭，刘馥留下的鱼膏被做成灯油火把，城头上到处燃着火把，合肥城被照得灯火通明，城外孙权军的一举一动，城上的人都看得真真切切一目了然。孙权在合肥城下围困数月，却毫无办法，只能望城兴叹，最后只能悻悻离去。

（二）清理门户——孙权

江北扬州在刘馥治理下井井有条，此时江南扬州在孙权治下却内乱不断，让孙权烦心的不止山越，孙策任命的庐江太守李术并不服从孙权号令。孙权掌权后，作为下属的李术这时本应积极表现，以求给孙权留下好印象，可这位李术却瞧不起靠父兄上位的孙权，别人溜须拍马唯恐不及，他却诚心与孙权作对。

李术专门收留逃人，逃亡的罪犯，而这些人得罪的人不是别人正是孙权，久而久之，庐江成了反对派势力的大本营，如此公然对抗，孙权如何能容下李术。

孙权亲自带兵征讨李术，大兵压境，李术慌了，他手下虽说也人马过万，但显然凭这点兵力他不是孙权的敌手。见势不妙，李术赶紧向曹操求救。但这位李术有点健忘，他忘了曹操的前任扬州刺史就是被他所杀，杀了曹操的人还向曹操求救。

对李术的反应，孙权早有准备，他料定李术必向曹操求援，为此，孙权在出兵前，特意写信提醒曹操："您当年任命的扬州刺史严象就是被李术所害，此人作恶多端实乃地方一害，我讨伐他是为天下除害也是为您复仇，到时，想必他定会花言巧语向您求援，明公乃海内景仰的社稷之臣，万不可听信他的一面之词。"

曹操接到信果然不救李术，孙权顺利攻下皖城将李术斩杀，用战功开始在江东树立起自己的威信。

李术事件，让江东孙权与曹操取得联系，双方开始有了官方往来，曹操不救李术帮了孙权，孙权欠了曹操一个人情。不过，孙权的人情债也没欠多久，很快，曹操就提条件了——要人，曹操点名要的人自然不是寻常人物，此人就是之前在孙策处当座上客的华歆。

169

8

内斗不休

曹操并未言明是自己要人，而是以朝廷名义征召华歆到许县朝廷为议郎、参司空军事，这时曹操的职务是司空，所以华歆就成了曹操的部下。

　　在官渡打败名士领袖袁绍后，曹操便意欲取而代之，但想成为名士的领袖，手下当然要有一大批名士才行，眼下河北四州还在袁氏手里，那就只能在别处想办法了，曹操想来想去想到了流落江东的华歆与王朗。

　　王朗早在二年前就被曹操从孙策那里要了回来，曹操给王朗的职务是谏议大夫、参司空军事。这两位有名的座谈客、孙策的手下败将自然不懂什么军事，曹操也没打算让他们为自己参谋军事，只是想利用他们的名望，增强自己的政治号召力。

　　千万不要小瞧政治感召力，曹操一直将刘备视为心腹大患，从徐州到荆州穷追不舍，必欲除之而后快，刘玄德兵微将寡又无巩固地盘，论实力远不及袁绍、刘表，甚至不如公孙瓒、袁术，那曹操为什么还要锲而不舍地追杀刘备呢？原因就在于刘备有英雄之志、英雄之气，具有非同凡响的政治号召力，因此刘备不论走到哪里几乎都受到拥护、欢迎，公孙瓒、袁绍、刘表莫不远接郊迎，待如上宾。

　　曹操先前以朝廷名义征召王朗，孙策并未为难，直接放行。即便如此，王朗一路之上也历尽周折，方才回到北方。

　　华歆想走却没那么容易，因为此时江东掌权者已经换成了孙权，与颇有豪侠之气的孙策不同，孙权是一个精于算计善使阴招的人，他才不会乖乖听话，鬼精的孙权自然知道华歆的利用价值，多少有点不舍。华歆见孙权面有难色，猜到了孙权的心思。

　　华歆对孙权说："将军尊奉朝廷欲与曹公结好，若违逆朝廷之意，伤曹公之心，恐于将军不利。华歆留此无用，只是一介闲人，若蒙将军垂爱，得以身至朝廷，届时虽身在外而心属将军。将军若不遣歆，则将军外违曹公而逆朝廷，内养无用之臣而耗禄粮，为将军计，非良策也。不如遣仆，于朝堂之上申述将军之美意，比留之江东，岂不更善！"

　　华歆完全摸透了孙权的心思，对症下药，孙权听了果然很高兴，准许华歆返回中原。行前，流落江东的士大夫及本地贤达数千人前来相送，华歆的人望从送行的人数上就能直观感觉到，名望大，并非要有真才实学，这才有了盛名之下其实难副。

　　我国乃文明古国注重礼仪，每个来送行的人都要带礼物，多少随意，这要看交情及本人财力，总之不能空手。以华歆的身份地位，礼金自然不会少，但华歆

三国
之

决战中原

并非贪财之人，而且他也知道，前来送行的人中很多是与他遭遇相似寄居此地的中原士大夫，他们流落他乡，本就很拮据，他们的礼金是万万不能收的。

华歆不想收，但当面拒收又不近人情且有失礼节，华歆是个有心人，当面收下众人的馈赠，却暗中命人记下客人所送的礼金数目。

临行前，华歆与众宾客作别，当场将所收礼金依名单如数归还。华歆此举令众人心悦诚服。

华歆回到中原先后做过尚书、侍中、御史大夫，荀彧死后，又代替荀彧做了尚书令。

孙权送走华歆不久，又收到曹操的书信，除去问候与寒暄，内容与之前别无二致，还是要人，不过这次不是要名士而是要孙权送人质。

这下孙权为难了，送几个名士，没什么大不了，这些名士除了名气大，只会谈经论道，如王朗、华歆这般名士除了做政治花瓶，基本毫无用处，而政治花瓶只有在皇帝那里才能派上用场，用来装点门面，也就是说只有朝廷（确切地说是曹操）需要他们，而对地方军阀而言，这些人可有可无关痛痒。

孙权对这些人并不在意，挥挥手就送走了。

但送孙氏子弟去做人质，那就另当别论了，孙权不能不反复权衡斟酌一番。

送还是不送，孙权很纠结。送，即表示对许县朝廷（也就是曹操）的遵从，对曹操霸主地位的实际认可，以后就要唯曹操马首是瞻，稍不从命，人质性命难保；不送，直接得罪曹操，曹操势力日渐强大，日后必然来找江东的麻烦，仅凭江东六郡与中原抗衡，实难抵挡。

孙权左右为难，自己拿不定主意，只剩下最后一个办法——开会，征求众人意见，群臣中元老重臣如张昭、秦松等文臣支支吾吾，态度暧昧，虽未明说，却明显倾向于送。曹操得罪不起。群臣多随声附和，但周瑜等人坚决反对。双方各持己见，谁也说服不了谁。最后球又踢回孙权那里，孙权也不想送，拉着周瑜到内室找母亲吴夫人。

当着吴夫人跟孙权的面，周瑜慷慨陈词："当年楚国被封到南方，地方不过百里，之后经数代人的奋斗，开疆拓土，才成就后来跨有荆州、扬州强盛一时的楚国。如今孙将军继承父兄之业，据有江东六郡，兵精粮足，将士用命。江东有铜山铸钱，近海煮盐，百姓富裕，如此实力，何必受制于人、向曹操称臣？

人质一入，则不得不与曹氏相周旋。若有召命，不得不从。曹操封赏将军，不过侯爵，轻车驽马、仆从数十，与南面称孤相去何止万里。不如托以他词，且观其变。"

周瑜的一番话，说得孙权跟吴夫人不住点头，连连称是。吴夫人说："公瑾言之有理。公瑾与伯符同年，我向来视之如亲儿。"说到这，吴夫人看着孙权说："你以后要向对待兄长一样对公瑾！"孙权赶紧点头，就这样，孙权拒绝了曹操的要求。此事最后不了了之。

说过扬州，再说长江一线的另一战略重地荆州。

（三）坐观成败——刘表

曹操跟袁绍在官渡进行主力决战，一时间坐镇荆州的刘表成了香饽饽，双方都派人来拉拢刘表，希望刘表的荆州势力站到自己一边。但刘表的态度却颇耐人寻味，袁绍派使者求援（袁绍兵力占优仍联络求助于刘表，意在收南北夹击之效，此非寻常之辈可及），刘表表面满口答应，热情招待来使，却迟迟不肯出兵，曹操派人前来，刘表也以礼相待，连他的手下人也搞不清他到底站哪边。

刘表明显是在坐观成败，袖手旁观。

时间久了，刘表倒还气定神闲，一副事不关己的逍遥姿态，但他的部下文武却没他那般的好耐性，实在看不下去了。

就时局而论，在当时人看来，最有可能统一中原统一天下的就是袁绍与曹操，袁曹之战，更是决定天下走势的大事，这场战争的胜负势必也将波及各地诸侯的命运，庙堂之人概莫能外。

说一句俗的，现在正是下注的关键时刻，而刘表此时的所作所为却让人看得一头雾水。

既然缺乏统一天下的实力与决心，那么就不如趁此时，为荆州选择一个好的归宿。

不论袁曹之间，谁胜谁负，统一北方之后的胜者都会南下，以统一全国。

乱世，世事难料，荆州本地势力中的很多人，不得不为自己家族未来的命运而操心劳神，显然他们并不指望刘表，刘表在他们眼中不过只是一个过渡性的人物，但他们希望此刻执掌荆州命运的刘景升能做出有利他们利益的决定，这个时候必须向袁曹表明态度。

站错队，一切努力都白费！

从事中郎荆州南阳人韩嵩、别驾荆州零陵人刘先就是怀着这种目的来找刘表的，他们想摸清刘表的底，顺便做曹操的说客，因为这两位是亲曹派。两人劝刘表尽快表明态度，当然最好是站在曹操这边，韩嵩、刘先说："当今天下群雄并起，中原豪杰虽众，戡定祸乱者袁绍、曹操而已，今两雄对峙，袁曹之命系于将军，若欲有所作为，此正当其时，如不欲争天下，便应审时度势择善而从。拥十万雄兵坐观成败，此非智者所为，曹、袁求助于将军，将军口惠而实不至，他日，袁曹必积怨于将军，到时，将军又岂能置身事外。"

韩嵩、刘先摆明利害关系，劝刘表道："曹操善于用兵，天下豪杰才智之士多往归之，曹操必能击败袁绍统一北方。曹操平定中原，必移师荆襄对南方用兵，到时如何抵抗。

为今之计，不如举荆州全境十万甲士归顺曹操。曹操这时正需援兵，我们去了是雪中送炭，曹操若胜袁绍，必感将军恩德，如此，将军子孙也可长享富贵，荆州百姓亦获平安，此乃万全之策。"

刘先、韩嵩摇唇鼓舌劝刘表降曹，刘表的重要支持者蒯越也在一旁相劝。架不住众人整天在耳边唠叨，刘表本倾向于袁绍，这时也有些动摇，就派韩嵩到曹操处探看虚实再作理论。

出发前，刘表把韩嵩叫到跟前嘱咐道："如今曹袁争雄，鹿死谁手尚未可知，曹操拥天子据三州，此次前去，你要将曹操虚实，回报我知。"

刘表这话跟韩嵩说等于没说，韩嵩是出名的亲曹派，即使在刘表面前也丝毫不避讳，韩嵩答："以嵩之见，袁绍虽强，统一天下者必是曹公。将军如能尊奉天子，结好曹公，臣嵩愿往；将军若犹疑不决，嵩至京师，天子若授以官职，嵩即为天子之臣，而将军之故吏也，在君为君。既奉天子之命，不复为将军使也。"韩嵩这话说得已经十分露骨，所谓天子只是傀儡，掌权的是曹操，韩嵩的意思很明白，曹操若给我官职，我即是曹操的人，而非你刘表之臣了。

刘表却没听出韩嵩话里的弦外之音，只是催促韩嵩上路，到了许县，韩嵩向曹操表达了自己的仰慕之情，两人促膝长谈大有相见恨晚之意。

韩嵩卖主求荣将荆州虚实和盘托出告知曹操，曹操投桃报李，以朝廷名义拜韩嵩为侍中、零陵太守。韩嵩成了天子之臣（名义），曹操之人（实质）。韩嵩此番北行，最大的收获并非朝廷拜官，而是与他心仪已久的明主曹操纵论天下大事，这其中自然要谈到荆州的未来，正是这次密谈，为日后曹操不战而取荆州埋下伏笔。

内斗不休

韩嵩在得到曹操的支持与某种保证后，欣然返程。

韩嵩回到荆州称颂朝廷威德，对曹操更是赞不绝口。刘表让他摸曹操虚实，他非但未做，反把自家底细泄露出去。这时的韩嵩虽然仍在刘表帐下，却已心属曹操，这是曹操安插在荆州的一个眼线卧底。

更过分的是，吃里扒外的韩嵩，还一再怂恿刘表将儿子送到许县结好曹操。韩嵩显然低估了刘表的智商，刘表当年单人匹马闯荆州，岂乏智勇。送儿子去许县，别逗了！韩嵩，你还没睡醒吧？就算白痴也知道送儿子那是去做人质，政治新手孙权都不干的事，老狐狸刘表又怎会犯傻，况且曹操本人都没提，自己主动送人，岂不令天下人嗤笑。

刘表终于看清了韩嵩这厮的真正嘴脸，勃然大怒，喝令武士将韩嵩推出斩首，这时刘表妻子蔡氏在场，蔡氏平日与韩嵩等人交情不错，忙为韩嵩求情，刘表这才饶了韩嵩一命，但仍将其关进大牢。

此后数年，韩嵩一直都蹲在狱中吃牢饭，直到建安十三年曹操的到来。

曹操进江陵后，首先想到的就是韩嵩，当即令人将韩嵩从狱中救出，当时的场景，即使未曾目睹，也是可以想象的，以曹操的为人，想必一定拉着韩嵩的手说，德高，你受委屈了。

委屈吗？从刘表一方而论，半点都不委屈，身为人臣，卖主求荣，其罪当诛，刘表能留他一命，已是恩高德厚了。

为了补偿回报韩嵩，曹操待韩嵩以交友之礼，就是不把他当作臣子，而是师友，这是相当高的政治礼遇。曹操还特许韩嵩品定荆州本地士大夫才德之优劣，作为选拔任用的依据，这就是将地方人事权交给了韩嵩，类同后来九品中正制的大中正，是只有德高望重的地方名士领袖才能享有的待遇。

韩嵩后来被朝廷拜为大鸿胪，其他荆州亲曹派重臣如蒯越为光禄勋、刘先为尚书，各有封赏。

蒯越所在之蒯氏曾是刘表入主荆州坚定的支持者，而连他们都抛弃了刘表父子，士大夫人心可知。

荆州士大夫尚且如此，中原流落至此的高门名士更是对刘氏父子敬而远之，从未萌生归附之意，只是暂时安身于此，所以一旦中原安定，这些人便毫不犹豫离之而去。

刘表曾对来自中原望族的河东裴氏裴潜礼遇有加，可裴潜却并不看好刘表，反而对同是中原名门的山阳王氏王畅之子王粲（建安七子之一）、河内司马氏司马芝大讲刘表必亡论，劝他们早作打算。这些人日后都成了曹操的僚属，刘表则枉费心机。

刘表除了要对付吃里扒外的亲曹派，有时还要动刀枪，荆州亲曹派实在太多且分布广泛，不光刘表身边有韩嵩之流，地方上也不乏其人，荆州长沙人桓阶就是其中之一，其表现一贯挺曹反刘。

说起桓阶也是长沙本地大族出身，孙坚当长沙太守时任命桓阶为功曹，桓阶因此成为孙坚部下，孙坚被刘表射死后，桓阶还专程到刘表，那里为孙坚发丧。刘表杀了桓阶的恩主，两人自然结下仇怨。

此后，桓阶在家乡蛰伏不出，一直在寻找为旧主报仇的机会。后来，南阳人张羡做了太守，此人跟刘表有怨，桓阶见有机可乘，便鼓动张羡与刘表对抗。

曹袁官渡大战，刘表最后还是站到了袁绍一边，这就更让亲曹派桓阶不满，桓阶劝张羡起兵响应曹操，张羡本就痛恨刘表，当即同意，并联络了附近的零陵郡、桂阳郡一起起兵。

刘表一共只有七郡，一次就反了三个，自然不敢小视，立刻出兵镇压，但张羡率领的三郡兵马势力也不弱，这场战争打了一年，仍不分胜负，直到张羡病死，刘表才平定叛乱，远在北方的曹操也听说了桓阶等人的事，但此刻曹操分身乏术，相隔太远，远水救不了近火，也只能眼睁睁看着桓阶等人兵败。

事后，桓阶逃回家中闭门不出，刘表却一点责怪的意思也没有反而想拉拢桓阶，还想把自己的小姨子——蔡氏的妹妹嫁给桓阶，被桓阶坚决拒绝，刘表才罢休。

不久，刘表又迎来了一位新客人——刘备。

刘备在官渡决战前夕，隐约觉得袁绍前景不妙，自从被曹仁从汝南赶回来，刘备就一直在观察形势，这时看到袁绍军略显疲态，就向袁绍献计自告奋勇愿去荆州联络刘表，说动后者起兵，南北夹击曹操。

袁绍正为战事胶着发愁，当即同意，就这样，刘备带着本部人马包括大将赵云和新招的几百骑兵离开河北再次南下汝南，从此，刘备再未回过河北。

刘备到汝南与当地人龚都等合兵聚集几千人马，准备另起炉灶，曹操派将军蔡阳领兵征讨，结果反被刘备杀败，蔡阳本人也被阵斩。《三国演义》把战功记在关羽头上，并虚构了过五关斩六将，来树立关公武圣的高大形象，可怜的刘备又一次被无情地夺走了本属于他的战功。罗贯中先生把刘备仅有的几次胜仗大方地送给了关羽、诸葛亮，却把战败的记录留给了刘备。

曹操击败袁绍，听说刘备又在汝南活动，怕别人误事，亲自带兵进攻刘备。

8

内斗不休

刘备这辈子就怕曹操一人，听说曹操又来了，刘备只好再次撤退，中原无法立足，只好去南方，刘备派自己的心腹幕僚糜竺、孙乾先行前往荆州接洽，在得到刘表的肯定答复后，建安六年，刘备带着关羽、张飞、赵云等率部退入荆州。

刘备在中原艰苦奋斗十余年，虽一度成为割据一方的封疆大吏，但最后仍旧被赶了出去，寒门出身的刘备到底没有拼过高干子弟袁绍、曹操，被迫南下荆州，但这时南方大局已定，刘备错过了在南方发展的大好时机，只能寄人篱下，观望形势。

同是寒门出身的孙策就比他高明，知道中原乃是政治豪门的角逐场，是袁绍、曹操的天下，早在刘备入主徐州时，孙策便颇有自知之明地单独南下江东，避开中原是非，果然打出一片新天地，刘备在中原劳而无功，结果还是步了孙策的后尘，不得不到南方谋发展，只不过，孙策是主动，刘备是被赶到南方的。

这些年，刘备先后投奔过公孙瓒、陶谦、吕布、曹操、袁绍，除曹操外，余者陆续消失在历史的尘埃里，刘备虽势单力孤，却依旧活跃，愈挫愈奋，其坚韧不拔之精神，令人敬佩。

刘表对待刘备一如袁绍，极其热情、周到，刘表也亲自出城迎接，将刘备待如贵宾，之后，刘表给刘备增加兵马，让刘备率兵驻守新野——荆州北大门，替补张绣为自己防守北方。

刘备来荆州后的几年，过了一段闲暇安定的生活，虽然他本人并不喜欢这种安逸，但寄居荆州的他，也只能在当地发展势力、等待时机。

（四）谋身不谋国——刘焉

益州此时的主人是益州牧刘璋，但他这个益州牧是接班得来的，也就是说刘璋是官二代，他能上位全靠他老父刘焉。

刘焉（？—194），字君郎，荆州江夏竟陵（今湖北天门）人。西汉鲁恭王刘馀（汉景帝第五子）的后人。刘焉凭着自己汉室宗亲的身份，官运亨通，先后当过中郎、雒阳令、冀州刺史、南阳太守等。

刘焉在朝为官正是汉灵帝刘宏在位，刘焉凭借多年的官场经验，知道刘宏昏庸，奸佞当权，天下迟早大乱，刘焉没有报国救民的理想，他只想自保，长享荣华保住富贵。

三国之决战中原

朝廷派到地方任职的刺史、太守经常被杀，并州刺史张壹、凉州刺史耿鄙先后被地方大族、叛军所杀。眼看地方局势混乱，且呈愈演愈烈之势，刺史权轻弹压不住，刘焉便向朝廷建议增加地方刺史权力，改刺史为州牧，选派德高望重有资历者到地方坐镇。汉灵帝也是个没远见的人，就准了，刘焉的这个馊主意，加速了汉朝的崩溃。

说到刺史，汉朝最初设置的刺史并不是行政官员而是检察官员，是中央专门派到下面监督地方行政的。一个刺史负责几个郡，这些刺史归丞相调遣对丞相负责。为便于监察，明确职责，将全国划出若干区域，最早叫部，后来才改称州。

最初，刺史的级别很低，俸禄只有六百石，而地方郡太守是二千石。有人议论，刺史监督太守，官位反比监督对象低，资历也浅，如何监督，有人就建议刺史改州牧，用资历深的人当州牧。

看来蛮有道理，其实是错的，提建议的人根本不懂政治。汉朝开国设品秩级别资历都低的刺史去监督二千石太守大有深意，难道人家不懂大官管小官！

行政跟监察是两个系统，监察官监察行政官这是因为职责缘故，负责地方行政的官员之所以选择有资历的人，是因为行政需要一定的经验和手段，要有丰富的阅历，只有那些在官场混迹多年的老江湖才具备，用他们是因材施用。负责纪律的监察官最重要的不是经验而是锐气，要雷厉风行，有些认死理的书呆子气、初涉官场的青年，初生牛犊不怕虎，让他们去监察最适合，正是基于这种考虑，而不要老于世故的老官僚。

汉朝的这个制度设计是颇为科学合理也是符合我国国情的，所以实行了几百年，相安无事，可到了灵帝朝，采纳了刘焉的馊主意，却坏了国家大事。地方大员见朝廷朝政混乱政局不稳，早有称霸一方的野心，这时候朝廷又大胆放权，加速了地方独立，军阀割据便不可避免。

荆州牧刘表、益州牧刘焉都是受益者。刘焉本是要去交州也就是今天的广西越南一带，后来听从部下益州人董扶的建议，才又改去益州，这两地在当时都属偏远地区，刘焉之所以这么着急把自己发配出去，就是担心中原一旦乱起来，自己被卷进去难以脱身。

刘焉是抱着避祸的想法进益州的，可一进来才发现，益州也并非世外桃源。

当时中原各地还有许多黄巾军余部在活动，远在益州的山贼土匪马相、赵祗等人也对外报号"黄巾军"，聚集一批不堪官府压迫的贫民起事，几天就聚集了上千人，攻进绵竹县杀了县令，队伍很快发展到上万，又攻克雒县杀了益州刺史郤俭。刘焉也是因为这才能来上任。不到一个月，马相等人已经把蜀郡、犍为郡、广汉郡等几郡闹了一个天翻地覆。这时地方豪强益州从事贾龙带家兵扫平马相、赵祇的"黄巾军"，并派人迎接，刘焉才安全进入蜀地。

刘焉入后，将大本营设在绵竹，到了蜀中，刘焉一心经营自己的地盘，并与五斗米道教主张鲁的母亲长期保持非正常男女关系。张鲁的母亲虽然上了年纪，但徐娘半老风韵犹存，经常住在刘焉家，有这层关系，刘焉对张鲁也特别关照，任命张鲁做督义司马屯驻汉中，并授意他切断益州与朝廷的往来，朝廷派来的使者都被张鲁杀了。张鲁如此胆大妄为，自然是受刘焉的指使，刘焉杀完人还一本正经地给朝廷上书，说被米贼切断道路，信息不通，然后在蜀地做起了土皇帝。

刘焉入蜀，本地豪族是出了力的，可等刘焉站住脚跟就跟本地势力翻脸了，刘焉找借口接连杀了十几个益州地方豪强，跟本地人彻底闹翻。

刘焉之所以敢这么横，是因为他有了一支忠于他的武装——东州兵，这些人是从中原关中到益州避难的外来人，数量相当多，这些人来了之后受本地人欺负，跟益州本地人矛盾很大，刘焉看中了这点，把这些人拉到自己一边，从中选出一支精兵，这支军队也就成了刘焉的嫡系部队。

兴平元年（194），刘焉留在长安的两个儿子因牵扯进一起政变被杀，接着刘焉的大本营绵竹又发生大火，刘焉经受不住一连串的打击，驾鹤西游去了。这时，刘焉只有小儿子刘璋在身边，益州旧部就推举刘璋做了益州牧。

刘璋（？—220），字季玉，荆州江夏竟陵（今湖北天门）人。刘璋这人比较仁厚也有点窝囊，大家之所以推举他，就是看上了他的厚道。

汉中张鲁一向看不起刘璋，刘璋接任之后，颁布新法令他也不听，不搭理，刘璋的面子有点挂不住了，老实人也是有脾气的，张鲁又杀了别部司马张脩在汉中独立，刘璋忍无可忍把张鲁留在成都的母亲、弟弟全杀了，双方结下血仇。

刘璋派长辈中郎将庞羲领兵进攻张鲁，结果兵败而回，张鲁占据了汉中，不能不防，刘璋让庞羲做巴郡太守屯兵阆中防备张鲁。不久，刘璋跟庞羲又出现裂痕。

老天好像还嫌不够乱，不久，曾经拥立刘璋继任的赵韪也反了，赵韪时任刘璋的征东中郎将，负责对付东面荆州刘表，刘表跟刘璋虽然同为汉室宗亲，却一点也不亲，相反，时常兵戎相见，赵韪还曾帮助刘璋镇压甘宁等人的叛乱，也是有功之臣，但就连赵韪也觉得刘璋不似人君，想把刘璋和他的外来势力东州人赶出去。

三国
之
决战中原

赵韪利用益州本地人对东州人的不满情绪发动叛乱，叛军很快包围成都，刘璋事前一点准备没有，被围在成都，眼看城池即将不保，东州人挺身而出，拼死力战将赵韪击败，之后穷追猛打，一路追击，最后在江州围杀赵韪，原本已经准备抹脖子的刘璋捡回了一条命，保住了益州。

　　此役后，刘璋自然对东州人更加信任，相应地对益州本地人的不信任和警惕也更强烈。益州本地人与东州人的矛盾就像一座随时可能喷发的活火山，而刘璋就是那个坐在火山口上的可怜家伙。刘璋在益州勉强支撑了十年，直到刘备的到来。

8

内斗不休

第九章

平定四州
——十年辛苦不寻常

（一）兄弟分家

官渡之战后，袁曹攻守易势，原先主攻的一方现在改为防守，原先被堵在家门口挨打的，现在主动打上门。变化之快，让人感叹。

战后，曹操并未立即北上追击，虽然曹操是获胜的一方，歼灭袁绍部主力，但旷日持久的恶战，也令曹军损兵折将，兵疲民困，大战之后，曹军急需休整，曹操也要喘一口气，袁绍虽然被打垮，他自己也到了崩溃的边缘，需要休养生息。

到了第二年，建安六年，中原爆发饥荒，粮食紧缺，丁壮都去打仗，地没人种，土地抛荒，发生饥荒也就不足为奇了。

三月，曹操只好带着部队到安民（今山东东平）一带筹粮。

曹操一面休整部队一面准备南下去打刘表。毫无疑问，如果曹操真这么做，就是一个不折不扣的昏招，就在曹操发昏将要南下之时，曹操的首席谋士荀彧及时制止，荀彧说：“袁绍新遭大败，士众离心，不趁这时穷追猛打更待何时？刘表远在荆州，讨伐他必要劳师远征，耗费时日，一年半载也难以建功，如果让袁绍喘过这口气，召集余部，再趁我军远征攻击许县，主公如何应付？”

荀彧一番话点醒曹操。四月，曹操亲率大军北上，进攻袁绍在黄河南岸渡口的重要据点仓亭，拔了这根背上的毒刺。

东海昌豨跟随刘备一起反曹，曹军反攻刘备退走，但昌豨势力在东海没法逃，昌豨留下没走，曹操派大将夏侯渊、张辽、于禁领兵围攻东海。

夏侯渊、张辽等人拼尽全力昼夜攻打，但昌豨拼死抵抗，打了几十天，还是打不下来，强攻不成，只好筑起长围围困，就这样又过了数月，眼看军粮所剩无几，昌豨还是打不下来，夏侯渊、于禁等人打算退兵，张辽却不同意，张辽对夏侯渊等人说："我这几天在城外各处巡视，发现城上昌豨每次都紧盯着我，好像有话要说，而且，这几天从城里射出的箭也不似往常多，昌豨粮草充足，之所以如此，我估计他想投降只是还犹豫不决，未下决心。我想亲自前去劝降。东海或许可不战而定。"夏侯渊想既然强攻不下，张辽自告奋勇，想必成竹在胸，不妨一试，就同意了。

第二天，张辽来到城下，派人向城上喊话："曹公有话对你们主人说，请昌豨出来搭话。"昌豨听说之后果然出城与张辽谈判。张辽借机游说昌豨："曹公恩德布于四海，不计旧恶，但有罪者投降即可既往不咎，先降者有赏。"昌豨动心了，为了试探张辽的诚意，昌豨邀请张辽到自己屯兵的三公山一游。昌豨想如果有诈，张辽势必不敢上山，没想到张辽一听，满口答应，当即只身随昌豨上山，并拜见昌豨的父母妻子，昌豨这才放心随张辽下山，拜见曹操请降。

曹操接待了昌豨，好言安抚一番后，将昌豨打发回去，这次，曹操并未重罚昌豨。曹操送走昌豨，"责备"张辽身为大将不该只身涉险，但心里对张辽孤身闯虎穴的勇气还是蛮欣赏。

刘备败走，昌豨投降，徐州恢复如常。

九月，曹操大军回到许县休整。

建安七年（202）五月，袁绍吐血而亡。袁绍死了，袁家乱了。

袁绍坐拥冀州、幽州、并州、青州——河北四州。考虑到世风日下人心不古，墙头草太多，反叛事件层出不穷，外人不可靠，只有儿子不会背叛。袁绍思前想后走出了他一生中最大的昏招——派长子袁谭守青州、二子袁熙守幽州、幼子袁尚留守冀州。

袁尚长得一表人才很像年轻时的袁绍，因而很受宠爱，袁绍有意百年之后传位给幼子袁尚，所以将袁尚留在身边——邺城。剩下并州，袁绍交给了外甥高幹，四州清一色的袁氏子弟。

对于像袁绍这样称霸一方的诸侯，接班人一直都是重大而敏感的问题，处理不好很可能家破人亡，这并非危言耸听。刘表、曹操都在继承人的选定上犹豫不决。袁绍偏偏在这个事关袁氏命运的大事上犯了糊涂。按当时的宗法制度，须由嫡长子继承。

袁绍自诩世族公子却违背了祖宗定制，犯了废长立幼的大忌。嫡长子继承制是商周以降，无数宫廷政变用鲜血总结出的经验，嫡长子确立后，其他诸子就少了觊觎之心。废长立幼，破坏了规则，难以压服众人，必然导致诸子争位。

袁绍安排长子袁谭守青州，就是为幼子袁尚接班铺路。袁绍此举并非无人反对，谋士沮授就曾激烈反对，沮授说："一只兔子跑到集市上，也会引来一群人追逐，一人抓到，其他人就不再争了。因为物有所主。您不指定接班人却把诸子分派各地，日后必生大乱。"但袁绍根本听不进去，一意孤行，为袁氏的分裂覆灭埋下隐患。

袁绍还为自己的愚蠢行为找了个冠冕堂皇的借口，说是要看看儿子们的执政能力。人蠢到这个地步简直不可救药。

袁绍活着时，威望足以镇住手下各派势力，诸子尚不敢轻举妄动，但也早已形成各自的小集团，为日后争位做准备，袁绍手下的几大谋士郭图、逢纪等也各自心有所属，提前为自己选好了新主。袁绍在世，部下就已各成派系，袁绍一死，河北彻底乱了。

令人啼笑皆非的是，袁绍死后，最先发难的不是袁谭、袁尚兄弟，而是袁绍的正妻刘氏。刘氏在本应悲痛的时刻却化悲愤为酸醋。袁绍死后，她成了一家之主，这位第一夫人掌权后做的第一件事，不是忙着操办丧事，而是把斗争矛头指向了袁绍生前宠爱的五位小妾。

袁绍的尸体还冒着热气，刘氏就把她最痛恨、与她争宠的五位袁绍生前最喜爱的美女全部处死，杀完人还不算，还要毁容。她听说人死后会进入另一个世界（冥界），刘氏担心几位美女进入阴间会继续勾引自己的丈夫，等自己下去时还要受她们的气，于是一不做，二不休，找人剃光了美女的头发，还找来墨汁画花了几位美人的脸，以保证她们到了那边，袁绍认不出她们。

杀人毁尸后，看着自己的"杰作"，刘氏这才感觉出了一口恶气，被毁容的几个狐狸精再也不能纠缠自己的丈夫了，即使在地下也不成。

袁绍死后，留在邺城的袁尚近水楼台先得月，在众人的拥立下做了冀州之主。袁绍活着时，刘氏不止一次在袁绍面前夸赞袁尚，袁尚能留在邺城子承父业，刘氏出力甚多。

袁尚也很会来事，即位后投桃报李，亲自下令处死老爹五位小妾，并将其毁容的就是袁尚，但袁尚觉得做到这些似乎还不够，坏事做到底，为取悦刘氏，袁尚竟派人将五位小妾的家人也全部诛杀。作孽，小妾争宠本是闺阁常事，本人被杀已属冤屈，连家人也不放过，这就过分了。

与识大体顾大局的卞氏相比，刘氏之见识作为不过一村野悍妇。

袁绍的儿子老婆胡闹，他的谋士们也不是省油的灯。袁绍在时，他们就拉帮结派彼此明争暗斗。为了自己的前途，对接班人，谋士比袁绍本人还上心，早就暗中投效新主。辛评、郭图依附长子袁谭，逢纪、审配向来与袁谭不对付，就投了袁谭的政敌袁尚。

袁绍归西，手下文武大臣不少倾向于袁谭，毕竟袁谭是长子，继承大位名正言顺。但审配、逢纪害怕袁谭一旦上台自己被报复（这几乎是肯定的），谎称袁绍有遗诏令袁尚继位，袁绍有没有遗嘱，这种内部机密，外人如何得知，他们想怎么说都行，要"遗诏"，伪造一份也不是难事，因平时袁绍一向偏爱幼子，众人也就没有疑义，袁尚继位之后对两位佐命功臣十分欣赏，委以重任。

等袁谭风尘仆仆从青州赶回，袁尚早登大位，生米做成了熟饭，袁谭虽一肚子不满，也只能先把火憋在心里。袁绍丧事一完，袁谭便离开邺城，临走时，袁谭对袁尚说自己愿带兵去守黎阳防备曹操，让袁尚给他增兵，袁谭表现出一副很担当为弟弟守江山的好哥哥形象。但袁尚也不傻，知道自己的这位哥哥"没安好心"，勉强给了些兵，但派了一位监军——心腹谋士逢纪到袁谭军中监视哥哥的一举一动，袁谭自然也明白袁尚的用意。

到黎阳后，袁谭自称车骑将军，跟弟弟翻脸前，袁谭还想多要些兵，扩充自己的实力，但身边的这位监军逢纪却死活不答应，还给袁尚写信密报袁谭居心不良，袁谭本就对安插到身边的监军不顺眼，两人最后闹翻，袁谭一怒之下把逢纪砍了，与弟弟袁尚决裂。

就在兄弟两人各点兵马要刀兵相见时，消息传来，曹操打来了。

（二）黎阳之战

建安七年（202）九月，曹操在经过充分准备后，吹响进军号角，正式拉开讨袁战争的序幕。

曹操的第一轮打击目标首当其冲的就是袁谭据守的军事重镇黎阳。在官渡之战中，曾多次提到这个地方，黎阳之所以被反复提及，是因为它很重要。

刘秀定都洛阳后，为减轻民众兵役负担，防止地方割据，大刀阔斧进行兵制改革，废除郡兵，在边郡和内郡设屯驻营兵。"黎阳营"就是在这种情况下设置。

"建武元年（25），于黎阳县设黎阳营，以谒者兼管。"黎阳营不归地方管辖，直属朝廷。

黎阳位于黄河北岸，扼守黄河渡口，筑有军事要塞黎阳津，是防卫京师洛阳的北方屏障，也是北方边郡的战略后方，乃天下重地。有汉一代，作为朝廷直属战略机动部队的黎阳营兵更是被频繁征调，内平寇乱，外御胡虏。

官渡战前，袁绍便在黎阳设仓城，屯聚粮秣。此后曹氏父子与袁氏兄弟，率领各自的劲旅锐卒，在黎阳境内黄河两岸，围绕黎阳、黎阳仓展开了旷日持久异常激烈的攻防拉锯战。

袁谭选择屯兵黎阳与曹操首攻黎阳，目的就在于双方都想控制此兵家必争之地。

曹操率军猛攻黎阳，袁谭抵挡不住，连连派人突围向邺城的袁尚求救，本来袁尚是乐得看袁谭笑话的，但若让曹操占领黎阳，就等于打开了冀州的大门，冀州就危险了。思来想去，袁尚还是不得不去救那个倒霉哥哥，但派援兵给袁谭，那就等于给袁谭增兵，曹操是敌人，袁谭也是，在袁尚看来后者其实更危险，一旦袁谭实力增强，等曹操退走，袁谭必然会用这些兵对付自己，这种蠢事不能干，但黎阳不得不救。最后，袁尚决定亲自出马，自己带兵援救黎阳，让审配留守邺城。

袁尚到黎阳后与袁谭合兵一处，与曹操在黎阳城下大战，连战数月，从建安七年九月直打到建安八年二月，方才分出胜负。袁绍虽死，但袁军实力仍不可小觑，曹操在官渡打败袁绍耗时半年之久，此次围攻黎阳，与袁尚、袁谭激战半载有余，袁氏兄弟到底不是曹操的对手，退入城中，闭门固守。

曹军尾随败退的袁军，一路追至城下，见袁氏兄弟坚守不出，曹操指挥大军围城。

城中的袁尚、袁谭见曹军要围城，害怕了，趁曹军营垒未固，突围北走，逃往邺城。

四月，曹操大军追到邺城，收割了城外的麦子。曹军众将纷纷提议乘胜攻取邺城，郭嘉说："袁氏兄弟为争位矛盾重重，他二人各有党羽，势如水火，如今之所以合兵一处，乃因大军压境，情况危急，不得不如此。若局势缓和，势必彼此争利、相互残杀，大军不如暂退，做出南下攻荆州的姿态，让他们兄弟认为，危机已解。外部威胁一旦消失，袁氏必然内讧，待其举兵相攻，自相残杀，我军坐收渔翁之利，到时再择机进兵，河北一举可定。"曹操欣然采纳郭嘉之计，宣布撤军。

袁谭提议趁曹军渡河从后掩杀，半渡而击，请袁尚为其增兵并更换精良铠甲器仗。袁尚怀疑袁谭追曹操是假，以此为借口，趁机向自己要兵是真，拒绝了袁谭的要求。

五月，曹操率大军回到许县，留部将贾信驻守黎阳。曹操与袁谭黎阳之战，以曹操夺取黎阳，控制黄河渡口黎阳津而告终。

官渡之战，虽主战于官渡，却起于黎阳，终于黎阳。两军对黎阳的争夺旷日持久，曹操此次出兵终于夺取黎阳这一战略重地，将战争主动权牢牢握在手里。

袁尚为缓解正面压力决定在并州河东一带开辟第二战场，并州当时也是曹袁激烈争夺的重点地区，袁军占据并州北部、曹军据守并州河东郡。袁尚命袁绍外甥并州刺史高幹与南匈奴单于率兵进攻并州曹军，袁尚的河东太守郭援奉命打头阵。

并州刺史高幹与郭援等人一商议，深感自己兵力不足，又派人联系盘踞关中的马腾等人，请他们出兵夹击曹军。马腾一直在观望形势，看哪边势力强好倒向哪边，高幹派人求助，马腾含糊答应，却按兵不动，形势还不明朗，马腾并不急于表明立场。

（三）河东之战

袁尚出招，曹操接招，此时为曹操坐镇关中的是司隶校尉钟繇。曹操命钟繇安抚关中，平定河东。

千斤重担压在钟繇身上，此时，曹操在黎阳占据上风，但如果关中不稳，曹操的侧翼就危险了，如此一来，曹操的前进脚步就不得不停下来，道理很简单，在侧翼暴露的情况下孤军深入随时有被敌人切断退路的危险，深通兵法的曹操自然不会犯这种低级错误。

正面战场两军呈对峙局面，曹军虽勇猛善战，但袁军实力也不弱，双方总体上势均力敌。

现在胜负的关键就取决于关中的钟繇能不能挺住。

钟繇是荀彧推荐给曹操的人才，荀彧向来慧眼识才，曹操也一向知人善任，这两人很少会看错人，钟繇上任之后面对嚣张跋扈见风使舵的西北军阀，充分施展自己的政治权谋，关中众将被钟繇成功安抚。不过，在曹操势力尚未深入关中的背景下，这种安抚也仅仅局限于抚，效果有限，马腾等人真有反心，一个钟繇也无能为力。

现在真正考验钟繇的时刻到了，曹操主力集中于正面战场，钟繇手下并无多少军队，却要担负整个第二战场的重任，但钟繇没有辜负曹操、荀彧的期望。

早在官渡战前，坐镇长安的钟繇就成功说服了韩遂、马腾派遣子弟到许县做官，实际就是做人质，归顺朝廷也就是归顺曹操，在曹操与袁绍官渡对峙的苦难时刻，钟繇派人给前线送去两千匹好马，这对曹操来说简直就是雪中送炭，曹操后来在决战中获胜，这两千匹马发挥了大作用。

曹操为此专门写信给钟繇，说你送的马收到了，军中正缺马匹，这些战马解了燃眉之急。关中太平，朝廷（曹操）无西顾之忧，全是你的功劳啊！曹操如此表扬一个部下还不多见，可见，钟繇在河东的表现让曹操十分满意。

南匈奴单于起兵响应袁尚，钟繇率部北上围攻南匈奴单于所部于平阳。正当钟繇指挥大军与南匈奴所部激战时，袁尚派来的河东太守郭援率数万大兵杀进河东。原本势均力敌的形势瞬间逆转，郭援一方占据上风。

再说郭援军一路南下，所过之处，远近郡县望风而降，郭援没打几仗便已深入河东腹地。但在绛县郭援却遭遇了进兵以来最激烈的抵抗。

绛县守将就是后来的魏国名臣贾逵。贾逵还有一个儿子比他老爹还有名，但不是好名声，即助司马氏父子篡夺曹家天下成为晋朝开国功臣的贾充，贾充的故事后面会讲，这里先说贾逵。

贾逵，（174—228），字梁道，并州河东郡襄陵（今山西临汾东南）人。贾逵家在当地也是名门望族，但到了贾逵这一代家道已经中落，家里穷到冬天连过冬的棉裤也没有。一次，贾逵去他的大舅哥柳孚家借宿，天亮后因为天冷自己又没有冬衣只好穿着柳孚的裤子走了。

虽然家境贫寒，但贾逵少有大志，还是孩子时就常与小伙伴玩行军打仗的游戏，爷爷贾习看出这个孙子与众不同日后必成大器，便有意培养孙子，亲自教授小贾逵学习兵法。一切似曾相识，不错，这又是一个贫寒少年勤学成才的励志故事，包括刘备、邓艾等好多人都有相似的经历。

宝剑锋从磨砺出，梅花香自苦寒来。长大后，靠着自己的勤奋努力贾逵当上了绛县县长，贾逵在任上勤勤恳恳，颇得地方百姓拥护。

郭援率兵打进河东与贾逵狭路相逢，附近的几座县城慑于郭援兵威先后投降，只有贾逵坚决不降，既然不降，那就打吧。起初，郭援自以为手下有雄兵数万，没把这个弹丸小城放在眼里，但打起来才发现，这不是一块好啃的骨头，绛县军民在贾逵的指挥下，拼命固守，郭援率兵猛攻，一连打了几天也没能打下来这座小小的县城。

情急之下，郭援只好喊来南匈奴军助阵，两军合力围攻，双方实力悬殊，即使贾逵再有能力，这时也难以抵挡，绛县顶不住了，只好与郭援谈判投降的条件，绛县人只有一个要求——不能杀害他们的县长，郭援同意了。绛县人方才打开城门投降。

郭援入城后，早就听说贾逵大名的他又亲身领教了贾逵的军事才干，正是用人之际，人才难得。郭援有意招抚贾逵，收其在自己军中效力，贾逵如何肯依从，郭援便让人用刀架在贾逵脖子上，贾逵还是不为所动，坚决不允，这下郭援急了，这就要将贾逵推出斩首。绛县百姓听说要杀贾逵，纷纷来到城上哭喊，斥责郭援不守信用。这时郭援部下也为贾逵求情，郭援也怕激起民变，这才饶过贾逵，但仍派人把贾逵押到壶关关押，贾逵被关进土窑，上面盖以车轮，有人严加看守。

贾逵身陷险境，却镇定从容，对看守他的人说："这里难道没有忠义之士吗？要看着义士死于此地！"贾逵这话正好被一位侠士听到，这位侠士感佩贾逵为人，于是不顾性命冒险相助，当晚便打开土窑救出贾逵，之后连姓名也不留，飘然离去，真正做到了做好事不留名。

贾逵幸免一死，但并州战局却更为紧急，贾逵担心郭援趁势抢占战略要地皮氏，便派人从中活动，施以缓兵之计，希望拖住郭援大军，郭援果然中计，大军留在绛县整整七天，未有所行动，就是这七天为钟繇赢得了时间，使钟繇所部从容渡过黄河。

再说钟繇，面对人多势众的郭援军，部将们都建议钟繇暂时转进，转进者——转身再前进，也就是撤退，也可以说是逃跑，说转进好听些。

钟繇却不同意退兵，面对部下那一张张惶恐不安的脸，钟繇讲出了不可退兵的理由："河北袁氏兄弟虽连遭大败，但实力尚存。郭援来河东后，关中众将多有与之暗中往来者，这些人之所以表面上尚且服从于我，只是顾及我的威名还在观望形势。如果我们就此退兵，那就是示弱于敌，我军一旦退回长安、洛阳，关中马腾众人见我退兵势必反叛从后攻击。到时，我们腹背受敌，不要说河东就连长安、洛阳也保不住。到那时，我们想回也回不去。郭援此人刚愎自用，初战得胜便忘乎所以，必轻视我军渡汾水安营，我军正可利用时机，趁敌军渡河之时，半渡而击，必获全胜。"

187

9

平定四州

两军主将钟繇与郭援还是亲戚，私下里郭援还要管钟繇叫一声舅舅，虽说是舅舅与外甥的至亲，但此时各为其主，也免不了刀兵相见。

众将听了钟繇的话将信将疑，但主将决定了，别人也不好再说什么。

钟繇做好了战斗准备，大战在即，这时关中马腾等人的态度举足轻重。关键时刻，钟繇使用了杀手锏——游说，钟繇派凉州名士张既出面游说马腾，务必要安抚住他们！

张既，（？—223），字德容，冯翊高陵人。张既十六岁就在郡里做小吏，可别小瞧官府小吏，张既后来一路升迁，曹操在许县重建朝廷，召张既入朝做官，张既不去！张既后被举茂才，当了新丰县的县令，在关中几十个县中，新丰政绩考核排名第一。

名士张既做官有一套，当说客也是一把好手，属于复合型人才。张既到了马腾那里，凭三寸不烂之舌对马腾动之以情晓之以理，连骗带忽悠总算把马腾拉过来，马腾派儿子马超领兵一万前往前线助战。张既圆满完成任务。

不久，马超带兵赶到平阳与钟繇会合。

就在这时，郭援果然率军渡过汾水来攻钟繇，钟繇依战前计划，趁郭援军渡河渡到一半时，突然发起攻击，即兵法上的半渡而击，马超与部将庞德等人率军突然杀出，郭援军猝不及防，全军大乱，渡过汾水的郭援军被全歼于河岸上，一场血战杀得尸横遍野，郭援军被击溃。

战后，打扫战场，却怎么也找不到郭援的尸体。直到傍晚，马超的部下庞德前来报功，上交一颗血淋淋的人头，钟繇一看正是自己的外甥郭援，不禁失声痛哭。庞德见此情形，有些尴尬忙向钟繇谢罪，钟繇哭过后擦干眼泪说："郭援虽是我的外甥，但更是国贼，卿杀国贼是为国家立功，何罪之有？"

郭援军全军覆没，平阳的南匈奴失去外援，只好投降。

钟繇河东大胜稳住西线战场，曹操解除了后顾之忧，终于可以专心对付袁氏兄弟。

在曹军围攻黎阳时，荆州刘表为了援救袁氏兄弟，派刘备领兵北伐，牵制曹军，声援苦战中的袁军。

刘备领命之后一路北上、攻击前进，一直打到叶县附近，这里距许县已经不远，曹操听说老对手刘备又领兵前来，不敢怠慢，派伏波将军河南尹夏侯惇、虎威将军于禁、中郎将李典领兵迎战。

两军在叶县对峙。一天早上，刘备营寨突然起火，夏侯惇派人前去哨探，斥候回报，刘备军已经撤走，夏侯惇以为刘备又要逃，并未多想，便下令全军追击。

曹军众将已经习惯追击撤退的刘备，因此对刘备突然退走，并未起疑。

夏侯惇等人顺着刘备撤退的方向，紧追不舍，追着追着，发现路越来越窄，道路两旁草木茂盛，李典心中疑惑，怕有埋伏，便对主将夏侯惇说："敌人并未战败，突然无故退兵，恐怕其中有诈，这里道路狭窄草木茂盛，如果敌军使用火攻，我军就危险了，还是不追为好。"夏侯惇一心抢功，哪里听得进去，认为李典胆怯，留李典在后保护辎重，自己带着于禁追了下去。

果然被李典猜中，夏侯惇一路追击钻进了刘备的埋伏圈，直到伏兵四起，夏侯惇才知道不好，大呼上当。刘备对送上门的大鱼自然不会放过，指挥士兵将夏侯惇、于禁团团围住，眼看夏侯惇、于禁等人就要葬身于此，在后压阵的李典见夏侯惇、于禁去了许久还不回来，不放心带兵接应，正好赶上这场好戏。

刘备远远看见后面有曹军来救，这才不情愿地率军离开。此战就是被罗贯中在小说《三国演义》中极力渲染的火烧博望坡，在小说里罗贯中按习惯把刘备的战功分给诸葛亮，还说这是诸葛亮初出茅庐第一功，不知刘备知道有人这么黑他会作何感想。这时诸葛亮还未出山，还在隆中读书！

（四）兄弟反目

建安八年（203）八月，曹操率军南下进驻豫州汝南郡的西平。这里邻近荆州，距刘表很近，距邺城很远。曹操驻军于此，用意不言自明。曹操此举既可威慑荆州刘表使其不敢轻举妄动，又可麻痹袁氏兄弟，造成主力南征的假象，给袁尚、袁谭充分的时间产生裂痕。事情的发展如郭嘉所料，曹操刚走，袁尚跟袁谭两兄弟就急不可待开始窝里斗。

曹军退兵时，袁谭对袁尚说："我上次在黎阳战败，并非我军战士不勇也非曹军有多厉害，主要我军铠甲不精，现曹军退兵，归心似箭，无心再战。你给我一批新铠甲再给我增加一些兵力，我定能破曹。"

袁尚对袁谭的请求不冷不热，也不表态，袁尚心想："说得好听，给你兵甲，谁知道你是用来打曹操还是用来对付我。再说，我还不了解你，在黎阳时，你的兵就不少，还不是被曹操打得屁滚尿流，最后还不是我去救你。"

袁尚对袁谭置之不理，袁谭火了，身边的谋士辛评、郭图在旁煽风点火挑唆离间。结果，曹军刚走，袁谭跟袁尚两兄弟就在邺城展开大战。混战的结果是袁谭打了败仗，败走平原，那里是他经营多年的根据地。

显然，袁尚是占据了主场之利，邺城是冀州首府，袁尚在这里多年，袁谭的势力主要在青州，在邺城也是客军，这就难免吃亏，战败的袁谭带着部下逃回自己的大本营南皮城。

袁谭战败后，刘询等人相继在漯阴起兵反叛袁谭，这时袁谭的青州别驾王脩率部来救袁谭，袁谭深感世态炎凉，没想到这时会有人来救自己，对王脩说："助我成大事者惟有王别驾！"面对众叛亲离的惨境，袁谭不无感伤地对王脩说："如今整个青州都背叛了我，难道是我做错了什么！"王脩在旁劝慰："东莱太守管统虽远在海边，此人素来忠心，不管别人如何，他是不会背叛您的。"

十几天后，管统果然抛弃妻子冲破重重险阻来找袁谭。袁谭深受感动，当即任命管统为乐安太守。

三国之决战中原

（五）及时雨王脩

说到忠诚，王脩其实还忘了一个人，那就是他自己，王脩一生三易其主，先后辅佐孔融、袁谭、曹操，但这三位君主却都把他视为心腹，忠臣的楷模，王脩也以自己的忠诚声名远播。吕布也先后投靠丁原、董卓却被骂作三姓家奴，王脩的美名并非旁人吹捧，而是他以实际行动做到了身为人臣的职责和本分。

王脩，这个三易其主却被历代君主视作忠臣的人有着传奇般的人生。

王脩，字叔治，青州北海国营陵人。王家是青州豪族，但王脩本人的童年却可以用悲苦来形容。王脩七岁死了母亲，二十岁时赴荆州南阳游学，在主人张奉家住，不巧，主人家全家染病，无人照料，王脩一人主动照顾起这一家人，不辞劳苦，直至主人家痊愈才告辞离去。

回到北海后，北海国相孔融早听说王脩的大名，加上王家也是本地大族，孔融喜好结交豪杰，又可结好王氏，于是任命王脩做自己的主簿，不久又外任高密县令。

高密也有豪强，高密孙氏就是高密第一大族，向来横行乡里，不把王法当回事。打家劫舍的毛贼只要躲进孙家，县里的衙役就不敢去搜捕，久而久之，孙家就成了藏污纳垢的大贼窝。一直以来，历届县令对此毫无办法、无可奈何，但王脩来了之后，决心抄了这个大贼窝为地方除害。

王脩亲自带兵将孙家大院团团包围，孙家人对此满不在意，类似的场面他们见多了，每次还不都是虎头蛇尾，王脩又能弄出什么花样。孙氏聚集家中恶奴及收容的各色毛贼草寇公然拒捕，在院墙上进行抵抗，县中小吏、差役素来畏惧孙家的势力，不敢上前。王脩下令："有畏缩不前者，视为同谋、严惩不贷。"众人无奈，在王脩的督战下强行攻墙。孙家一看王脩来真的，态度马上就软了，立即求饶，乖乖交出了窝藏的盗贼。

从此，地方豪强只要听说王脩的大名，就心惊胆战，嚣张的态度也有所收敛。原来他们也怕横的，之前的嚣张跋扈，只是因为未遇到狠角色。

一次，北海国发生叛乱，叛军聚众围攻国相孔融孔北海，王脩听说孔融有危险，连夜带兵增援。叛乱刚发生时，孔融就对身边的部下说："能冒着危难赶来救我的只有王叔治。"话音未落，王脩便率兵赶到。这可真是说王脩、王脩到。其速度堪比曹操，说曹操、曹操到。至于说到救人急难，王脩好似梁山好汉及时雨宋江宋公明，王脩可算作三国版的及时雨。

之后，王脩又做了孔融的功曹。这时，北海国下属胶东县盗贼猖獗，地方上应付不了，王脩被孔融派往胶东平乱。胶东大族公沙氏兄弟仗着家族势力，私自招兵买马、修壕建堡，官府派发的劳役从不听调，所应缴的赋税也拒不缴纳，俨然不把国相孔融放在眼里。

王脩这次更狠，根本不带衙役，只带了几个随从只身闯营，将公沙氏兄弟当众就地正法，就在你的地盘杀你，就是这么彪悍！众人无不慑服，霸气外露的王脩彻底镇住了骄横难治的地头蛇，胶东从此太平。

后孔融多次遇险，每次都是王脩第一时间赶到保驾，化险为夷。要是没有王脩，孔文举的脑袋早被人拿去领赏了。

袁谭占据青州，王脩依然如故，也向对孔融那样追随袁谭。王脩在青州先做治中从事，后任袁谭的青州别驾，看王脩的经历，就知道这是一个靠得住的人。

再说袁谭打了败仗，回到南皮重整兵马，还要去跟袁尚拼命。王脩不得不上来解劝："兄弟好比左右手，跟人打架却自断右手，然后说我必胜，这可能吗？兄弟都不亲近，不信任，天下还有谁可亲近，可信任！小人进谗言挑拨将军兄弟反目是另有图谋，这些人的话万不可听。请将军将搬弄是非的小人斩首，与袁尚将军齐心协力共御外敌方为上策。"

但袁谭此刻一心要与袁尚决胜负，根本听不进逆耳之言。

八月，曹操大军南下，袁尚以为曹操要打刘表，他也想趁机解决自己的大哥，赶在曹操来攻之前扫平袁谭夺取青州，然后再与曹操决战。

谁知，大哥袁谭也是这么想的（真是亲兄弟，想法都一样），袁谭也想先平袁尚独占河北，再考虑与曹操交兵，兄弟俩不谋而合，大敌当前却仍念念不忘解决手足弟兄，不知袁绍魂儿有灵会作何感想。

且说袁谭在南皮积极备战，随时准备打出去找袁尚算账，但还没等袁谭动手，他的"好兄弟"袁尚动作比他更快。一天，袁谭还在梦中相会周公，就被部下叫醒，等他睡眼惺忪来到城上向下一看，才发现袁尚已经带兵打上门来。

说起来，袁谭这位兄弟比他还急，这下袁谭连出门的路费都省了。袁谭也不用去找袁尚了，人家主动送上门，那还客气什么，开打。

继邺城火拼之后，这对兄弟又在南皮大打出手。双方都拼尽全力要置对方于死地，战斗的激烈程度堪比之前的黎阳之战。

大战的结果，袁谭再次被打败，被迫放弃南皮城，退守平原郡。得胜后的袁尚不依不饶兜着屁股猛追，带兵围住平原日夜攻城。

袁谭困守平原，情势危急，万般无奈之下，只好派手下谋士辛评的弟弟辛毗去向曹操求救。

兄弟同室操戈手足相残本就很悲剧，袁谭竟然去向自己的仇人曹操求救。袁绍泉下有知怕也会气得七窍冒烟。

袁谭不知当他派出辛毗的那一刻，他就走上了不归路。他所求救的曹操不可靠，他派去求救的辛毗更不可靠。辛毗见袁家兄弟内战不止，早就想另投明主，袁谭派他去，正合他意，辛毗正好利用这个机会投靠曹操。

辛毗（？—235），字佐治，豫州颍川郡阳翟人。早年，身为颍川名士的辛评、辛毗兄弟投靠同为名门出身的袁绍，为袁绍出谋划策。但官渡战后，袁氏衰败，辛毗早就有心归曹，辛毗后来为曹操吞并四州立下大功，这个吃里扒外的内奸此后青云直上，魏国建国，辛毗也跻身开国功臣之列。

荆州刘表听说盟兄袁绍的两个儿子骨肉相残，内战不休，也写信苦劝，但袁谭、袁尚对待善意的规劝上态度倒是很一致——置之不理。

辛毗到了汝南西平，见到曹操，转达了袁谭求救之意。曹操没有马上表态，而是让部下们先发表意见。曹操很高明，自己先不说而让部下们畅所欲言，自己当裁判，这才是高手，如果开头就表明态度，基调一定，部下势必随声附和者多，那就别想听到真正有价值的意见，以后再想反悔也难，这样做给自己留下充足的回旋余地，也是领袖惯用的招数。

曹操手下群臣不少人认为袁氏兄弟屡遭打击，此刻又自相残杀，已经构不成威胁，而荆州刘表势力很强，应先打刘表。会上众人的意见呈一边倒的趋势，大都主张先攻刘表。

军师荀攸见此情形，不得不说话了，荀攸说："当今天下群雄并起，正是英雄建功立业之时，而刘景升拥兵十万据有荆州，不趁此时开疆拓土反而贪图安乐不知进取，其平庸无能可知，如此胸无大志之人，只图自保，非有征伐之志，不必担心。

袁氏经营河北四州十年，官渡之战我军虽胜，但其实力尚存，袁氏四世三公，门生故吏遍天下，为之效力者颇多，袁氏仍是主公劲敌，如今袁谭、袁尚兄弟手足相残，这是消灭他们的最佳时机。如他们兄弟和睦并力一心，要消灭他们很难，现在他们同室操戈，袁谭又主动求援，我军正可利用这个机会，先稳住袁谭，全力攻击袁尚，待消灭袁尚再灭袁谭，将其各个击破，河北既平，天下可定。主公大业可成矣。"

其实，所谓的众人多欲攻（刘）表，原因在于大家都猜到了曹操的心思，那就是曹操自己想避实（袁氏）击虚（刘表），只不过，曹操自己不愿明说，众人揣测主公之意，这才有此一说。

官渡之战，曹操险中求胜，事后不免心有余悸，当时袁氏实力仍不容小觑，曹操一时不敢轻易北进，即使明知袁氏兄弟不睦，甚至辛毗愿为内应，仍不能打动曹操促使其下定决心。

于是以刘表实力强大为由，想先攻刘表，实则恰恰相反，曹操想先打刘表，正是因为刘表实力相对较弱，而袁氏尚强之故。

曹操借众人之口无非是为自己避强攻弱找一个冠冕堂皇的借口，众人也心知肚明，谁也不会说破。

荀攸当然也清楚，荀攸表面上是批驳众人，实则是劝说曹操。并非荀攸愿违逆曹操之心，而是身为智谋之士，眼见袁氏内讧，机不可失时不再来，良机难得，这才不得不当众发表己见。

荀攸将利害关系说得如此透彻明白，不由得曹操与在场众人不服。就这样，曹操决定先定河北，遂答应了袁谭的请求，准备挥师北上。

但过了几天，事情又有了变化。曹操召集文武群臣开会，袁谭的使者辛毗也在座。会上，曹操着重强调了荆州刘表对许县的威胁。

曹操虽未明说，但听话听音，辛毗察言观色看出曹操有意反悔，这下辛毗急了，曹操反悔，自己这个内奸不就做不成了，这可如何是好。为了尽快出卖自己的主人，实现自己成为无耻小人的目的，辛毗不得不有所行动。

虽然辛毗恨不得立即成为曹操的人，但他在曹营的身份毕竟是袁谭的使者，有些话不好直接找曹操说。于是，辛毗找到曹操最信任的谋士之一郭嘉，把自己的担忧跟郭嘉说了，郭嘉也赞同先平河北。郭嘉把辛毗的意思转述给曹操。

曹操于是亲自找辛毗谈话，进一步摸底。曹操问辛毗："袁谭可信否？袁尚可平否？"显然，这时候曹操对能否一举消灭袁尚仍缺乏信心。

对曹操的疑问，辛毗的回答倒也痛快，辛毗说："明公不必问袁谭是否有诚意，就直接说目前的形势吧。袁氏兄弟骨肉相残这是他们兄弟自己的选择，并非外人所能离间，袁谭、袁尚自认为可凭一己之力平定天下。如今却向您求救，此其智穷力竭之证也。至于诚与不诚，何须多言。显甫（袁尚的字）困显思（袁谭的字）于南皮，却困而不能取，不是不想，而是力所不能及。

今河北（黄河以北）谋臣被杀、兄弟反目，举国分裂，连年征战，士兵穿的铠甲因长期作战不得休息都生了虮子，加上接二连三的旱灾、蝗灾，百姓死于饥荒者不计其数，怨声载道，就算无知小民也知袁氏长久不了，已成土崩瓦解之势。明公平灭袁尚此正其时。

明公如率大军往征邺城，袁尚若不回救援，邺城必然难保；如回兵救援，袁谭势必趁机于后攻之。袁尚首尾难顾，必败无疑。以明公之雄略，士卒之精练往攻疲困之敌、穷弊之寇。如同秋风扫落叶，必然大胜。

这是上天把冀州送给您，您如不取而攻荆州，荆州物阜民丰，兵精粮足，并无内忧，一时恐难以攻取。古人有言取乱侮亡，方今袁氏兄弟自相攻杀，百姓性命朝不保夕，正是进兵之时，此时不取，若待数年，冀州另有明主，任贤使能，到时，再想进兵，恐怕就没有这么好的机会了。

如今袁谭主动相请，此天赐良机，四方割据不从王命者，多矣。然各方诸侯未有如河北户口之众，河北平，天下定。届时，明公兵马强盛，天下何人能敌。"

辛毗的一番话说到了曹操心里，曹操打定主意先取河北袁氏。

曹操为稳住袁谭，除答应出兵外，还主动提议跟袁谭结为儿女亲家，比袁谭的要求还有加码，不久之后，袁谭就会发现，曹操给他带来的"惊喜"。

建安八年（203）十月，曹操亲率大军渡过黄河，再次进驻黎阳，正式参战。曹操这个"侵略者"的加入使这场原本是兄弟之间争夺权位的窝里斗变成了袁曹之间的战争。

正在前线围攻袁谭的袁尚听说曹操大军过河，知道曹操此番前来是来者不善、善者不来，袁尚虽然很想一口吞掉袁谭，但远道而来的"贵客"又不能不接待，中国自古就是礼仪之邦，最讲礼数，特别是袁尚这种儒家大族出身的贵公子，从小便接受贵族教育，岂能慢待这位不请自来的"贵客"（好像不能说不请自来，是他大哥袁谭请来的"外援"）。

但说心里话，这时候，袁尚还真不想接待这位"客人"，但不管欢迎不欢迎，人家都来了，打下招呼还是必要的。

尽管十分不甘，但袁尚不得不放弃到手的"胜利"，撤离前线，带兵风风火火赶回邺城部署防御，准备迎战曹操的进攻。袁尚对大哥袁谭不放在眼里，但对活阎王曹操可是丝毫不敢怠慢，袁尚已经多次领教了这位瘟神的厉害。

此时黄河以北，连年征战，粮食歉收，冀州、青州等北方的"有识之士"都看出，袁氏的日子不会长了，曹操入主河北是迟早的事。于是，一些"识时务"的墙头草眼看袁家兄弟一天不如一天，纷纷公开反水或私下里向曹操暗送秋波。

袁尚在回兵邺城的途中，手下的两员领兵大将吕旷、吕翔带着部队脱离袁尚，正式投效曹操。

本来这与袁谭毫无关系，但袁谭听说吕旷、吕翔投降曹操，却干了一件让人莫名其妙的事，这位老兄赶制了两枚将军印派人秘密送给吕氏兄弟。袁谭拉拢吕家兄弟的举动，令人百思不得其解，人家投靠的是曹操，这里面有你袁谭什么事，半截腰横插一脚，这算怎么回事！

曹操此次前来打的旗号是救援袁谭，可袁谭却来挖曹操的墙脚，袁谭的愚蠢行为只能增加曹操对他的反感。吕氏兄弟若想投他袁谭，早就投了。

吕家兄弟收到袁谭派人送来的将军印绶，也是哭笑不得，袁谭的自作多情让兄弟俩感到十分困扰，为向新主表忠心，两人立即将袁谭的将军印上交，并向曹操汇报了袁谭收买自己的详细情况。

也就在此时，曹操在心里对袁谭做了判决，虽然他也没打算真跟袁谭合作，两家的联合也不过是逢场作戏，相互利用，但曹操向来只习惯挖别人墙脚，还没几个人敢来他这里拆台，胆大包天的蠢人袁谭竟敢跟自己玩权术使诈谋，真是嫌自己命长了。

不过，鉴于袁尚还在，袁谭仍有利用价值，曹操暂时隐忍下来，这也给曹操日后跟袁谭翻脸提供了充分的理由。

曹操假装答应与袁谭结为儿女亲家，先把袁谭稳住，随后就退了回去。

曹操在为大举进军做准备，准备什么呢？答案是挖运河。

前面说过，河北一带，连年遭灾，当地粮食根本不够吃，更没有余粮给曹操，而此时袁尚实力尚存，要想消灭袁氏兄弟也绝非易事，注定将有大仗要打，规模不会小，大军远征，粮草供应至关重要，兵马未动粮草先行，善于用兵的曹操很早就开始考虑这个问题。

建安九年（204）正月，曹军在淇水的黄河入河口拦土作坝，将淇水改道，使原来流入黄河的淇水流进白沟，这样运河就可以从黄河直达邺城袁尚的老窝。水路运输相比于陆路，运量大，速度快，省时省力，精明的曹操自然把自己的运粮线选在了水上。

后勤运输线建成，粮食供应有了保证，曹操放心了，终于可以大胆进兵，袁尚的末日到了。

正当曹操踌躇满志挥师北上之时，又有好消息传来，邺城的袁尚率军出征攻打袁谭，邺城兵力空虚，这对曹操来说真是天赐良机。

原来，袁尚见曹军几月没有动静，以为曹军一时半会来不了，自己正好利用这段难得的时机，先收拾大哥袁谭，统一河北四州，解除后顾之忧，再跟曹操决战。

袁尚想得挺美，但曹操却不给他这个机会。强敌当前，袁尚、袁谭兄弟却一门心思骨肉相残，一个不顾大敌坚持打内战，一个勾引外敌引狼入室，兄弟俩昏招迭出，蠢到了家，不过，这也为曹操省去了很多麻烦。

如果袁氏兄弟能齐心协力共御外敌，以袁绍在河北多年打下的根基，曹操想吞并河北，可没那么容易。

袁尚大军走后不久，曹军便已兵临城下。袁尚北上与袁谭军正打作一团，南面的曹操却乘机包围了邺城。此时的袁尚北有袁谭、南有曹操，他自己被夹在当中成了肉夹馍。

这时的袁谭跟曹操算是盟友关系，所以形势对袁尚十分不利。

建安九年（204）二月，曹操指挥大军再次发起对邺城的进攻，对这座冀州首府河北名城，曹操向往已久，这次来也是志在必得。

邺城，袁绍自领冀州牧便设大本营于此，经袁氏父子两代人前后十余年的经营，此时的邺城已成为黄河流域的政治中心、军事重镇，更是当时北方少有的繁华大都市。

曹操深知邺城不同于其他小城，城墙厚达十五六米，邺城东西七里（约2400米）、南北五里（约1700米），有七座城门:南门凤阳门，中门中阳门，次广阳门，东门建春门，北门广德门，次厩门，西门金明门。

邺城守备森严，城内尚有不少精兵猛将，易守难攻，必须趁大军初到，士气旺盛一鼓作气将其攻下。一旦不能速胜，势必陷入持久战，一是怕粮食供应不上，大灾之年，曹操的余粮也不多，二是袁尚听到邺城被围一定会回师救援，所以必须速战速决。

想什么来什么，曹军进军途中，邺城留守大臣苏由就秘密派人来洽降，表示愿意弃暗投明，里应外合，协助曹军攻占邺城。有人愿意主动配合，曹操自然喜出望外，重赏来人，之后，曹操亲率大军向邺城推进。

到目前为止，曹操的进军一直十分顺利，本以为邺城会比较难打，这回有了内应，事情好办多了。但计划不如变化快，正在曹军向邺城步步逼近距城只有五十里时，邺城城内发生变故，苏由被人告发。

袁尚临走留下自以为心腹的审配跟苏由两人协力守城，审配是主将、苏由是副手，从袁尚的这个安排来看，苏由也是心腹，但包括审配在内谁也没想到邺城的二号人物会背叛，当审配得到密报苏由要叛变，吃惊之余，迅速做出反应，亲自带兵进攻苏由，审配很清楚以苏由家族的势力以及苏由目前掌握的兵力，如果不马上平灭苏由，邺城难保。

苏由自认为自己的计划天衣无缝，还在家里做着立功受赏的黄粱美梦，没想到审配突然打上门来，苏由知道事情败露，干脆一不做，二不休，直接反了，带着自己的家兵跟审配的军队在城里展开混战，此时曹军距邺城也只有一天路程。

一场混战后，苏由战败退出邺城投奔曹操，曹操第一次里应外合的夺城计划失败。巧取不成，只有强攻。

曹军来到城下，架起云梯开始攻城，城上守军万箭齐发，箭像下雨一样往下射，曹军的弓箭手只能昂着头向上射，为了抵消守军的高度优势，曹军在城外堆起土山，站在山上向城内射箭，双方的弓箭手一边在城上一边在山上，展开对射，爬城的曹兵在己方弓箭手的掩护下，攀登云梯奋勇爬城，守军则将预备好的滚木礌石向下砸去，城下的曹兵被砸得头破血流，死伤惨重。

眼看强攻难以奏效，曹操令手下挖掘地道，想从下面攻进去，曹操想到的，审配也想到了，审配命人沿着城墙一线横着挖，实际上审配这招反地道战法也不新鲜，他用的正是曹操在官渡之战时对付袁绍用过的，事实证明这招的确有效，即使是地道战专家曹操，面对审配的防御，也无可奈何。

就在曹操一筹莫展时，又有好事找上门，城内又有人出城与曹军联系准备反水，接应曹军入城，这次叛变的是审配的手下大将冯礼。

按事前约定，一天夜里，冯礼利用巡城的机会，打开突门，所谓突门是在城墙上人工凿开的用于向外突然出击的小门，因为开城门容易被敌军发觉，所以就在城墙的隐蔽处开凿几个门洞，方便己方人员出入。这种门平时不用也用砖石封住，为了保险在门洞上方还设有闸门，防备敌军进入。

曹军在内应冯礼的接应下，顺利从突门进入城内，就在这时，审配带人巡城，审配自从受命守卫邺城，丝毫不敢疏忽大意，昼夜警备。这天晚上，审配正巧在城上巡城，突然发现不远处的城下突门有人影晃动，审配急忙命人取来火把往城下照去，这一照不要紧，入城的曹军全部暴露在火光之下，审配见状急忙让手下士兵用石头往下砸栅栏门，很快封锁了突门，审配随后带人冲下城与进城的曹军混战在一处。

这时曹军进城的只有三百多人，因为突门很小一次进不了多少人，而且冯礼等人也没想到这么快就会被审配发现，短暂的厮杀后，入城的三百多曹兵全部被杀，曹操的第二次里应外合计划又遭到失败。没办法，只好继续强攻。

建安九年（204）四月，眼见强攻难以破城，曹操决定改变战术，先扫清外围的各处袁军据点，切断邺城与外界的联系特别是粮道，然后再对邺城发动总攻。

决定之后，曹操留下心腹大将曹洪继续围困邺城，自己带领主力开始绕着邺城"画圈"。

曹操的第一个打击目标瞄准了屯兵邺城西面毛城的尹楷。

武安（今河北武安）县长尹楷，受命驻军毛城（今河北涉县西北），保护上党郡（今山西长治）与邺城之间的粮道。曹操用兵最善于断人粮道，当年在官渡打败袁绍就是用的这招，如今打邺城又故技重演。负责保护粮道的尹楷与当年守卫乌巢的淳于琼一样，也"享受"到了曹操的重点关照。

在曹军的围攻之下，毛城很快陷落，邺城西面粮道就此被切断。接下来，曹操又挥师北上进攻邺城北面的邯郸。邯郸城守将沮鹄是沮授的儿子。沮鹄也是袁尚的心腹，曹军大军云集城下，沮鹄也跟审配一样准备据城死战，但怎奈他手下兵力单薄，远不如邺城兵多，在曹军猛攻之下，邯郸不久也告失守。

至此，邺城北面的粮道也被曹军切断，粮道被断，援兵自然也上不来，袁军从西面并州、北面幽州驰援邺城的通道被曹军死死地锁住。

随着邺城周边的战略要点相继被曹军占领，邺城的袁军日益陷入孤立。

军事打击的同时，曹操也不忘政治劝降，继续策反，真正做到了两手抓两手都要硬。在军事打击政治诱降的双重攻势下，邺城西面的涉县（今河北涉县）县长梁岐、邺城北面的易阳（今河北邯郸市永年区东南）县长韩范先后献城归顺。

但冀州仍有许多郡县还在坚守不肯投降。为了表彰两位县长归顺的"忠勇"行为，当然更主要的是树立典型，争取更多的县长弃暗投明。曹操的手下大将徐晃建议重赏此二人，树立好榜样十分必要，曹操向来从善如流，马上采纳，上奏朝廷加封二人关内侯。

一直在冀州太行山一带活动，之前被袁绍打得只剩半条命的张燕，此时也恢复了元气，张燕的黑山军与袁军世代为仇，眼见袁氏江河日下，这时不出来报仇，更待何时？张燕派人跟曹操联系，主动请战。

仗打到紧要关头，正缺人手，有人主动来帮忙，哪有拒绝的道理，为了鼓励张燕的"义举"，曹操代替朝廷下令封张燕为平北将军，张燕从一个山贼土匪摇身一变成了朝廷承认的地方诸侯。有张燕相助，曹操围绕邺城画圈的环城之旅进行得更加顺利。

到了五月，画圈行动圆满结束，邺城彻底成为一座孤城。

既然成了孤城，也就不怕了，孤城不同以往的大城，失去外援援助的孤城实际上成了一座死城，如果没有外围的援助，被攻破也是迟早的事，孤城有孤城的打法。曹操下令填平地道毁弃土山，挖地道堆土堆玩腻了，曹操又有了新花样。

外围已经扫平，暂时不用担心外围的援兵，袁尚跟袁谭还在较劲，短时间内难以抽身，所以曹操有的是时间，曹操的新玩法是挖堑壕，继环城之旅后，曹操又准备围着邺城挖圈。邺城方圆近四十里，相应地，曹操的堑壕也足有四十里长，这也是一项大工程。

为尽快挖掘堑壕，曹军动员了附近的数万民工，自然很多人是被自愿。为了麻痹审配，不让审配出城来破坏自己的计划，曹操在开始的几天，故意把堑壕挖得很浅，堑壕挖得跟脸盆似的，别说困不住人，连只青蛙都能跳过去，城上的审配见了自然不放在心上，只是轻蔑地一笑，对城下正在进行的土木工程置之不理。就这样，审配失去了最后的机会。漫长的白天终于过去了，晚上，曹军的工作时间到了，数万民工、士兵开始疯狂地挖沟，几乎是一夜之间，一个精心设计，宽六米、深六米，长达四十里的环形堑壕被挖成，在没有挖掘机，完全依靠简陋工具的当时，如此之高的效率堪称奇迹。

第二天，审配照例巡城，当他再次来到城上，看到城下又深又宽的堑壕时，再也笑不出来了。审配无论如何也不敢更不愿相信，曹军能在一个晚上完成如此大的土木作业，但事实就在眼前，这不是梦却比梦更可怕。现在轮到城下的曹操笑了。

谁是第一个笑的并不重要，重要的是谁能笑到最后。我们有理由认为曹操的笑是发自内心的，没有任何虚假的纯真笑容，经过几个月的努力，如今曹操终于掌握了战场的主动权，一切都在他的计划之中，审配已成瓮中之鳖，审配和他据守的邺城已经成了曹操的囊中之物。

为了更好地把邺城打造成一个全封闭空间，曹操又把目光投向了流经邺城的漳水。于是乎，漳水被引进挖好的堑壕里，邺城被大水包围，这一幕似曾相识，没错，当年打吕布，曹操用的也是以水灌城。邺城也继承了下邳一样的命运。此刻邺城城里的审配跟当年的吕布一样抓狂却也只能望洋兴叹。

从这以后，直到曹军破城，再没有一粒粮食运进邺城。

建安九年（204）七月，不长心的袁尚终于带着一万多援兵姗姗来迟，这时距邺城被围已经过去五个月了。这五个月里，袁尚从未派出过增援部队，坐视曹操在邺城外围画圈、挖沟，大本营被围困近半年，换成其他任何一个正常人早就来救了，但袁尚属于不正常的那种，自己和全军将士的家属老小全在城中，居然能气定神闲在外面待上半年不回来，如此极品实在难找。

此时的邺城早已断粮许久，粮食吃完就开始吃牛马，牛马吃光，就抓猫狗甚至老鼠充饥，活物吃完，城里又没野菜，树皮的产量也有限，很快就有人饿死，这些饿死的人很快就会"消失"，成为活人的"口粮"。袁尚回来的时候，城里的人战死的、病死的、饿死的不计其数，死亡过半，剩下的也只是苦挨日子，活一天算一天。

让邺城人望眼欲穿的援兵终于来了，袁尚的一万多人马进至距邺城不到二十里就再也不敢向前。

此刻邺城人还不知援兵已到，早在几月前，这里就与外界完全隔绝，邺城与城外袁尚的兵马音讯不通，如何让城里人知道援兵已到。袁尚很犯难，必须派人闯重围进城通报消息。

（六）一身是胆闯重围——李孚

但此刻曹操把邺城围得如铁桶一般，连只鸟都飞不过去，更别说人了。但不派人，就无法与城里的审配取得联系。最后袁尚把这个艰巨的任务交给了主簿冀州巨鹿人李孚。

袁尚手下并非没有能人，李孚就是一位能力超强智勇兼备的人才。眼下要突破曹军连营闯进城几乎是一件不可能完成的任务，但李孚却做到了，以一种匪夷所思的方式。

按理说像闯重围这种事，一般都要选在月黑风高的晚上偷偷地低调秘密进行，能混过去最好，万一混不过去才动手。而牛人李孚却与众不同，虽然他也选在晚上行动，却不躲不闪，戴着武将的头巾，拿着一根临时削成的指挥棒，带着三个卫兵一路打马扬鞭从曹军大营正北大门进入曹军营区，李孚跟随从全都是曹军的打扮，所以进入营区后并没有引起曹军的察觉。

此时曹军沿着堑壕筑起几十里长的堡垒，每天都有士兵负责维护，李孚骑着马带着随从沿着曹军沿途设置的路标向前走，装成巡查的官员，一路装腔作势，俨然一副督导官的派头，李孚做戏做全套，遇见偷懒耍滑的曹兵，李孚就跳下马一本正经地训话，教训这些曹兵，个别懒惰的还被打了屁股，被骂挨打的曹兵被李孚的气势镇住，还真以为是曹操派来巡查的大官，尽管被骂得狗血淋头、被打得皮开肉绽，却连一声也不敢吱，乖乖站在那里挨训。

李孚一路招摇，从北门穿过营区来到南门，眼看胜利在望，如果换成旁人早就急不可待策马狂奔进城了。

但李孚显然还没玩够，李孚以自己的机智勇敢，单身闯营，深入虎穴，还大大方方地通过，在曹操的大营里如此嚣张，古今唯此一人，但李孚还不满足。

来到营区南门的李孚显然对负责南面巡守的曹军十分不满，当场大发雷霆，命人把几个领兵官捆了起来。一顿训斥之后又是一顿鞭子，在场的曹军谁也不敢反抗。抖足了威风耍够了帅的李孚看着这些曹军的熊样这才心满意足，又下令打开营门，要到外面继续巡查，曹军哪还敢多问，乖乖打开营门，李孚带着随从顺利出了曹营，通过堑壕。

到了这时候，也不用再演戏了，遂即策马奔驰来到城下，向城上呼喊自报家门。守军听说是主公袁尚派来的，连忙垂下绳索，用吊篮把李孚吊上城。就这样，李孚以神奇的方式闯过重围成功进入邺城。

李孚见到审配说明来意，告诉审配援兵已到，距城不远，很快就可进至城下。审配悲喜交集，城内的军民听说援兵来了，欢声雷动，高呼万岁，声音传出几里之外，城外的曹军自然听到了喊声，当李孚进城的那一刻，曹军这才知道自己被人给耍了，上当了，这让曹军颜面扫地，但丢人还是次要的，出了这么大的事，必须赶紧汇报。

当曹操听完了属下的汇报，不但没生气反而大笑，此人有如此胆量敢这么大胆闯营，这让曹操对李孚产生了浓厚的兴趣，曹操笑着对身边的部下们说："你们看着吧，他不但能进去，还会再出来，而到时你们还是抓他不住。"

曹操的判断很准确，李孚在向审配报告援兵到达的好消息后，还把袁尚里应外合的计划告诉了审配，约定到时两边同时举火为号，夹击曹军，打破包围。

计划定好，还需要有人把城里的情况送出去。这就要再次闯重围。这个任务再一次被派给了李孚，兄弟既然你能进来就一定能出去，拜托了。

李孚没有推辞，实际上，他在还没进城之前就想好了怎么出去的办法。而且除了他也没有其他人能够胜任这个艰巨的任务。

老办法已经不能用了，忽悠人家一次了，还想忽悠第二次那也太侮辱曹军的智商了。但高人总有高招。

李孚让审配在城中挑选数千老弱妇孺打着白旗出城投降，如此一来既可以节约城里本来就不多的食物也可以救这些人的性命，毕竟这时留在城里也是凶多吉少，更重要的是，李孚也可以趁乱混出城去。

事情果然如李孚所料，一天夜晚，邺城南城的三座城门凤阳门、中阳门、广阳门同时开启，几千个老弱妇孺举着白旗出城投降，投降的队伍排得老长，曹军见城里有人出来投降也都出来看热闹，因为是黑天，人又多，不免有点混乱，借着月色，李孚带着三个随从趁乱又一次成功地混出了曹营，闯出重围。

（七）未战先怯——袁尚

李孚的到来让原本士气已经十分低迷的邺城军民又高涨起来，大营里的曹军自然也知道袁尚的到来。

三国

之

决战中原

曹操为此专门开会商讨对策，部将们都认为袁尚军思乡心切必定拼命人人死战，不如放弃包围让袁尚军入城再做道理。其实，说白了就是没胆，不想玩命。这时就看主将的决定了。

曹操没有听部下们的意见，因为他很清楚什么意见该听什么不该听，决策能力是一个统兵主帅首要具备的素质，曹操说："袁尚如果从大路来，说明这帮人的确是来拼命的，那我们就暂时避其锋芒；如果袁尚沿着西山（邺城西方诸山）而来，那就说明敌军胆怯，根本不敢同我军较量，如此我军正可趁此时机将敌军一举歼灭。"

袁尚果然没胆，没敢走大路，而是沿着西山小路南下。袁尚军抵达城东的阳平亭，距邺城十七里，紧傍滏水（滏阳河）扎营。到了晚上，袁尚派人燃起烽火，告知城中守军城外已经做好准备，城中看见火光也燃起烽火与城外遥相呼应。

随后，审配率军开北门出城，准备跟袁尚军内外夹击曹军的围城部队。曹操时刻注视着城内外的一举一动，审配跟袁尚的小九九自然瞒不过老练的曹操。曹军早就做好了准备，审配带兵一出城立即遭到曹军的围攻，审配抵抗不住只好退入城中，紧闭城门。

曹操打退了审配接着发兵进攻袁尚，袁尚大败，退到漳水转弯处扎营。曹操下令大军包围，包围圈还没有完成，袁尚心胆俱裂，不敢再战，派人晋见曹操，要求投降，曹操拒绝，与此同时曹军的攻击更为猛烈。袁尚军抵抗不住连夜逃走，撤到祁山（今河南安阳西），曹操率军紧追不舍，一路尾随而至再次包围袁尚军，袁尚部将马延等见大势已去，纷纷阵前投降，袁尚军土崩瓦解，袁尚带着残兵败将逃往中山国。

袁尚败走，袁尚大营中的辎重全都成了曹操的战利品。

战斗结束后，曹军收缴清点战利品，共缴获头盔一万九千六百二十个，弓箭刀枪堆积如山。袁尚的印信、符节因为跑得急来不及带走也都被曹操缴获。连朝廷给袁绍的大将军印绶（曹操控制的朝廷曾封袁绍为大将军，袁绍死后印绶就到了袁尚手里，至此物归原主）也不要了，袁尚把老爹留下的好东西丢了个一干二净，而这些东西在曹操手上派上了大用场。

曹操把战利品装上大车统统拉到邺城城下公开展览陈列，袁尚的大将军印绶以及一切能代表袁尚身份的物品都做了重点展示，这招相当狠，效果立竿见影。

邺城军民之所以能苦苦支撑数月，就是因为坚信袁尚的援军会来救他们，现在袁尚也垮了，外援彻底没了指望，城中军民的斗志瞬间跌至冰点，袁尚留下的这些东西成了压垮邺城军民斗志的最后一根稻草。

邺城军民崩溃了，这种崩溃首先表现在心理上，曹操的"露天博物馆"所作的陈列展览对守城士兵的心理打击是致命的，士兵们再也找不到继续战斗下去的理由。许多人都开始为自己的将来做打算。

在产生动摇的人群中，就有审配的侄子审荣。尽管审配为了安抚人心，一再说，曹军围城几个月已经疲惫不堪已经是强弩之末了，幽州袁熙的援兵已经在路上了，等等。但不论审配如何鼓动，守城军民的士气再也提不起来了。

曹操这些日子连打胜仗，心情好得不得了，邺城指日可下，得意的曹操难免忘形。一天，曹操骑着马巡视堡垒慰问战斗在第一线的士兵们，曹操一路走一路看，十分得意，得意的曹操不知道，就在他骑马巡游的时候，几张弩机已经瞄准了他，这些是审配安排的弩手，全都是精挑细选的神弩手，准头十足，这些人奉审配之命隐藏在阴暗处专门负责狙击射杀曹军高级将领，但让审配都想不到的是有一天曹操自己会送上门来。

决战中原

当曹操进入伏弩射程时，审配激动得简直发狂，声音颤抖地下达了发射命令，随着指令的下达，几张弩机同时发射，也许是曹操命大，或者是距离过远，弩箭偏离了目标，几支弩箭与曹操擦身而过，未做"亲密接触"。城上的审配目睹了整个过程，只差一点点，真是差之毫厘失之千里，万分沮丧的审配，气得顿足捶胸，城下的曹操大难不死但也吓出一身冷汗，在随从护卫的保护下躲进营寨，再不敢轻易出来张扬。

（八）东门开启　邺城易主

建安九年（204）八月二日，邺城被围已整整七个月，这天晚上，审配的侄子负责守邺城东门建春门的东门校尉审荣悄悄打开了城门，迎接曹军入城，城门开启的那一刻，曹军如潮水般拥入这座攻打了几个月的坚城。

当审配发觉为时已晚，曹军大队已经进城，布满街巷，局势已然失控，眼见大势已去，许多袁绍、袁尚的亲信旧臣此时都选择了投降，而审配却选择了战斗到底，把忠诚保持到了最后。

城破之后，审配率领部下与入城曹军展开巷战。两军在城内混战一夜，审配身边的士兵一个一个倒下，到最后只剩审配一人，仍在挥剑奋战，誓死不降。巷战一整夜，体力严重透支后，审配才因力气用尽被一拥而上的曹兵抓了俘虏。

投靠新主人的叛徒辛毗也随曹军入城，入城后的曹军忙于厮杀之后更是忙于掠夺金银财宝等战利品，辛毗进城后心急火燎一路直奔监狱，因为他的哥哥辛评一家因为他的背叛被审配逮捕入狱。

辛毗虽然无耻但也顾及亲情，此刻他恨不得一步跨进监狱解救他的哥哥一家，当辛毗气喘吁吁地跑进监狱时，眼前的场景令他目瞪口呆，在短暂的发愣后，辛毗失声痛哭，原来他的哥哥辛评全家老小已经尽被斩杀，无一活口。原来就在曹军进城的时候，审配及时发出命令斩杀了叛徒辛毗的家属。

辛毗哭过之后，头也不回跑出监狱去找审配算账。这时审配已经被五花大绑押往大营，迎面正遇上辛毗，仇人见面，分外眼红，辛毗也顾不得别人，举起手里的马鞭照着审配就是一顿鞭子，审配被绑着不能反抗，只是轻蔑地朝着辛毗微笑。

这更让辛毗怒火中烧，抡圆了膀子使劲地抽打。辛毗一边打一边骂："狗奴才，你也有今天。"审配看着辛毗骂道："呸！背主叛君的逆贼，正是因为你们这些可耻的小人，冀州才会落入曹贼之手，我恨不得吃你的肉喝你的血。审配今日虽死却是袁氏忠臣，你辛毗不过是个不知羞耻的叛徒。"

过了一会儿，曹操在大帐传讯审配，曹操虽然险些被审配射死，但从内心，曹操很敬佩审配的忠贞也欣赏他的才干，有心收为己用。曹操爱才之心与大度的胸怀，令人感佩。曹操能雄霸北方，即在于网罗天下英才为之所用。

得人才者得天下。若非刘备从中阻挠，当初，曹操是连三姓家奴吕布也打算留用的。忠烈如审配者，曹操更是特别喜爱。

曹操有意缓和气氛，便用半开玩笑的语气说："前些天我视察前线，你从城上射的箭可真多啊。"审配说："你认为多，我还嫌少。"曹操见审配语气强硬，为了感化审配，也为给审配一个台阶，便说："你身为袁氏重臣，效忠袁家，也是尽人臣之责，也有不得已的苦衷吧。"曹操这么说，显然是有意宽恕审配，审配自然听得懂，但却大义凛然，面对曹操的诱降始终不发一言。辛毗又在一旁哭哭啼啼，请求曹操为他哥哥辛评一家报仇。曹操思虑良久，见审配态度坚决，毫无缓和余地，这才并不情愿地下令处死审配。

在押送刑场的路上，审配遇上了同是冀州人的昔日同僚张子谦，此时张子谦早已投靠了曹操，正得意扬扬。看着即将被押赴刑场的审配，素来与审配不和的张子谦当然不会放过这么好的挖苦政敌的机会，便走上前不无得意地看着审配，说："老兄，你平日自负高才，看不起我，怎么今日会有如此下场？"审配听了大怒道："你苟且偷生做的是降臣，我虽赴死却是忠臣。你怎配与我相比。"说完便不再理睬这个卑鄙小人，头也不回地朝前走去。

临刑前，审配大声喝问刽子手，哪边是北方，在得到答复后，审配把身子转向北方，说："我的主公在北方，我要向北而死。"随即慷慨赴死。

曹操终于如愿以偿进入邺城。邺城这座河北名城袁绍的老巢从此成为曹操的大本营。此后，曹操多数时间都住在邺城。

（九）曹魏五都之邺城

邺城地处河北平原、漕运四通，背靠并州，北接幽燕，为天下形胜之地。

曹操封公建国，以邺为都。更是在战国魏文侯旧城旧址上，大规模扩建，营造新邺城。曹魏时代的邺城被重新规划，新城将宫城、官署与民居分开，以东西大街为轴线，北城为宫城、官署，南城为市井民居及繁华的商业区。

曹操还将邺城所在的魏郡十八县的行政区划大大扩充，割河内郡三县、东郡四县、钜鹿郡三县、赵国三县、广平郡一县，统统划入魏郡，形成以邺城为中心辐射四方的政治中心。

曹操大力疏浚邺城以东的古淇水道，先后引入淇、汤、洹、漳水，连接黄河故道，经河内、魏、清河、渤海四郡，南连朝歌、北通幽蓟，是我国古代第一条南北走向的千里大运河。

曹操时代邺城一直都是曹魏的政治、军事中枢，曹丕代汉自立定都洛阳，邺城的地位稍有下降，但仍是魏国五都（长安、洛阳、邺城、许昌、谯城）之一。

曹军进入邺城，袁氏一门除袁尚、袁熙兄弟在逃，余者老幼妇孺尽数做了曹操的俘虏。不过，曹操也并非无情之人，袁绍生前虽曾与之敌对，但毕竟两人曾是相交多年的朋友，两人在洛阳时，经常厮混在一起，很多袁家人对曹操并不陌生。

念在昔日情义，曹操并没有为难袁绍的妻子刘氏以及她的儿媳们。出于宣传的需要，为向世人展示自己的宽厚形象，曹操对留在邺城的袁氏族人基本做到了秋毫无犯，不仅袁家私人财产不动，曹操还派人送去许多金银布帛，以示抚慰。

当然，例外的情况也并非没有，对于曹操儿子曹丕对袁熙之妻表现出来的过度爱心与热诚以及之后发生的事，地方州府表示，此事纯属正常嫁娶，不存在扰民行为。曹公子的仁爱之举理应受到褒奖，但鉴于曹公子本人一向谦虚谨慎、为人低调，此事就不做宣传了。

曹操厚待袁绍家人是出于政治上的考虑，对死去的袁绍，曹操也专程到袁绍墓前祭奠，寄托哀思，以显示自己的宽仁。

当着众多属下（其中有很多刚刚归附的袁绍旧部）的面，曹操追忆以往与袁绍的战斗友谊，说到动情处还流下眼泪。在场的众人也是久经风雨，见过世面的，十分配合，纷纷掩面做感动垂泪状。场面氛围营造得十分得体。

当天的演出非常成功。曹操虽从未受过专业的表演培训，却演得入木三分全情投入，简直是天生的演技派。当政治家真不容易，经常要流下鳄鱼的眼泪，明明对人家恨得要死，还要装出十分难过，硬生生往外挤眼泪。

建安九年（204）九月，考虑到冀州连遭兵火，百姓困苦，曹操下令免除冀州当年租税，以此来收买人心。针对冀州当地豪强纵横不法的状况，曹操下令严厉镇压，打击矛头直指那些与袁氏关系密切的豪强，曹操在清理袁氏在地方残余势力的同时，还不忘借此向冀州百姓示好。曹操这么做既打击了不合作的地方豪强，也赢得了民心，一举两得，何乐而不为？

冀州是东汉人口最多也是最为富庶的一个大州，相比之下，兖州的地位就差多了，曹操当月便上书朝廷请求解除自己的兖州牧，同时根据曹操本人的意愿和暗示，汉献帝任命曹操担任帝国的新任冀州牧。

曹操当上冀州牧的第一件事就是把自己的大本营从豫州的许县搬到冀州首府邺城。

曹操之所以急着搬家，除了相中邺城的战略价值，还有曹操实在不想跟皇帝住一块了，实在不方便，曹操很早就想跟皇帝"分居"，以前之所以忍着，只是因为"家"里地方有限，而且整天忙着打仗也没精力，如今总算有了时间又有了空间，自然要乔迁新居。

邺城被袁氏父子经营多年，宫殿楼阁，豪华气派，看着赏心悦目，住得也舒服，这些是偏僻小城许县不能比的。

曹操搬进新家，袁尚丢了老家。就在曹操与袁尚大战的同时，曹操的"盟友"袁尚的大哥袁谭也没闲着，袁尚被曹操赶走，袁谭的"机会"来了，袁谭迫不及待地就动手抢地盘。

之前一直被袁尚追着打的袁谭，如今总算有了发挥空间，趁袁尚主力与曹军对峙无暇北顾之际，袁谭率军连续攻占甘陵国、安平国、渤海郡、河间国，疯狂扩张。

袁谭一路高歌猛进，此时的袁尚却无比凄惨，大本营邺城丢了，老娘、老婆都成了曹军的俘虏，冀州已归了曹操，他这个昔日的主人却成了丧家之犬，被曹兵撵得到处跑。

袁尚逃进中山国，曹兵终于不追了，袁尚刚想喘口气，没想到又有人打上门，这次来的不是曹兵而是他大哥袁谭，这哥俩前世有仇今生有恨，袁谭记起前仇，这回总算轮着袁尚挨打了，袁尚主力在邺城之战中损失殆尽，而这段时间袁谭却招兵买马实力迅速壮大，袁尚不是对手，只好放弃中山，继续逃命，而袁尚来不及带走留在中山的部队则全被袁谭收编。

袁尚带着少数随从在冀州不能立足只好去幽州投奔袁熙。直到袁尚逃进故安（今河北易县）幽州地界，才暂时脱离险境。

曹操攻陷邺城进占冀州后，并州高干袁绍的外甥见曹操势头实在太猛，主动派人联系愿意归顺，并州举起白旗，曹操为了稳住高干不让他援助袁谭、袁熙，权且让高干继续做他的并州刺史。袁绍留下的河北四州只剩下袁熙的幽州、袁谭的青州。袁熙远在幽州实力较弱，远不如青州的袁谭，而且离着又比较远。

曹操决定先打青州的袁谭。曹操先写信责备袁谭不履行合同违约在先，撕毁了儿女婚姻，随后挥军东进，兵锋直指袁谭盘踞的青州。

袁谭见曹军势大，不敢正面交锋，率军退守平原郡境内的黄河渡口龙凑，凭城固守。

建安九年（204）十二月，曹操大军逼近龙凑。步步为营，大军直抵龙凑城下安营，曹操打算以此逼袁谭出战。曹军连打胜仗气势如虹，求战心切，袁谭自知不是对手，死守不出，后来被逼急了，干脆放弃龙凑，率军退守大本营渤海郡郡治南皮城。全军沿南皮城西的清河布防，摆出坚守的架势。

曹操见袁谭固守不出，也不与之纠缠，以一部兵力牵制袁谭，自己亲率主力东进扫荡平原郡，夺取平原以东的青州郡县。曹操打算沿用打邺城的老办法，先扫荡外围，孤立中心城市，最后再夺取南皮。

建安十年（205）正月，曹操回军进攻南皮。袁谭自知生死在此一战，因而拼命反击，被逼入险境的袁军在袁谭率领下背城死战，人人奋勇、个个争先，一人舍命十人难敌，何况万人，袁军殊死搏杀，而曹军自去年攻陷邺城，一路所向披靡，难免骄傲轻敌，未将屡战屡败的袁军放在眼里，而战斗的结果告诉我们一

三国

决战中原

个用鲜血证明的真理——骄兵必败，哀兵必胜。

骄狂的曹军被袁军击溃，死伤惨重，曹军被迫后退几十里。

曹操没想到到这时袁谭仍有如此战力，见部下死伤满地，想知难而退。这时曹操亲信统领精锐骑兵虎豹骑的曹纯反对撤军，曹纯仗着自己是心腹又统领精兵，又是曹氏宗亲，对曹操没有其他将领那么多顾忌，曹纯说："我军千里转战，孤军深入，如不能胜，后退困难。我军自渡河以来，攻必取、战必胜，如今只受小挫折便退军，半途而废有损军威，况疆场之上胜败乃兵家之常事，袁军已势穷力尽，我军只要全力进攻，必能取胜，青州指日可下。愿主公急进成此大功。"

曹操最终同意了，两军再战，曹纯率虎豹骑担当先锋，带队冲击袁军军阵。曹操亲自擂鼓助战，曹军见主将如此，士气高涨起来，喊杀之声惊天动地。袁军也不甘示弱，呐喊着冲杀过来，两军绞杀在一起，袁谭披头散发亲自带队冲锋，几经冲杀，曹军势大，袁军渐渐抵抗不住，袁谭返身想逃，但没跑多远就马失前蹄跌下马来，曹军骑兵转瞬追到跟前，袁谭大喊："别杀我，我有的是金银，饶我性命。"话还没说完，曹兵的马刀就到了，刀光闪处，袁谭人头落地。

袁谭死了，袁军失去主将，顷刻瓦解，曹军趁势掩杀，郭图等人全做了俘虏被砍了脑袋。

曹军大胜之后忙着打扫战场，并没有立即进城，这时城里也全乱了，有人只顾逃命，有人忙着打劫，城中大小官员，有的急着出城去投降曹军，有的则忙着回家收拾金银细软，衙门里遍地狼藉，逃散一空，南皮城陷入混乱。一些好事之徒趁火打劫，公开在城内杀人放火、劫道抢劫，城中多处火起，哭喊声响成一片。

之前勇闯曹营的李孚此刻也在南皮城中，李孚见识了城内同僚们的各种丑态，为了全城百姓，李孚再次挺身而出，只身来到曹营，这次不是来闯营而是搬救兵。李孚让曹兵通报说，就说前冀州主簿李孚求见。

曹操听说来者是李孚，急忙接见，之前李孚单身闯营给曹操留下了深刻印象，曹操对李孚的胆量机智很是欣赏，李孚见了曹操说明来意，此刻南皮城盗贼公行，豪强趁势欺凌百姓，混乱不堪，请曹公委派一位熟知本地情况，有才干名望的人主持政务，安抚民心。曹操看着李孚，笑着说就是您了。李孚也不推辞，当仁不让地接受任务，受命进城宣布曹操政令。城内混乱被李孚平息。

曹操虽然占领南皮，但此时青州大部郡县还在袁谭部将手里，很多地方还在为袁军坚守。

袁谭的心腹青州别驾及时雨王脩此前被袁谭派往乐安（今山东高青）督运粮

草。王脩走到中途，听说南皮（今河北南皮）危急，急忙率领部队折返救援，刚到高密（今山东高密），就得到袁谭被杀、南皮失守的消息，王脩下马大哭："主公死了，我们没有主人了！"

王脩知道大势已去，尽管如此，深为袁谭信任的王脩决定为旧主做最后一件事——为袁谭收尸。这时袁谭的尸体在曹操手里，于是王脩去晋见曹操，请求收葬袁谭的尸体，曹操也表现出了应有的风度，同意了。王脩安葬了袁谭，回来向曹操"请罪"。

曹操当然不能怪罪王脩，而且曹操深知王脩家也是地方豪族，自己要收服青州，还要依仗这些地方势力。曹操之所以同意王脩收葬故主，旨在收买人心，同时也向青州豪族传达友好讯息，袁氏的时代结束了，以后我们可以合作。

所以曹操不但不怪罪，对王脩仍委以重任，还让王脩仍旧去乐安督运粮秣。只不过，这次不是为袁谭而是为曹操运粮。

曹操宽待王脩的政治效果立竿见影，青州各地听说王脩都被留用，人心迅速安定。

王脩成为曹操的义务宣传员，袁谭所属各城，纷纷归顺，只有乐安郡太守管统仍然坚守不降。管统就是之前那个抛妻弃子追随袁谭的忠臣。虽然袁谭已死，但管统仍为袁谭坚守，这是一位真正的忠臣。曹操命王脩率兵击斩管统。

王脩与管统是患难与共的同僚，曾共同辅佐袁谭。管统这个乐安太守还是王脩推荐的，两人交情深厚，王脩是个讲义气的人，自然不会干对不起朋友的事。管统被曹军俘获，王脩亲自为他松绑，带他晋见曹操。曹操对忠心事主的忠臣，一向偏爱，见管统愿意归顺，当即赦免了管统。

曹操平定青州的消息传到幽州，令幽州刺史袁熙跟逃到这里的袁尚惶惶不可终日。幽州更是一日数惊、人心惶恐。很多人暗地里都在为自己谋求后路。袁熙虽然是幽州刺史，但很明显威望不够，控制不住局面。

袁熙帐下大将焦触、张南早就想反水，如今曹军即将兵临城下，两人商量之后举兵哗变，袁熙虽然是幽州刺史，部队却掌握在焦触、张南手里，焦触、张南带兵进攻袁熙，袁熙抵挡不住只好跟袁尚带着几千亲兵卫队逃离幽州，向北逃窜，投奔辽西乌桓。

袁熙走后，幽州陷入混乱，焦触自称幽州刺史，胁迫幽州郡县归顺曹操。此刻幽州兵马尽在焦触之手，别人就是想反抗也没有力量，焦触还怕不保险，还特意搞了一个会盟仪式。焦触派人修筑祭台，到了日子，焦触把部队全都拉了出来，士兵手执长戟在台下排成整齐的队形，威风凛凛、杀气腾腾。

焦触、张南走上盟誓台，幽州众文武也被"请上"（武力驱赶上台），焦触杀白马盟誓，取了马血，自己先往嘴唇上抹了几下，接着张南也抹了，随后文武官员依次歃血为盟，轮到幽州别驾代郡（河北蔚县）人韩珩时，韩珩说："我受袁氏父子厚恩，而今袁氏破亡，（我）智不能救，又不能死节，大义已亏；如见风转舵降曹，又有何面目见天下之人！"在场众人听到韩珩的话，全都吓得面无人色，都认定韩珩活不成了。

但出乎意料的是，焦触却并没有杀韩珩，只是说："举大事，不在一人，可以成全韩珩以勉励忠贞之士。"让韩珩自行离开。焦触等人随即率幽州文武归降曹操，曹操重赏了两位降将，加封两人侯爵。

焦触、张南虽降，但幽州并不太平，各地变乱纷起，幽州故安（河北易县东南）人赵犊、霍奴，趁着局势混乱，聚众叛乱，攻杀涿郡太守，割据涿郡，自立山头。

上谷郡酋长难楼、辽东郡酋长苏仆延、右北平郡酋长乌延等乌桓首领与袁氏关系紧密。如今袁绍的儿子袁熙、袁尚落难来投，请兵报仇。几个首领自然要为袁氏兄弟出力帮忙。

中原易主，天下大乱，也是打劫的大好时机，此时出兵既能替好朋友出气又能发笔横财，一举两得，何乐而不为呢？反正游牧民族平时除了放牧也没啥事可干，闲着也是闲着，不如到内地去赚点外快，改善改善生活。

要说还是人家乌桓人实在，说干就干，三郡乌桓联合围攻右度辽将军鲜于辅据守的犷平（今北京密云东北）。据可靠情报，这位鲜于辅是曹操的人。

曹操在焦触、张南热烈欢迎下进入幽州，随即分兵四出讨平各地叛乱。

建安十年（205）八月，曹操派兵进攻涿郡，赵犊等人的好日子到头了，他们的脑袋很快便被曹兵砍下挂到城头示众。幽州各地的乌合之众犹如秋风扫落叶般被曹军扫平。接着，曹军渡过潞水增援犷平，三郡乌桓本想趁火打劫，听说曹军大队杀到，情知不妙，曹操不好惹，发财还是小事，吃饭的家伙混丢了可没处买去，曹军还没到，乌桓兵便主动撤围而去，退回塞外。

第十章

雄霸北方
——一代人杰曹孟德

（一）平定并州叛乱

袁熙、袁尚兄弟逃到塞外，袁氏在中原再无立足之地，袁氏原来据有的冀州、青州、幽州、并州如今都插上了曹军的旗帜。原先的各州刺史，青州刺史袁谭被杀，幽州刺史袁熙、冀州刺史袁尚逃亡在外，留任的只有并州刺史高幹一人。

高幹能撑到现在，只是因为他举了白旗，没有抵抗！就连高幹自己也清楚，他这个并州刺史随时可能被撤换，曹操之所以暂时没动他，只因曹军初到，等曹操稳定四州，他高幹必然是第一批被清洗的人。

高幹降曹并非真心，只是迫于曹军压力，不得已投降，实则此时的高幹还在观望。曹操亲率曹军主力北征幽州，后方空虚，高幹觉得机会来了，马上扣押曹操派来的上党太守，公开起兵叛乱，率军扼守壶口关，不让曹军进并州。

高幹的叛乱引发连锁反应。河内郡（河南武陟）人张晟带着一万多人专门在崤山（河南三门峡）、渑池（河南渑池）之间劫道，打劫过往商旅。弘农郡（河南灵宝）人张琰也拉起一支人马跟张晟互相呼应。曹操的后方成了土匪的乐园，河内、弘农一带被搅得鸡犬不宁。

听说高幹叛乱，曹操并不感到意外，此人本就是袁氏嫡系，只是迫于形势才选择投降，曹操也没指望高幹会乖乖交出并州。

但高幹的反水造成的后果却不能不重视，曹操就是曹操，他马上意识到河东郡在这场平叛战争中的重要性。曹操这时也接到报告，知道了卫固等人跟高幹勾结的详细情形。这时河东郡虽与高幹私下有所往来，但名义上仍服从朝廷，尚未公开叛乱。曹操决定利用这个机会派得力干将前去河东，先稳住卫固等地方势力，阻止关中马腾等与高幹联系，同时派大将乐进、李典领兵征讨高幹。

并州河东郡太守王邑、郡掾地方豪族卫固跟中郎将范先暗中都跟高幹串通，河东郡地处中原与关中当中，地势险要，如让叛军占据河东，曹操与关中马腾等人的联系就会被切断，曹操再想控制马腾等人就难了，而马腾立场素来不坚定是个墙头草，一旦被高幹利诱叛变，关中并州串通一气，不仅并州，整个关中都可能成为叛军的巢穴。

曹操征求智囊荀彧的意见："关西诸将，表面归附于我，实则自行其是。张晟在崤山渑池一带叛乱，他们不管不问，还跟荆州刘表勾结。当今形势，河东乃天下要冲，你替我物色一位得力的人去镇守。"荀彧说："西平太守京兆人杜畿，智勇兼备，足以担此重任。"曹操于是任命杜畿为河东郡太守，即刻赴任。

杜畿（163—224），字伯侯，京兆杜陵（今陕西西安）人。杜畿家族在关中也是名门望族，祖上杜周、杜延年是在《史记》《汉书》上留过名的大人物。但到了杜畿父辈，家道已经中落。

杜畿也是一个苦孩子，母亲早逝，父亲给他娶了个后娘，跟大多数后妈一样，杜畿的这个后妈对杜畿不怎么好，或者可以说是虐待。杜畿真是落到了后娘手里，但苦难的童年没有摧垮杜畿，反而锻炼了他坚强的意志。

长大后的杜畿先后做过郡功曹、郑县县令。董卓之乱，关中兵匪横行，杜畿也选择南下荆州避难，直到曹操在许县重建朝廷，才返回中原，被曹操任命为护羌校尉、领西平太守。

钟繇催促王邑办交接，王邑虽不敢抗命但也心中不甘，便带着太守印信直接从河北取道（山西芮城）去许县交印。

曹操任命杜畿为河东太守替换王邑的消息传到河东，卫固、范先等人便来见司隶校尉钟繇，请求将王邑留任，但遭到钟繇的拒绝。卫固等人挽留王邑的目的，就是不想让曹操的人此时进来，误了他们的大事。他们的这点小伎俩小算盘自然瞒不过钟繇，但钟繇也知道这时不能捅破这层窗户纸，对这些人暂时还要安抚，以防他们狗急跳墙。

接到命令的杜畿当即起身前往河东赴任，可杜畿的河东之行注定不会一帆风顺，果然，杜畿到了黄河渡口遇到了麻烦。

事前得到消息的卫固提前派了数千部下严密封锁陕津黄河渡口（山西平陆太阳渡，对岸是河南三门峡）。轻车简从的杜畿到了黄河南岸，面对对岸的重兵防守，一筹莫展，盘桓数月却始终找不到渡河的机会。

杜畿对部下说："河东郡户口三万，多是良民，从贼者乃是少数，大多出于迫不得已，如大军相逼，众人惊恐之余，害怕被诛，很可能真的随卫固等造反，不想反也只好反了，如此适得其反，只会让贼人得意。卫固等人的势力反而会增强。要消灭他就更难。就算取胜也必然伤及百姓。卫固此时虽有谋反迹象，但毕竟尚未公开反叛朝廷，虽聚众图谋不轨，但从其要求留任前任太守，我料他们不敢对我怎样。"于是绕道从另一渡口——郖津渡河。

杜畿不带兵马单车赴任大出卫固等人的预料，既然人都已经来了，而且自己名义上还是朝廷臣民，对朝廷派来的父母官自然不好拒绝，卫固等人认为河东是他们的天下，到处都是自己的人，量杜畿也玩不出什么花样，也就接受了既成事实，接杜畿进河东。

杜畿单身深入虎穴，可谓一身是胆。这个时候敢到河东来胆必须够大。

范先打算给新来的太守杜畿一个下马威。不久后的一天，就在河东太守的衙门前，当着太守杜畿的面，范先随意找了个借口便将太守衙门主簿以下三十多人当场斩杀，场面极为血腥。

转眼间，三十多个活生生的人就变成了三十多具血淋淋的尸体，横陈在太守杜畿面前，范先杀完人，擦擦带血的钢刀，用一种带有挑衅的嚣张表情扭头看向目睹整个经过的新任太守杜畿。

范先搞白色恐怖明显是在示威，无非是吓吓杜畿，让他知难而退。范先一边杀人一边偷着观察杜畿的反应，他本以为像杜畿这种读书人见到如此血腥的场面早就吓得面无人色抖作一团了。谁知杜畿表情平静毫无反应，在旁谈笑自若，气定神闲，对发生在眼前的一切无动于衷，这让范先好不扫兴。

卫固劝范先，杀此人易如反掌，但杜畿毕竟是曹操派来的人，我们杀了他只会招来恶名，如今他已在我们掌握之中，他虽名为太守，河东还不是你我的天下。范先这才打消杀杜畿的念头。

不过，卫固、范先做梦也不会想到，不久后，取他二人项上人头的正是这个看似文弱的白面书生。勇敢不一定表现为冲锋陷阵，内心的强大也是一种勇敢，杜畿很快就会用自己的实际行动告诉这两位，轻视书生要付出怎样的代价。

杜畿为了稳住两位图谋造反的"仁兄"，对二人说："卫、范两家乃河东望族，我一个外乡人，初来贵地，凡事还要仰仗二位。"杜畿请卫固当郡丞兼功曹管理政务，而让范先统领郡兵。卫固等人对杜畿的安排非常满意，也就不再说什么，杜畿稳住两人后，将主要精力都用于联络河东下属各县义士。

卫固为扩大势力要在郡内征兵，杜畿当然不能让他如愿，但又不好直接阻止，杜畿此时虽无兵马却有智谋与口才，凭此足以对付四肢发达头脑简单的卫固。

杜畿对卫固说："如今局势动荡，百姓本就人心惶惶，如果大张旗鼓地征兵，百姓一定以为又要打仗，这会在民众中引起骚动，恐为不美，不如改为募兵，公开招募，想当兵的人自然会来，也不必惊扰百姓，您看如何？"卫固这个蠢货还真就听了，结果可想而知，招到的兵少得可怜。

当兵就要打仗，而打仗是要死人的。当时中原群雄逐鹿，混战不休，就算平民百姓也想好好活着，人民群众参军入伍的积极性自然不高。当兵待遇也不好，参军光荣的概念还要等到一千多年后的新中国才流行。

在成功阻止卫固等人的扩军计划后，杜畿又很体贴地关心起郡中文武官员的休假问题。杜畿认为现有的休假制度非常"不合理"，大家平时很辛苦，却很少有时间休息回家陪老婆孩子，这不近人情，应该让大家有充分的时间享受与家人在一起的时光，这才是人性化管理。

总之，一句话，应该让大家多休息。杜畿的建议自然得到了郡中多数文武的积极赞同，有机会休息当然是好事，所以几乎没有人反对，卫固虽然心里不快，但也不好说什么，如果他这时出面反对，那就把文武官员都得罪了，所以卫固也只好顺水推舟表示支持。

就这样，新的休假制度很快被执行，郡中文武轮番休息，这些人大部是卫固等人的亲信骨干，这些人回家陪老婆孩子去了，留在衙门里的自然就少了，卫固的势力被无形中削弱。杜畿不但不动声色破坏了招兵计划，而且打着维护下属休假权利的旗号，又巧妙地把大部叛军官员赶回家，因为理由充分，连卫固也挑不出毛病，成功瓦解叛军势力，又保护了自己，将卫固等人耍得团团转，实在高明。

不久，常年在河东一带流窜作战的土匪团伙张白骑带兵围攻东垣（今山西垣曲），并州刺史高幹率兵进驻濩泽（今山西阳城西）。杜畿此时已掌握了附近的几个县，决定趁机行动，率领数十名骑兵，登城固守。附近的几座县城纷纷响应，不过几十天，杜畿已召集了四千多人。

事到如今，卫固等人也不再躲躲藏藏半遮半掩，公开与高幹、张晟联合，合兵一处围攻杜畿。但河东军民在杜畿的率领下顽强固守，卫固等人攻城不克，就到附近各县抢劫，各县早有准备，将粮食藏匿起来，坚壁清野。叛军攻城不下，野无所掠，这时卫固才反应过来大呼上当，大骂杜畿，但为时已晚。

身在幽州的曹操也在密切注视着河东局势，当卫固等人公开造反的消息传来，曹操马上下令夏侯惇率军紧急向河东开进增援杜畿。曹操没有让杜畿等太久，夏侯惇的正规军很快就到了，而之前一直很嚣张的卫固等人遇上曹军顷刻间便土崩瓦解溃不成军。首领卫固被曹军砍了脑袋，余党束手归降。

河东危机成功化解，此后，河东在杜畿治理下，恢复生产，百姓安居乐业。此时中原各地仍硝烟四起，河东却风景这边独好，河东郡成为黄河以北众多郡县中最早实现"安定团结"的大郡，杜畿功不可没。杜畿在河东一待就是十六年，十几年中政绩考核，杜畿的河东郡总是位列榜首。

杜畿的儿子杜恕后来也位居高官，但杜家最有出息的，不是杜畿也不是儿子杜恕，而是孙子杜预。

河东郡是并州大郡，河东平定，并州就等于平定了一半。

建安十一年（206）正月，曹操亲率大军征讨高幹。世子曹丕奉命留守邺城，这是作为父亲的曹操对儿子曹丕的一次大考。河北刚刚平定，曹氏初来乍到，势力尚未稳固。这时大军远出，难保袁氏旧部不生事端。河北地方千里，庶务繁多，千头万绪，不啻一国，治理难度很大，曹丕深知其父用心之良苦，丝毫不敢怠慢。守成不易，创业更难。

曹丕留守邺城，忧深责重，并不轻松，其父曹操已是知天命之年，却仍不顾辛劳，率军远征，更为艰难。曹操想在有生之年为儿子打下一片天地，天下的父爱大抵如此。父爱如山，爱得深沉。

时值寒冬，冷风刺骨，山里的风格外凛冽，曹操率军一路顶风冒雪千里跃进太行山。群山连绵，沟壑纵横，雄踞于华北平原与山西高原之间，地势险峻的太行山，给曹操留下了深刻的印象。

闻名天下的太行八陉，是一夫当关万夫莫开的险关要隘。在地壳板块间巨大力量的挤压下，太行山脉产生了强烈的褶皱和断裂，形成八条险峻的峡谷通道即历史上赫赫有名的太行八陉。

太行八陉由北至南依次为：军都陉、飞狐陉、蒲阴陉、井陉、滏口陉、白陉、太行陉、轵关陉。曹操率军走的就是太行八陉中的滏口陉。

邺城（今河北临漳）西北六十里外的滏口陉，滏阳河蜿蜒东流；神麇山、滏山夹河而峙，形成一道山口，是为滏口。滏口陉因滏口而得名。进入滏口，一路翻山越岭，约三百里即是壶关（今山西黎城东阳关附近）。滏口自古就是邺城门户，滏口陉又是晋阳（今山西太原）至邺城的交通要冲。

滏山（石鼓山）中的滏口陉，是滏阳河在山中形成的一条天然峡谷。曹军通过滏口陉，进入幽深狭长的滏口古道。一边是险峻的滏山，一边是蜿蜒的滏阳河，曹军便行进在狭窄的山道间，滏口陉的险峻难行，令曹操难以忘怀，诗意大发，就在行军途中写下了那首著名的《苦寒行》："北上太行山，艰哉何巍巍！羊肠坂诘屈，车轮为之摧……"

羊肠坂

太行山，广袤古老充满神奇，以其自然的深沉、壮美和惊世的传奇而闻名于世。太行山当它那巨龙般的身躯在华夏大地上弯曲腾跃、蜿蜒起伏至壶关东南端时陡然收步，化为罕见的峡谷地带。由于其年代的久远，那被四季磨砺成奇异怪状的山峰，那被风雨冲刷成搓板状峡底河床，那被大自然鬼斧神工造就的悬崖绝壁……怎一个险字了得。太行山、羊肠坂，就连一生征战无所畏惧的曹操都不得不在此望山兴叹。

羊肠坂是古代中原上太行山的奇隘险道，具体是五指峡至龙泉峡的一条古栈道。东至十八盘盘底，西至东柏坡，全长约20里。沿线盘旋弯曲，宛若羊肠，故得名"羊肠坂"。这里班固在《汉书》中曾有记载："壶关有羊肠坂，长三里，曲盘如羊肠然。"

高幹叛乱执上党太守，举兵守壶口，盘踞上党，使河北形势陡变。

高幹一旦与乌桓联兵，又占据上党有利地形，由太行山南下，立刻就会对邺城乃至河北形成致命威胁。高幹顿时成了曹操的心腹大患。

曹操不敢怠慢，他趁高幹在上党立足未稳，即派大将乐进、李典率兵前往上党征讨，但始终未能拿下。曹操这才不得已在隆冬季节兵出太行，数九寒天不是用兵之时，但形势逼人，曹操也只能在苦寒中率军艰难前行。为不被高幹觉察，曹操未从大路行兵，而是从壶关登山，走荒无人烟的"羊肠坂"道。然而越往里走曹操发现山越大、路越险，仰望层峦叠翠，上冲重霄。

太行山的艰危，几乎使曹操丧失了继续前进的勇气，甚至有了"我心何怫郁，思欲一东归"的念头。可见太行之称"天下脊"，绝非寻常想象中的险山峻岭。

太行山被称作羊肠坂的地方有多处，有名的有晋城天井关羊肠坂、平顺羊肠坂和壶关羊肠坂。唯有壶关羊肠坂在史书上记载最早，《史记·赵世家》云："秦以三郡攻王之上党，羊肠之西非王有。"《汉书·地理志》载："上党郡壶关有羊肠坂"。《水经注》载："羊肠坂，在（壶关）县东南一百六里，沾水出焉。"

羊肠坂古道，历来以奇险闻名。原道或岭、或崖、或堑，其线路曲折蜿蜒，宽处可过马车，窄处只能够一人穿行，崖间必抓藤攀岩，河谷须挽臂共渡。

曹操率军在冰天雪地的太行山里行军艰难，沿途所见各种凄凉景象，远征战士的思乡之苦各种展现。邺城在东，壶关在西北，曹操率兵征讨，由东向西北，故称北上。山路崎岖不平，曲似羊肠，沿途萧条冷落的树木、怒吼急刮的北风、吃人的猛兽、杳无人迹的溪谷、随风翻滚的大雪，加之军旅饥寒交迫，行军危艰险阻，使之心情忧闷不已。

二月，曹操军历经艰险终于与乐进、李典部会师壶关（山西长治北），大军屯于关前，曹操亲临前线督率三军猛攻壶关。

曹操对高幹的叛乱痛恨至极，传下军令：破关之后，将关内守军全部活埋，一个不留。壶关守军听说后，更无退路，因而抵抗得尤为顽强，曹军猛攻一个月也未能攻下壶关。大将曹仁对曹操说："围城必阙（给守军留出逃跑的空隙），以瓦解敌人斗志，现在您公开说要活埋他们，这些人就是想投降也不敢，为了活命必拼死守城。壶关城池坚固，城内粮草充足。加之，关城地势险要易守难攻，强攻必损伤士卒，围困又耗费时间，大军顿兵坚城之下与亡命之徒死战对我军不利。不如收回前命，派人招降，许其不死，才是上计。"曹操见强攻无果，只好听从了曹仁的劝告，派人入城劝降。

壶关守军承受不住曹军的强大攻势，加上优惠的投降政策终于开关投降。

壶关失守，并州大门敞开。曹军长驱直入，兵锋直指晋阳。高幹见大事不妙，亲自跑到南匈奴单于所在的平阳求救，单于挛鞮呼厨泉不傻，才不愿为了高幹而得罪曹操。任凭高幹苦苦哀求，单于就是不肯出兵。高幹没办法只好抛弃部队带着少数随从向南逃亡，打算投奔荆州刘表。但高幹的逃亡之旅到了上洛（陕西商州）就结束了。他被当地都尉王琰捕获，随即被斩首。并州叛乱平息。

（二）釜底抽薪

并州直到这时才真正归入曹操治下，辛辛苦苦得到的并州，自然要交给心腹人镇守。陈郡（今河南淮阳）人梁习被曹操选中，成为首任并州刺史。

梁习（？—230），字子虞，豫州陈郡柘人。曹操任司空后，梁习被任命为漳县县长。之后，梁习历任乘氏、海西、下邳县令，每到一处都颇有政绩，渐渐有了名气，因为在地方上表现出色，梁习被征调到朝廷担任西曹令史。

曹操新平并州，急需一位政务能力强的人替他治理战后的并州，梁习因名声在外，曹操对他早有耳闻，知道梁习善于理政，是位不可多得的循吏，因而被曹操看中，拜为并州刺史，即刻走马上任。

梁习到并州虽不像杜畿去河东那般凶险，但也好不到哪去。此时的并州连年战乱饥荒，十室九空，并州又处于帝国的北方边界，北面就是以擅长骑射闻名的马背民族鲜卑、乌桓等游牧部族。这些游牧骑兵时常前来骚扰抢掠。中原大乱后，鲜卑骑兵更是变本加厉，边境烽火不息，甚至大白天都要关闭城门。

很多中原百姓为躲避战乱，纷纷北上逃到草原，投奔匈奴、鲜卑，让一向为人手不够而发愁的单于眉开眼笑，令游牧部落实力大增。嚣张的鲜卑骑兵，这时更不把中原军队放在眼里，在边郡肆无忌惮地杀掠，并州百姓苦不堪言。

并州的危局不止因外患，还有内乱。一些地方豪族趁机招兵买马壮大势力，割据一方，占据县城，或聚众屯堡，寻机四处抢掠，甚至有人与塞外鲜卑勾结，祸害地方，并州处于内忧外患之中几无宁日。

梁习到任后，先与地方豪族大姓接洽，宣达朝廷政令，这些都是场面文章。在稳住地头蛇后，梁习又将当地一些不安分的宗族首领招进自己的刺史府，给个闲差，美其名曰重用贤才，实际上是把这些人集中到一起方便看管。

还有一些豪强被直接送到朝廷所在地许县，名义也是征召地方贤士入朝为官。此举的目的是让跋扈的地方豪强远离巢穴，这是不动刀兵削弱。梁习先是以维护地方治安为名，征发各地豪族控制下的青壮年劳力，每次曹操大军征伐，梁习就把这些人作为补充兵源送到军中，如此一来朝廷的军队有了后备兵源更加强大，而地方势力却被一再削弱，此招釜底抽薪，使尾大不掉的地方豪强就此失去与中央抗衡的资本。

首领封"官"，青壮当兵。地方豪强犹如被剪去爪牙的猛虎，只能乖乖服从朝廷。

梁习对付地方豪强的看似温和却十分高明的手段，用现代语言即是温水煮青蛙，在当时朝廷（曹操）实力尚不强，军阀林立的时期，是对付热衷割据自立的地方豪强十分明智的策略。以不流血的方式，用最小的代价，取得利益的最大化，这也是文臣的厉害之处，而对国家的贡献丝毫不亚于那些冲锋陷阵、攻城拔寨的武将。

温水煮青蛙是个非常有名的实验，相信很多人都听过，青蛙是很机敏的，如果把青蛙放进煮开的沸水里，青蛙出于逃生的本能马上会做出反应，跳出去逃命。但如果把青蛙放进冷水里，在它觉察不出危险的情况下，用小火慢慢加热，使水温逐渐升高，令其觉察不出温度的变化，等青蛙觉察出危险时，身体早就因为过分安逸放松警惕而丧失逃生良机，再也跳不出来，只能被煮成汤了。

虽然梁习生活的那个年代不可能知道这个实验，但他却用自己的实践在一千多年前便领悟了其中的真谛，不能不佩服，古人真是太聪明了。

待地方豪强逐步失去反抗的能力，梁习又开始实施新的计划，送这些豪强的眷属去曹操的大本营邺城。鉴于中原战乱频发，治安状况严重恶化，出于"保护"豪强家属的需要，朝廷特别关心这些家属的安全，既然豪族的首领们已经为朝廷"效力"，那么朝廷自然有义务保护他们的家属，这也是最温暖的人性化关怀，虽然那时候没这个词，但大意如此。

虽然很多在朝廷做官的地方豪强不想给朝廷添麻烦，但"盛情难却"，毕竟自己已是朝廷的人，对朝廷的"关怀"也只好接受。就这样前后有几万家属被送到邺城。这些人的到来充实了邺城的人口，也带来了劳动力跟兵员，同时有这些人在，曹操就不用担心惯于当墙头草的地方实力派反水背叛，可谓一举两得，一箭双雕。到这时，曹操的心里总算踏实了一些。

月儿弯弯照九州，几家欢乐几家愁。曹操踏实了，梁习也很高兴，但有人不高兴了，一些在地方上作威作福惯了的豪强，对这种受人摆布的日子很抵触。谁都清楚，所谓送家属到邺城，名为保护，实则就是人质，一旦把家属送到邺城，以后再想叛乱就难了，毕竟家属被扣着，造反也要考虑成本。

多数人选择了服从，但林子大了就难保不出异类，还是有一些抗命不服的。不听，那就只能动武了，敬酒不吃吃罚酒。梁习亲自带兵征讨，斩首数千颗首级，在那些血淋淋的人头面前，剩下的人被迫选择了服从，投降的前后有数万之众。

稳定内部后，梁习开始对频繁骚扰边境的鲜卑、乌桓骑兵还以颜色，攘外必先安内，这句话在这里是适用的。匈奴单于同样欺软怕硬，善于见风使舵，他见梁习不好对付，并州在梁习的经营之下日渐强盛，态度马上来了个一百八十度大转弯，主动派使者到并州表示服从朝廷，其所统各部愿与中原百姓一样缴纳赋税、服从劳役。

内部稳定、边境安宁，农业生产得以恢复，并州先于北方各州实现了"和谐"社会。

三国
之

决
战
中
原

（三）名士县长

社会安定，老百姓也吃上饱饭之后，梁习又有了新的想法——办教育。梁习与只知道扩充地盘热衷于吞并异己的军阀不同，他是一个典型的循吏，公务员的楷模，梁习很清楚让老百姓吃饱肚子只是最低的目标，还必须让百姓受到教化。

梁习在清理了本地的地头蛇之后，急需一批在当地有威望又有能力的人帮自己管理下边的各个县，这些人除了具备以上要求还要有文化，符合以上条件的也只有读书人——儒学名士。

梁习在请示了曹操之后，正式开始了他的大胆施政，请名士们出来当县长，维护地方治安，这些人知书明理自然要比大字不识只知道鱼肉百姓的豪强强多了。

第一个被请来的是名士常林。

常林，字伯槐，河内郡温县（今河南温县）人。常林自幼聪慧过人，七岁时，一次，他父亲外出不在家，父亲的一个好友上门拜访，先看见了小常林，就问："伯先在家吗？"伯先是常林父亲的字，来人见常林没有反应，有点不高兴就说："我是你父亲的朋友也是你的长辈，见到长辈为何不行礼！"小常林昂着头看着来人说："您当着晚辈大呼家父的字，这难道是有礼的吗？您无礼在先，怎么能责备我无礼呢！"常林的一番话说得对方满面羞愧哑口无言，只好悻悻离去。

长大后的常林也很有胆识，曾经亲身冒险凭借自己的机智从当时的河内太守王匡手里救出自己的叔父。

梁习主政并州后，向曹操推荐常林等人。常林被任命为南和县的县令。常林没有让曹操跟梁习失望，到任之后，兢兢业业，把南和县治理得井井有条。因为政绩突出，后来官职节节提升，先后当过博陵太守、幽州刺史，成为一方封疆大吏。

杨俊，河内郡获嘉人，早年跟随著名学者边让求学，就是那个被曹操杀了引起兖州连锁反应的那位。边让很看好杨俊。但不久发生董卓之乱，杨俊觉得自己的家乡河内郡地处中原腹地通衢大道，日后必是各家争夺的战场，就带着自己的宗族逃进密山避难。

杨俊跟司马懿还有交情，两人都是河内人，老乡见老乡，杨俊并没有眼泪汪汪，而是双眼放光。这时的司马懿才十六七岁，还是个翩翩少年。但杨俊却发现司马懿的过人之处，对人说："此人日后必成大器。"当时，司马懿的哥哥司马朗已经小有名气，但杨俊却单单看好还是孩子的司马懿。

杨俊后来到并州避难又遇到另一个小老乡河内人王象。王象，字羲伯，从小是孤儿，长大后靠给人放羊为生。

杨俊遇见王象时，十七岁的王象正因为放羊的时候偷偷看书被雇主发现而惨遭毒打，杨俊见这个少年生活困苦却如此好学，十分感动，就花钱为他赎身，把王象带回家中又为他购置房舍娶妻立户，方才离去。

因为这层关系，王象对杨俊感恩不尽。与杨俊、王象一起当县令的还有河内人荀纬。

与前面几位河内人一起入选的还有未来的曹魏忠臣王凌。

王凌（172—251），字彦云，并州太原郡祁（今山西祁县）人。他是汉朝忠臣诛杀董卓的司徒王允的侄子。这叔侄俩一个尽忠于汉，一个效忠于魏，以身殉社稷，可谓一门忠烈。

关于王凌与司马懿的故事，后面会详述，此时的王凌才三十几岁，与司马懿一样，他还需岁月的磨炼，王凌是这批人中为数不多的本地人。这批名士县长中后来最有出息，官做得最大的也是这个并州人，王凌最后做到魏国三公之一的太尉，并把他对魏国的忠诚保留到了生命的最后一刻。

（四）多事之秋

梁习稳住了并州，曹操平定了幽州、青州，袁绍的地盘终于被曹操全部收入囊中。但建安十一年注定是个不平静的年份。曹操刚刚搞定并州，西北的雍州又乱了，武威郡（甘肃武威）太守张猛杀了雍州刺史邯郸商，举兵叛乱。

张猛（？—210），字叔威，凉州敦煌郡（今甘肃酒泉敦煌西）人。在猛将辈出的三国，张猛只是个无名小卒，但提起他的父亲知名度就大多了，张奂——东汉名将。

张奂（104—181），字然明，凉州敦煌渊泉人（今甘肃瓜州县东）人。历任匈奴中郎将、武威太守、度辽将军等高官。

建安初年，张猛凭家世背景，做了敦煌郡功曹。没过多久，又有好事上门，河西走廊上的几个郡觉得自己距黄河对岸的凉州治所太远，上书朝廷请求另建一州。

朝廷的批复很快下来，同意。就这样东汉朝廷的一个新州——雍州宣告成立。豫州陈留郡人邯郸商被任命为雍州刺史，此时武威太守的位置也空着，朝廷考虑到张奂曾当过武威太守，在当地很有威信，加上那里民风彪悍，还有总喜欢捣乱闹事的羌人做邻居，实在不是个好管的地儿，于是这个差事就给了张猛。

邯郸商跟张猛几乎是同时接到的朝廷任命，哥儿俩也就一道上路了。说起来，两人也是熟人早就相识，还是同龄，素有交情，不分彼此。两人一路上有说有笑，打打闹闹，心情好得不得了，新官赴任，还是显官，封疆大吏，前途不可限量，心情自然不会差，但这两位仁兄闹着闹着就闹过了头，刚才还亲密无间，转眼便恶语相向，翻脸对骂。年轻气盛的二人，谁也不服谁，就这样一路骂到雍州。

到了雍州，因为路上就吵翻了，所以到任后谁也不搭理谁。但邯郸商比较占便宜，毕竟官大一级，而且还是张猛的顶头上司，有这个便宜，邯郸商自然要充分利用，不给张猛这小子穿小鞋，那简直就没有天理了。新官上任的邯郸商整天也没心思处理公务，就琢磨着怎么收拾张猛，这事让张猛知道了，因为两人的办公地点离着并不远，张猛的确很猛，他知道邯郸商早晚要收拾自己，与其等他动手，不如自己先动手，先下手为强。

将门之后的张猛做事很干脆，说干就干，一点不犹豫。

不久之后的一天，张猛带着手下各持刀枪来攻邯郸商。邯郸商一点准备没有，仓促之中也来不及调动部队，吓得躲入高楼，当然这兄弟没有自杀的意思。到了楼上邯郸商终于看清了，好家伙，张猛为了他几乎倾巢出动，手下能打仗的悉数上阵，就是为了对付自己。看形势不妙，邯郸商出于求生的本能，扯着嗓门大喊："叔威，你想杀我吗？你杀了我，朝廷追究下来，你也要承担罪责。咱们还是和好吧！以前的事都是我的错，我在这里给你赔罪了。"

张猛这时也不想杀他，还怕邯郸商万一跳下来真死了，也不好办，就答应讲和，说："你下来吧，我不杀你。"邯郸商这才从楼上爬下来，张猛也的确遵守约定，没有当场杀他。邯郸商虽然暂时保住了性命，但刺史是别想做了，被张猛给关了起来，这一关就是三年。

到了建安十四年（209），邯郸商趁看守不备，找了个机会逃了出来，但很快被发现，又被抓了回去，这回张猛没客气，直接将邯郸商砍了。

第二年西北悍匪曾被朝廷招安的韩遂再次起兵作乱，进攻张猛。张猛不愧名

雄霸北方

将之后，面对强敌毫无惧色，听说韩遂来了，马上点齐兵马，准备迎战。

张猛一路率兵东进，张猛虽然不怕韩遂，但手下人却是听到韩遂的大名便浑身战栗发抖。悍匪韩遂在凉州多年，杀人无数，恶名远播，凉州人谁不知道韩遂的厉害。还未见韩遂，张猛部下便阵前倒戈，围攻张猛，准备用张猛的人头作为进见之礼，献与韩遂。

韩遂早在中平年间便已征战沙场，张猛初涉官场，虽有胆略，但威风远不及韩遂。直到这时，张猛才发现自己原来是这般孤立，被追得走投无路的张猛最后退回衙署，登楼自卫，外面黑压压一片全是叛军，这些人中好多之前还是他的属下，张猛自知必死无疑，最后时刻，选择了自杀，点燃高楼、举火自焚。

张猛在凉州兵败自焚，远在中原的曹操却鞭长莫及，他顾不了那么远。因为此时关陇仍是马腾、韩遂等十几股大小不等的西北军阀的天下，所以这场叛乱对于曹操来说，未必不是好事。但接下来的事，曹操就不能不管了。青州管承近来十分活跃，频繁骚扰邻近郡县。

袁谭旧将曾任东莱太守的管统被王脩劝降。东莱郡（今山东烟台、威海一带）隶属青州临海与辽东半岛相望。管承即是东莱郡治下长广县人。袁谭虽亡，但东莱各县仍有不愿归附的人。长广管承聚众反曹，同属东莱郡的牟平丛钱、东牟王营各有部众数千，也纷纷起兵反曹。

建安十一年八月，曹操亲征管承，大军进至北海淳于。曹操就地安营，派手下两员大将折冲将军乐进、裨将军李典领兵深入长广进击管承，管承实在抵挡不住，干脆退入海岛，当起了岛主。

再说岸上的乐进、李典把管承赶进海岛，就算完成任务，毕竟人家是陆军不是水军，打水贼是水军的事，两人就此收兵打道回府，向曹操报功去了。李典积功荣升捕虏将军，封都亭侯。

管承是长广县人，围剿管承的重任自然就落到了长广太守何夔的身上。

何夔，豫州陈郡阳夏县人，祖上在汉朝也做过高官。何夔幼年丧父，与母亲、哥哥相依为命，虽然家道中落，但百足之虫死而不僵，何家在当地仍有声望。

献帝初年天下大乱，何夔逃到淮南避难，淮南是袁术的地盘，袁术礼聘何夔却被拒绝，想想袁术也好可怜，他自以为是世家子弟也总想招纳名士为自己效力，但现实总是很残酷，袁术那并不纯洁的心一再遭受打击，但凡有点名气的名士都不愿与之为伍。

建安二年（197）九月，袁术与手下大将桥蕤带兵围攻蕲阳。蕲阳当时是曹操的地盘，因为蕲阳也属陈郡，袁术想到何夔是陈郡人，就打算让何夔以老乡的身份出面劝降，何夔觉得自己一个名士去做说客有失身份，就躲进山里藏了起来，袁术虽然很生气，但后果并不严重，因为两人是亲戚，袁术表兄袁遗的母亲是何夔的表姑，有这层关系，袁术就算动怒也不好意思对何夔下手。

第二年，何夔返乡，曹操听说后，立即派人去请。三国时代最宝贵的是人才！曹操下手相当快，所以他手下的人才也最多。

建安四年，因为刘备经常在曹操的后方活动，汝南一带郡县有很多人投奔到刘备麾下，这让正准备跟袁绍开战的曹操很不放心，考虑到一般小吏资历威望太浅镇不住，曹操于是萌生让名士当县长的想法，就在这年，名士陈群被曹操安排做了酂县县令、何夔被派到城父当县令，这是最早的一批名士县令，像常林、杨俊、王象、王凌这些人只能算是这支队伍里的后起之秀。

曹操占据青州后，从东莱郡分出长广、不其、牟平、东牟、昌阳五县另设长广郡，以何夔为太守（不久长广郡被撤销又并入东莱郡）。

长广太守何夔治下的长广、牟平、东牟都有反曹势力。如同内地多山闹山贼，长广靠海有海贼，因地利之便，反曹的管承等人，战事不利就退入海岛蛰伏，一旦有机可乘，便登陆攻掠沿海郡县。

何夔毕竟是文官，手下兵力也不多，围剿不成，只能招抚。何夔说百姓从贼也是被裹胁迫不得已，并非生来喜欢造反，生逢乱世也有苦衷。如果派兵围剿，把他们逼急了，必然刀兵相见，到时即使能够平定，官兵平民必多有死伤，杀敌一千自损八百，不如派人劝其归顺，岂不更好。

何夔派郡丞黄珍去海岛招降管承，岛主管承也喝够了西北风，早想投降，只是苦于没有门路，见朝廷主动招降，哪有不同意之理，何夔听说管承肯降，乐不可支，专门举行了一场声势浩大的欢迎仪式，派校尉成弘、长广县县丞携带牛酒到郊外迎接。

招降管承后，何夔又协助大将张辽讨平牟平的丛钱部，派人打入东牟人王营内部，分化瓦解，不久王营所部也被平定。

曹操虽然消灭了袁氏父子，但北方依旧不太平，并州有高幹、青州有管承、幽州有乌桓、雍州有张猛，徐州昌豨也不甘寂寞，再次起兵反曹。之前他已经反过一回，这是第二次。这时曹操还在青州，就把讨伐徐州昌豨的任务交给了心腹大将于禁。

于禁接到命令马上上路，这时的于禁还很年轻，积极要求进步，干活也积极。

于禁到了徐州对昌豨猛攻死打，昌豨很快就扛不住了，又想投降。昌豨跟于禁是熟人，两人素有交情，所以本来还有点犹豫的昌豨听说领兵的主将是于禁，喜出望外，亲自跑到于禁的大营来投降。让昌豨万万没想到的是，他这次竟是自投罗网。

于禁的部下都以为大军此来目的就是征讨昌豨，既然昌豨已降，那就将昌豨送到主公那里交差也就是了。这时，于禁发话了："诸位，你们难道忘了主公的军令吗？凡大军围城后降者，一概不予赦免。遵守军法、依令行事，才是做臣下的本分。昌豨虽然是我的朋友，我也不能为老友触犯军法。"于禁亲自下令将昌豨绑缚，推出辕门斩首，临刑之时，于禁还动了感情，流下泪来，尽管如此，还是将昌豨的头砍了下来。

于禁将昌豨斩首后，在写给曹操的表章中详细叙述了事情的经过。曹操这时还在淳于县督军围剿管承，听说此事大为感叹："昌豨投降，不来降我，却去找于禁，也是他命该如此。"此后，曹操对于禁更加器重（听话啊）。徐州平定，论功行赏，于禁被加封为虎威将军。

曹操在外四处平叛，百忙之中，仍未忘却"关照"一下汉室宗亲。本年，汉献帝刘协下令已故琅邪王刘容的儿子刘熙继承琅邪王位。

刘容这支是东汉开国皇帝刘秀之子刘京的后人。190年，董卓强行迁都长安，刘容派弟弟刘邈来长安朝贡，当时曹操是东郡太守，刘邈见了刘协，极力夸赞曹操公忠体国，曹操因此对刘容心怀感激。

后来刘容病死，因为没有嫡长子，封国被撤销。这年，曹操打了回来，琅邪成了曹操的地盘，曹操投桃报李上奏皇帝，刘容的儿子刘熙这才如愿以偿继承王位。刘熙是幸运的，其他宗室诸王因为跟曹操没有交情，也就没有这么幸运了。

也就在这年，曹操下令一次就撤销了八个刘姓宗室封国，齐国（临淄）、北海国（剧县）、阜陵国（阜陵）、下邳国（首府下邳）、常山国（首府元氏）、甘陵国（首府甘陵）、济北国（首府卢县）、平原国（首府平原）八个封国被同时撤销。曹操这么做目的很明显，有意削弱汉朝宗室势力。

曹操如此胆大妄为，汉献帝能忍吗？答案是能。因为皇帝刘协早已沦为政治傀儡，徒有一个皇帝的虚名。曹操需要刘协这个皇帝做自己的木偶发号施令，刘协因为有利用价值才没被废掉。许县是曹操的天下，皇帝刘协身边的侍卫近臣乃至保卫皇宫的禁军都是曹操的人。

普天之下，尺土非汉所有。即便如此，曹操也从未放松对刘协的严密监控，那些忠于汉室的大臣，很难有机会接近皇帝。议郎赵彦就因忠于皇帝，屡屡为皇帝出谋划策，而被曹操嫉恨砍了脑袋。朝中忠于汉朝的大臣不是被杀就是被免，汉朝已名存实亡，只差最后一道注销的手续。

（五）大封功臣

建安十二年（207）二月，曹操率军回到大本营邺城。过去的一年，对曹操来说可谓是战绩辉煌的一年，曹操征战数年终于扫平黄河以北的袁绍势力，豫州、兖州、冀州、幽州、并州、青州全部插上曹军旗帜，中原已是曹操的天下。

此时只有南方的扬州、荆州、益州以及西北偏远的凉州不在他掌控之内，但在当时，得中原者得天下，包括曹操本人在内当时舆论都认为由曹操统一全国只是时间问题。

帝国的政治经济中心，大部人口以及赖以生存的耕田主要集中在黄河流域的中原，贫瘠的西北和落后的南方在世人眼中并不怎么重要。

志得意满的曹操在品尝胜利果实的时刻当然没有忘记跟随自己一路征战的文武大臣。如今大业已成，自然要对追随自己的有功人员论功行赏。曹操亲自拟定了一个二十多人的名单上报皇帝，皇帝很配合地准了，不批也不行。曹操的勋臣们封侯晋爵，从此更死心塌地追随曹操。他们受的是大汉爵禄，领的却是曹操的人情。可怜的汉献帝只是曹操随意操弄的工具。

天下之定　荀彧之功

在曹操的众多功臣中，功劳最大厥功至伟者当数荀彧荀文若。早在203年，鉴于荀彧以往的功劳表封荀彧为万岁亭侯，食禄千户租税。207年，曹操又给荀彧加了一千户，前后相加有二千户之多，在建安年间这绝对是个可观的数字。以荀彧的功劳当之无愧。

相比于其他文臣武将，荀彧几乎全程参与了曹操的历次重大决策并发挥了关键作用。

194年兖州之战，曹操的根据地兖州几乎是在一夜之间在陈宫、吕布的内外合谋之下丢失殆尽。此时的曹操远征在外，若不是关键时刻，荀彧临危不惧稳住阵脚，替曹操保住三城，曹操就无家可归了。

此后陶谦病死，曹操一度打算进攻徐州，又是荀彧及时制止，劝曹操"深根固本以制天下"，为曹操制定详细的战略规划，帮助曹操安抚兖州、豫州，扩编军队。荀彧出身东汉名族，在士大夫中颇有声望，荀彧也充分利用了这一点，为曹操招揽人才，协调与地方大族的关系，使曹操迅速得到地方大族及士大夫的支持。此后荀彧帮助曹操兴办屯田，遣使入关朝贡，让曹操声名日著。

在是否迎接汉献帝的问题上，曹操曾一度犹豫，又是荀彧力排众议，力主迎接献帝，为曹操赢得了"挟天子以令诸侯"的政治优势，正是这个政治优势让曹操在与其他军阀的角逐中占尽先机。

东汉王朝在黄巾之乱后，早已名存实亡。汉献帝又是董卓所立，先被挟持到关中，受制于李傕、郭汜，后又被白波贼杨奉等挟持到河东。此时，关东诸多军阀都有条件迎奉献帝。

汉献帝既然只是个工具，那就有一个利用的问题，利用得好，事半功倍；利用不好，弄巧成拙。董卓、郭汜等都挟持过献帝，非但没捞到好处反而因为欺负天子而陷于被动。袁绍恐怕也正是看到这一点才不想惹祸上身。但曹操对献帝这张牌用得很成功，而这要归功于荀彧的居中协调。献帝都许后，荀彧任汉廷侍中、尚书令，居中持重，曹操经常领兵在外，许县朝廷的大小事全是荀彧做主。

名士"首望"、汉廷宰辅、曹操谋主，荀彧的多重身份成为联结士人与曹操的纽带、沟通汉廷与曹操集团的桥梁，协调关系、化解矛盾的润滑剂。可以说没有荀彧，就没有曹操的今天。对这样一位功臣，曹操自然要厚报。

为了报答或者说拉拢，曹操还把自己的一个女儿"安阳公主"（魏国建国后加封）嫁给了荀彧的儿子荀恽，两家结成了儿女亲家，这是一桩典型的政治联姻，也是常用的政治手段。在重视家族血缘的古代，这招百试不爽，后来刘备、孙权也如法炮制，政治婚姻也是三国时代的一大特色。

曹荀两家结亲，关系自然就近了一层，不再是单纯的君臣关系，荀恽跟安阳公主不久有了儿子，荀彧的孙子、曹操的外孙。

荀彧的儿子娶了"公主"，女儿嫁给了曹魏名臣陈群，荀彧的另一个儿子荀粲又娶了曹操心腹大将曹洪的女儿为妻。荀家与"皇家"的联姻还远不止此，荀彧的一个孙子后来娶了司马懿的女儿也就是司马师跟司马昭的妹妹。晋朝建国，荀氏依然是皇亲国戚。因为这层关系，荀氏不论是在曹氏的魏国还是此后司马氏的晋朝都是名门望族，很吃得开。

同样出身于荀氏宗族的荀攸是荀彧的同族晚辈，地位和发挥的作用在曹操集团中仅次于荀彧，曹操自己就说过："忠正密谋，抚宁内外，文若是也，公达其次。"文若就是荀彧、公达即是荀攸，所以荀攸仅次荀彧也在受封之列。

曹操总是让荀彧留守后方，后者坐镇大本营统筹调配，保证前线足兵足食，荀彧的角色就是刘邦手下的萧何兼张良；而荀攸则经常随同曹操出征，在军中为曹操出谋划策，作用类似当年的陈平。后曹操建立魏国，荀攸被任命为魏国的尚书令。

荀彧是汉朝的尚书令、荀攸是魏国的尚书令，一门两代官居要职，权重一时。

尽管深受曹操器重，荀彧却表现得很低调，曹操几次想提拔荀彧做三公，都被荀彧婉言谢绝，但曹操心里过意不去，还是想让荀彧当三公，荀彧只好让荀攸出面表示自己确实不想当，往来十几次，曹操见荀彧真的不想做，这才不再坚持。

荀彧引荐给曹操的同为颍川人的郭嘉，成为第三号功臣，论功行赏被封洧阳亭侯。受封的还有董昭千秋亭侯等。

（六）收降袁绍旧部

曹操平定四州后，原来袁绍的部下多来归附，郭嘉给曹操出主意，趁机广招人才，特别是冀州等新平定的四州。郭嘉的意思无非是让曹操收买人心，迅速巩固在四州的统治，彻底清除袁氏在这些地区的残余势力、消除其政治影响。这是一项庞大复杂的工程，虽说乱世里，多是墙头草随风倒，但个别死心眼儿愚忠的还是大有人在。

几年前孙策就是被自己处决的许贡的门客刺杀的。袁绍父子在冀州经营十几年，旧部故属遍布州郡，受过袁氏恩惠的不在少数。"如果不在进屋之前彻底打扫卫生"，难保冀州不会有人也出来行刺，虽说曹操在四州实现了军事占领，但潜伏在各地的忠于袁氏的势力仍不可小视。

曹操也很清楚收买人心的重要，曹操之前每平定一地，必征召当地名士贤才到自己的政府做官，也就是把当地士大夫豪族拉上自己的船。之前的兖州、豫州、扬州，他老兄就是这么干的，这对曹操来说轻车熟路，曹操深通此道，就算郭嘉不说，他也会这么做。

曹操对投降的袁氏旧部还算宽大，其中，最有名的就要数大才子陈琳了。

陈琳，字孔璋，徐州广陵人，也是建安时代的才子。陈琳文章写得漂亮，早年曾给何进当过主簿，当时袁绍也在何进幕府效力，与陈琳是同僚。何进被杀后，中原大乱，京畿待不下去了，陈琳只好北上冀州投靠故人袁绍，袁绍也需要笔杆子，就让陈琳掌管军中文书。

官渡战前，为了扩大声势制造影响，以便先声夺人，在舆论上占据优势，压住对手，袁绍让陈琳起草一篇声讨曹操的檄文。

陈琳这下终于有了表现的机会，也相当卖力，很快就写出气势磅礴洋洋洒洒的长篇檄文，在文章里大揭曹操的老底，把曹操最见不得人的出身——宦官的孙子这事给揭了出来，骂曹操的同时还顺带着把曹操的老爸，还有那个宦官爷爷也全带上了，真正做到了骂人骂到祖宗三代。

还有曹操干的那些挖坟掘墓的缺德事也全都给写了出来，此文一出让曹操在全国人民面前丢尽了脸，但也拜陈琳兄所赐，才让我们在千年以后才知道，原来曹操在盗墓方面成绩斐然堪称"一代宗师"，经他老人家挖过的墓不计其数，也算是盗墓贼中的"成功人士佼佼者"。曹操发死人财抢死人东西，自然让名士出身的袁绍一百个看不上，陈琳也秉承袁绍的意思在这方面做足了文章。

因为陈琳有这些"前科"，所以当陈琳被押到曹操面前时，几乎所有人都认为曹操一定会把这位让他丢尽面子的笔杆子给剐了，但曹操的举动却出乎众人意料，曹操问陈琳："你当初在袁本初手下，写檄文，骂我就好了，为什么要连及我的父亲、爷爷，这是不是有些过分了！"陈琳只好叩头谢罪，说："我当时在袁绍手下，他让我写，我不敢不写，就好比箭在弦上，形势所迫，不得不发。"

曹操爱才也知陈琳是受人驱使，迫不得已，非但没有杀他，还让陈琳给他掌管文书。曹操此举除了爱才，还有更深层的用意，那就是以陈琳为榜样，向袁绍旧部宣传自己的宽大，显示自己的胸怀，仅仅停留在字面上口头上并不能令人信服，还必须有现实的典型，就如同当年刘邦封雍齿为候来安抚人心，陈琳就是曹操的雍齿。袁绍旧部见陈琳尚能保全留用，更何况我们呢！人心也就安定了。

对与自己有过节的陈琳们，曹操有目的地选择了宽大，对冀州的名士，曹操的大门自然要敞开，迎进门的第一个"贵客"名叫崔琰。

崔琰，字季珪，冀州清河东武城人。清河崔氏乃是当地有名的世家大族。但崔琰本人却属于大器晚成的那一类。崔琰小时候不爱说话，不像其他小孩那样贪玩好动活蹦乱跳，而是沉静少言，喜欢一个人安静独处。青年时代的崔琰喜好舞枪弄棒，尤其擅长击剑，跟后来那个温文尔雅的崔琰一点不沾边。

崔琰二十三岁那年，被乡里选为乡正，在名门出身的崔琰看来这不是什么好差事，甚至有点丢人。直到这时崔琰才感到读书的重要，因为只有读书才会被举孝廉，才有做官而不是做小吏的机会。

二十九岁那年，崔琰与好友公孙方等人结伴前往青州拜在著名学者大儒郑玄门下求学，开始发奋读书，古人三十而立，这个年纪早已成家立业，崔同学这时才想起读书，确实有点晚。

崔琰不仅读书晚，求学经历也十分曲折，在郑玄门下读书不长时间，中原就爆发了黄巾之乱，当时主战场在冀州、豫州，但青州、徐州也未能幸免，很快，徐州黄巾便围攻青州北海。

北海名儒郑玄与学生们为躲避兵乱逃进不其山。进山后，日子更苦了，没过多久带的粮食吃完了，到外面去买，却发现因为战乱的缘故，粮价涨了几十倍。没办法，赶上这么个乱世，书是读不下去了，郑玄只好遣散学生，大家大哭一场，然后各奔前程。

崔琰告别老师同学，走出大山才发现，回家的路已经不通，到处是乱兵土匪，被打散的官军、被打垮的黄巾纷纷跑到山上当起了山贼，干起了后来梁山好汉的勾当——拦路打劫。恐怖的是，这些山贼不光要钱还要命，因为没有吃的，人就成了最后的选择，吃人的事到处都有，要是在道上被劫，被抢钱还是小事，搞不好就会被那些饿得眼睛发蓝的土匪给煮了。

崔琰回不去家，只好被迫到处"周游"，其实就是逃难，几年时间，崔琰把青州、徐州、兖州、豫州走了个遍，几经辗转，历尽艰辛，才回到家乡，这时距他离家已经四年了。

回到家乡后，崔琰每天读书弹琴，反正家里有钱，也不用他干活儿，日子过得倒也滋润。

袁绍到冀州后，对冀州豪门崔氏刻意拉拢，袁绍不傻，知道在冀州，地方大族是不能得罪的，下车伊始便向崔琰发出邀请，崔琰在家待腻了，也就答应了。袁绍很大方，让崔琰做了骑都尉。官渡战前，袁绍在黎阳整训军队准备南下延津攻打曹操。崔琰劝他不要轻易动兵，袁绍不听。

官渡战后不久，袁绍病死，袁尚、袁熙兄弟相争，两人都想要崔琰，崔琰哪边也不想得罪，只好称病，闭门不出。但这时，想两边都不得罪的结果就是把两边都得罪了。崔琰被抓进大牢，幸亏好友阴夔、陈琳多方奔走说情，才保住性命。

新任州牧曹操来冀州后，对冀州名士崔琰自然不敢怠慢，征辟崔琰为冀州别驾从事。

一次，曹操跟冀州文武在一起闲谈，说着说着曹操面露得意之色，对众人说："你们知道吗？昨天我查了冀州户籍，可以补充兵源的青壮居然有三十多万，冀州真不愧是大州啊。"喜悦之情溢于言表。

崔琰听了却一本正经地说："如今天下大乱，战乱不休，冀州经过袁氏兄弟的暴乱，冀州百姓死于饥荒战乱者不计其数，主公亲率仁义之师来冀州，本应慰问百姓，救黎民于水火，可现在您却先算起兵甲，这难道是我们冀州人希望主公的吗！"崔琰话刚出口，在座的其余诸位全都吓傻了，四下里静悄悄的鸦雀无声。

一个刚刚投降过来的竟然敢用这种教训下级的语气跟曹操说话，在旁人看来，崔琰明显是嫌自己活得长了。很多人都认为崔琰敢摸老虎屁股肯定死定了，但曹操不但没生气，至少表面上没看出来，还很认真地向崔琰承认错误。曹操此时内心的真实想法如何，不得而知，但当着众人的面被撅，感觉应该不会好，但曹操忍了，没有发作，这就是奸雄的水平。

与那些听到逆耳之言就跳脚骂娘的低水平蠢货不同，曹操那是相当有涵养的，多年来，经过无数政治风浪的曹操，已经十分老练成熟，与刘备一样，曹操早就练就了喜怒不形于色的本事，不然怎么在道上混。心里藏不住事说翻脸就翻脸的只有吕布、袁术那样的蠢货，所以这两位仁兄最早一批归位见阎王。听了崔琰的话，曹操并非不生气（只是不能在这时表现出来而已）。曹操这时需要树立自己从善如流的政治形象。说白了，曹操需要演戏而崔琰不自觉地配合了曹操，所以从这个角度说，曹操还要感谢崔琰给了自己这个难得的表演机会，展示表演才能。

但实际上曹操当然不会感激崔琰，曹操是政治家也是个有脾气的人，有人如此冒犯他，他当然不爽，但曹操相比于吕布、袁术之流的高明之处在于，他知道什么时候办什么事。崔琰后来还是以近似莫须有的罪名被曹操逼死，成为轰动一时的冤案，追根溯源，崔琰的悲剧就是在此时种下的，出来混，欠下的债迟早要还的。而这时此事已过去十年。崔琰的死，原因复杂，但这应是曹操杀他的原因之一。

（七）北征乌桓

乌桓是东汉时活跃在北方的一支游牧部族，乌桓早年是东胡的一支，匈奴在草原崛起后攻灭东胡，东胡旧种一部归降，余者向东迁徙到了乌桓山（今大兴安岭南麓），后整个部族就以山为名称乌桓。汉朝建国，乌桓一度臣服匈奴随同匈

三国之决战中原

奴骑兵南下攻掠汉朝边郡。

汉武帝时，开始了对匈奴的大规模反击，经过漠北决战等几次大规模战役，汉军歼灭匈奴主力，匈奴势衰，狡猾的乌桓人见风使舵，转而投靠汉朝。

汉朝把投降的乌桓人迁到幽州的上谷、渔阳、右北平、辽东、辽西五郡塞外安置，令乌桓人为汉守边，警备北方的匈奴人，汉军出塞反击匈奴时乌桓骑兵也常常随同出征。

乌桓人世代定居于此，汉朝强大时就跟着汉军打匈奴，汉朝衰弱时就联合匈奴骚扰汉朝。乌桓散居五郡，后来发展成五个部族，其中，以辽西、辽东、右北平三郡乌桓势力最大，即历史上的"三郡乌桓"。

董卓篡权中原大乱，各地诸侯忙于内斗，北方防务形同虚设，个别不地道的如张纯还勾结乌桓、鲜卑骑兵进中原抢劫。

乌桓因活动在长城沿线，靠近中原而经常参与各路军阀的战争。

"三郡乌桓"经常南下抢掠财物人口。汉献帝初平年间，辽西乌桓王丘力居病死、蹋顿继位，这个蹋顿颇有野心，骁勇善战，在部族中很有威望，很快便统一"三郡乌桓"。乌桓人把蹋顿看作乌桓的冒顿单于。这时很多汉人为避战乱，纷纷逃入塞外，蹋顿来者不拒，将这些人全都收入自己帐下，其中不乏杀人亡命之徒，不少在中原混不下去的土匪也来投奔蹋顿，蹋顿将之收留以为己用，势力愈发壮大，雄霸塞外。

袁绍在河北时，曾主动结好蹋顿，并仿效汉朝与匈奴和亲，将族中女子嫁于乌桓单于，并送上丰厚的礼物，子女金帛络绎于途。乌桓人也投桃报李，乌桓精锐骑兵时常跟随袁绍南征北战，帮助袁氏扫平各路诸侯，袁氏与乌桓关系亲密，好得不得了。

所以当袁尚、袁熙兵败来投时，蹋顿想都没想就收留了两人，蹋顿还很仗义地表示自己愿意出兵帮助兄弟二人打回老家去。袁尚、袁熙哥儿俩感动得眼泪哗哗流，但他们不知，蹋顿答应出兵除了报答袁绍当年的情义，也有他自己的打算，中原的富庶早就让久居塞外的蹋顿心馋眼热，蹋顿想报恩与发财两不误，帮助袁氏兄弟收复故土，袁氏也不会亏待他，蹋顿很快就有所行动了，不断派小股骑兵骚扰边郡，沿边一带鸡犬不宁，即使在白天也不敢轻易开城门。

袁尚看中了滞留塞外的十几万汉人，他想把这些人收编加以训练，带着他们打回冀州。

袁尚时刻惦记着打回老家去，而此时在袁尚曾经的家邺城，曹操也没有忘记这位后生晚辈，从进入邺城那一刻开始，曹操也无时无刻不在"惦记"着远在塞外的袁氏兄弟。不把这兄弟俩解决了，曹操是连觉也睡不踏实的。但饭要一口一口吃，仗也要一仗一仗地打。曹操早就有意出塞远征，但出塞不同于在内地打仗，塞外气候寒冷人烟稀少，游牧民族多是骑兵来无影去无踪，行踪不定，机动性极强，并不是那么好打的。

曹操手下也有骑兵，但主力还是步兵，曹军骁勇善战，步兵也不怵乌桓骑兵，但最让曹操头痛的还不是用步兵打骑兵，而是后勤补给。

在中原打仗，补给有保证，曹操用兵善于断人粮道也更重视自己的粮道，而且就算有时粮食转运不及，也可就地征粮。但在荒无人烟的塞外，遍地荒草，就是想抢都没地方抢去。

曹操的大本营邺城距蹋顿活动的辽西相距千里，这在交通基本靠走、通信基本靠吼的年代，简直就是辎重部队的噩梦。如从陆路转运，路途险远耗时长不说，估计路上吃掉的粮食会比运到前线的还多。就在曹操一筹莫展之时，谋士司空军祭酒董昭给曹操出主意，陆路不成那就走水路。曹操说董昭你忽悠我是不！这里是北方平原又不是南方水乡河道纵横，我就是想走水路，也要有河才成，董昭说没河咱可以凿嘛！

就这样，在董昭的建议下，从建安十一年（206）年底开始，曹操下令开凿人工运河，同时挖两条，一条叫平虏渠——南起今河北青县的滹沱河，北至天津静海的大清河，连通滹沱河与易水；另一条叫泉州渠——南起天津，北至今天津的宝坻，贯通古清河与潞河。两条人工运河自南向北将注入渤海湾互不隶属的水系，连接起来。

曹操征调大批民夫开凿两渠，沟通北上的水运交通。后来，由于乌桓派重兵扼守长城古北口，地势险要，易守难攻，曹操遂决定改道向东线进军，又从泉州渠向东延伸至濡水（今滦河），开凿新河渠。于是平虏渠、泉州渠、新河渠三渠相接，成为一条纵贯南北的水路运输线，用于进军作战与军需补给供应。

第二年三月，运河挖通，粮船从邺城（今河北临漳西南）出发走水路可以直达右北平郡的无终县（今天津蓟州区）。补给线的问题解决了，曹操召集手下文武开会商议进兵之事。

令曹操没想到的是，曹操刚一提出北征，就遭到多数部下的反对，反对的理由也出奇地一致，担心大军出塞远征，荆州刘表会乘虚而入，派刘备北上攻略许县。这种担忧并非杞人忧天。

三国

之

决
战
中
原

几年前，曹操率军与袁尚、袁谭于冀州鏖兵之际，刘表为援救袁氏兄弟就曾派刘备领兵北伐。刘备曾一度打到距许县不远的叶县。当时曹军虽在黄河北岸但距许县并不是很远，曹操及时派出大将夏侯惇、于禁、李典出击，虽然因轻敌冒进被刘备放火烧了一阵，但总算遏制了刘备的攻势将其挡住。

但此番远征不同往常，这次是出塞，路途艰险不说，此去往返路上就要耗时数月之久，一旦刘备席卷而来，以刘备的号召力，黄河以南，恐怕又要骚动不安。如果刘备不来，那就不是刘备了。

有刘备在，大军岂能轻出远行！万一大军远征，刘备这小子在背后偷袭，到时回救不及，岂不误了大事。以刘备以往的种种"劣迹"，这种乘虚而入趁火打劫的事，这家伙绝对是干得出来的。

面对众人的质疑，曹操的智囊司空军祭酒郭嘉力主北征，并说出了自己的理由："主公用兵如神，威震华夏，平定四州、远近震骇。乌桓人自以为相隔几千里，我军不敢远征，必然防备松懈，我军正可利用这一点，出其不意掩其不备，出兵远袭，一战可定。袁绍在四州经营多年，对四州地方豪族大姓以及乌桓素有恩惠，袁氏虽破，袁尚尚存。主公虽平定四州，但人心未定，这些人只是畏惧我军兵威，还未真心归附。如果让袁尚在塞外厉兵秣马加上乌桓骑兵，势力一旦壮大，举兵南下，袁氏余党必然举兵与之内外呼应。

到时袁尚、蹋顿于外起兵，袁氏余党在内作乱，我们腹背受敌，我军处境将大为不妙。不趁此时袁尚羽翼未丰进兵，更待何时！刘表庸才无远略，不过夸夸其谈一座谈客。刘表自知才能不如刘备，重用刘备又怕刘备势力坐大威胁自己；不重用刘备，刘备也不会真心给刘表卖力。即使我军远征也不必担心。"郭嘉的高论让在场众人哑口无言，就这样，曹操终于下定决心北征乌桓。

建安十二年（207），北征大军从邺城出发，浩浩荡荡向北进发，旌旗蔽日，剑戟如林。

在郭嘉的支持下，曹操倾巢而出，向辽西进发。

曹操此次远征并非一帆风顺，这次北征乌桓险些被一场大雨冲毁。

五月，大军行至无终（今天津蓟州区），遭遇一场倾盆大雨。

北征乌桓，部下大多反对，是他力排众议，倾国而出。曹操一生从善如流，而这次违逆众情，在他一生中并不多见。曹操冒险远征，利在急战，怎奈天公不作美，连日的大雨导致行军沿线洪水频发，道路泥泞，行军受阻。这使曹操原本打算将无终作为据点，直捣乌桓老巢的计划彻底泡汤。

曹操原本打算走的是"辽西走廊"沿海道路。

当时辽西连通中原的主要道路就是滨海道，即辽西走廊。滨海道从蓟县出发，经玉田、丰润，沿山海关进锦州。这条滨海大道见证了中国历史的沧桑巨变。唐宋后，山海关历来是兵家必争之地。而在此之前的东汉，虽然这条路也是通往辽西的主要通道，但那时的交通条件非常差，这条古道，天气好时，经此可直插右北平和渔阳的内地郡县。如果遇到夏秋雨季，这条路就泥泞难行。而曹操偏偏就遇到了这种状况。

直到七月依旧秋雨连绵，大路泥泞难走，小路又时常有乌桓骑兵活动，为避免过早暴露大军行踪，也不能走。大军停滞于此近两月之久，曹操心急如焚，找来随军向导商议对策。

说起这个向导非同一般，正是有了这位向导，曹操此次远征才取得成功。此人姓田名畴，字子泰，幽州右北平郡无终县人。田畴是土生土长的本地人，对当地的道路山川地形地貌了如指掌。

田畴也是读书人出身，年轻时喜欢读书击剑，慷慨有侠义之风。初平元年，董卓挟持汉献帝西迁长安，身为幽州牧的刘虞为表示心怀汉室，准备派使者去长安朝贡，但这时关东诸侯纷纷起兵，割据火拼，道路不通，幽州与长安远隔万水千山，能不能活着到长安都是问题。刘虞跟部下们商议必须派个果敢有胆识的人才行，结果大家一致推荐田畴，说这小伙子精明强干定不辱命。刘虞于是礼聘田畴为从事奉使远行。田畴领命之后不要官家的威仪随从，自己从家丁中挑选了二十几个有胆量的年轻人跟随自己一路同行。

田畴精心选择了行进路线，他没有走关内的大道而是直接出塞，越过长城然后沿着长城的外线一路向西到了朔方，之后直接南下长安，终于见到了汉献帝圆满完成了使命。

可等田畴回到幽州，已是物是人非，他的主公刘虞为公孙瓒所杀，田畴发誓要为故主复仇与公孙瓒势不两立。为此他率宗族及愿意跟随他的百姓搬进徐无山，开垦田地过起了隐居生活。

袁绍掌权后，多次派人请田畴出山做官，都被田畴婉言拒绝，袁绍死后，袁尚也曾派人来请，田畴依然不为所动。

曹操这些年每到一地必访当地名士，才干突出的立即就被招入麾下为己所用。这次曹操的手伸得更长更快，曹操的大军还在路上，征召田畴的使者就先行大军出发了。

三国

决战中原

曹操还让同为幽州人早先归附的田豫亲自去请。曹操的使者说明来意，田畴大喜，马上催促手下人打点行装，准备启程，田畴的门客见田畴如此积极大感不解，就问："往年袁公倾慕您的才华五次派人来请，您都不为所动，今天曹公的使者才来，您就急着上路唯恐不及，这是什么原因呢？"田畴笑了笑说："这不是您能理解的。"当天，田畴就随同使者来到军中，曹操马上任命田畴为司空户曹掾，因为此时曹操是汉朝的三公之一的司空，所以他的直属部下都要加上司空字样，并向田畴询问当地的风土人情、山川险隘，田畴一一作答。

第二天，大军出发之前，曹操又下令举田畴茂才，直接任命田畴为蓨县（今河北景县。西汉大将周亚夫封条侯，封国在此）县长，但田畴这个县长只是挂名并不到任，田畴本人随同大军进抵无终（今天津蓟州区）。

大军在无终遇雨，前进的关隘又被乌桓人封锁不能通过，曹操为此忧心忡忡就向田畴问计。田畴一直以来就跟乌桓有不共戴天的深仇大恨，这些年乌桓骑兵经常来烧杀抢掠，田畴的许多亲朋故旧都惨死于乌桓骑兵的马刀之下，提到乌桓两个字田畴就恨得直磨牙。曹操要打乌桓请田畴做向导，田畴自然十分乐意特别积极。

田畴说："无终大道每年到了夏秋季节常有大雨，积水说深不深说浅不浅，水浅的地方人马车辆也过不去，水深的地方不能行船。这种状况由来已久，前朝右北平郡郡治原来设在平冈（今内蒙古宁城西南），当地百姓去平冈常走卢龙口（河北迁安西北）、柳城（辽宁朝阳南）这条路，但如今这条路年久失修，桥塌路断，已经多年没人走了，此路虽然毁弃多年，但仍有小径可寻，可以走。

乌桓人只知无终大路乃我军必经之地，却不晓得那条毁弃多年的小路，乌桓主力集中于此，敌军认定我军如不能通过无终就无法进兵柳城。

我们可将计就计，对外就说秋雨连绵道路泥泞，大军不得前进，只好撤军等来年初春。敌军听说我军退兵防备必然松懈。而我大军却从卢龙口关塞（今河北喜峰口附近潘家口）进兵，越过白檀（今河北滦平），此地地形险峻，人烟稀少，知道这条路的人不多，乌桓人在这里没有设防，从这里进兵可以直捣乌桓后方，过了白檀道路宽敞利于大军行动，路程也近，从此出击，敌军毫无准备，我军出其不意，突然出现在敌军后方，乌桓人必然惊慌失措，蹋顿一战可擒。"

曹操大喜："卿计甚妙，就依此计。"曹操随即传下军令，大军拔营起寨，撤军回去，待秋冬再来。为了迷惑乌桓兵，曹操还特意叫人在水深的地方大路旁边竖起大木表，作为测量水深的标记。

曹军撤走之后，乌桓人派出侦察兵来曹军屯驻过的营寨查看动静，见曹军果然不见踪影，只有路旁的大木表矗立在那，就信以为真，以为曹军真的撤走了，也就松懈下来。

田畴带着他的五百乡兵做大军的向导在前面开路，带着大军登上徐无山（今河北玉田北凤凰），田畴在这一带生活多年，徐无山正是他当年带领山民耕田种地的地方，对这里，田畴自然不陌生。

田畴率领手下走在大军之前，因为熟悉地形，田畴选的行进路线都是捷径，大军一路向北挺进，田畴率部逢山开路，遇水搭桥，曹军凿山填谷在群山之中走了五百多里，穿过白檀、平冈，又穿过鲜卑（今内蒙古东部）部落的聚居区，终于走出大山，而后大军转向，一路向东，兵锋直指柳城。

曹操原计划全军经易县、无终，直抵蹋顿的老巢柳城（今辽宁朝阳南）。大军到达易县时，路已走了一半，郭嘉再次进言："我军千里奔袭利在急战，兵贵神速。如今大军携带辎重，行军太慢，时间长了，难保不走漏消息，一旦敌军有所觉察，有了准备，我军的奔袭就失去了意义。不如留下步兵护送辎重在后，主公率轻骑昼夜兼程奔袭柳城，出其不意攻其不备，如此则大功可成。"曹操对郭嘉一向言听计从，当即采纳郭嘉之计，率前锋骑兵先行出发。

曹军在田畴的带领下，穿越五百里山路已达成远程奔袭之目的，此时的曹军已经绕到乌桓人防线的后面，深入乌桓腹地。

大军距柳城不到二百里时，乌桓人才发现曹军。对突然出现在自己后方犹如神兵天降的曹军，袁尚、袁熙跟蹋顿全然没有准备，仓促之下，紧急动员，集合辽西郡乌桓单于楼班所部、右北平郡乌桓单于能臣所部（这些人都受过袁绍的恩惠），联合抵抗，率数万骑兵迎战。

八月，曹军登上白狼山（今白鹿山，辽宁喀喇沁左翼蒙古族自治县东境），突然跟乌桓联军遭遇。此时曹军正处于行军状态，还没做好战斗准备，穿着盔甲的士兵很少，大部分人的盔甲还在车上。

马镫时代骑兵的突击能力大大增强，骑兵的地位及作用也大大加强，日渐成为战争的主角。因为马镫能将骑兵与马匹很好地结合成为一个整体，马镫除由鞍鞴和驰驱所提供的前后两方支撑外，又加上侧面的支撑，有效地把马和骑兵融合成为足以发挥前所未见强力的一个单独战斗单位。东汉开始在战马的胸部装上皮革制成的"当胸"，增强防护力，使其具有更好的战场生存能力。

三国时代，出现了比较完善的马铠，但是当时这种装备非常昂贵。曹操在

《军策令》中说到袁绍有三百具马铠，然后伤心地说自己的军队连十具也没有。

官渡之战时，袁绍上万骑兵部队加在一起也只有几百具马铠，装备马铠的骑兵可视为重骑兵。然而即使实力雄厚如袁绍，其重骑兵的比率也不过只占全部骑兵的百分之三。中原骑兵本就很少，重甲骑兵更少，乃军中之精锐。

这时的马铠仍然用的是皮革甲片，长矛的正面狠命穿刺仍然可以洞穿护甲。汉代士兵的护身铠甲是很重的，普通士兵的铠甲是熟牛皮制成的皮甲，护住前胸和背部；更好的鱼鳞铠，铁片重叠编成，是汉代士兵的最好装备，因为铁色黑，所以叫"玄甲"，一身铁片穿在身上自然不轻，少则十几斤重则几十斤。要是穿着全身铠甲走路，走不了几里人就累垮了，所以一般不是列阵开仗的时候，没人穿它。铠甲不穿就只能放在车上拉着走。

在如此状况之下，曹军突然与数万乌桓骑兵遭遇，曹操手下不少人都吓得面无人色，一旦让几万乌桓骑兵冲上来，尚未来得及披甲的曹军势必要吃大亏。

曹操登高远望，见乌桓军阵凌乱，心里有了底，马上派出自己最得力的两员大将张辽、张郃为先锋，带领前锋部队冲击敌阵，为大队人马披甲布阵赢得宝贵的时间。

张辽、张郃不愧名将本色，危急时刻，立显神威，令掌旗兵挥动旌旗，擂鼓手敲响战鼓，一马当先，冲向敌军，部下随之呐喊着冲进敌阵。曹纯（曹仁弟弟）奉曹操之命率领曹军精锐——曹操的宿卫军虎豹骑随后跟进，也杀进敌阵。

虎豹骑乃曹操从全军选拔的精锐，以骑兵为主，全是身经百战的老兵，战斗经验丰富，这支部队平时担任曹操护卫，战时随同出征，领兵主将曹仁、曹纯都是"曹家将"心腹亲信，不到危急关头，曹操是舍不得用这支嫡系部队的，此时此刻，正是虎豹骑大发神威之时，养兵千日，用在今日。

精锐就是精锐，张辽、张郃的先锋军就已经很难对付，再加上曹纯的虎豹骑，几乎是势不可挡。乌桓骑兵战斗力虽强，一来仓促上阵准备不足，还未进入战斗状态，曹军便已杀到面前；二来，曹军千里远征孤军深入，如不能取胜，身死塞外几乎是肯定的，曹军人人清楚己方处境，如果打不赢面前这些凶悍的乌桓骑兵，那么等待他们的只有死亡或生不如死的俘虏奴隶生涯。

为了活着回家，为了不当俘虏，更为了胜利，深入死地的曹军别无选择，爆发出惊人的战斗力！曹军本就训练有素，加上奋勇向前的勇气，杀入乌桓兵中，见人就砍，逢人就杀，所到之处血肉横飞。

两军骑兵挥舞马刀迎头对冲，刀剑的碰撞声、马刀砍入肉体的沉闷声、士兵们声嘶力竭的喊杀声混在一起，不时有人被砍翻在地，不时有人栽下马瞬间被后面的骑兵踩踏而死，双方骑兵各自冲入对方队伍之中，挥刀砍杀，骑兵一片片倒下，很快死伤满地，血流遍野。不论是曹军还是乌桓兵都付出了惨重代价。

就在双方杀得难解难分之时，曹纯的虎豹骑在乱军之中终于找到了蹋顿单于，几个回合后，蹋顿的脑袋就被砍了下来。蹋顿一死，乌桓骑兵的战斗意志瞬间崩溃，全军顷刻瓦解，作鸟兽散。曹军趁势掩杀，乌桓兵开始四散奔逃。

也在军中厮杀的袁尚、袁熙以及辽东乌桓单于速仆丸、辽西、右北平的乌桓酋长等人眼见大势已去，抛弃部众率亲信向东逃窜。袁尚、袁熙此时手下还有数千骑兵与几位乌桓酋长逃奔辽东。

大战之后的战场，尸横遍野，投降的乌桓兵、袁尚旧部加上乌桓部族人有二十多万。曹军乘胜占领柳城。乌桓的侯、王、酋长纷纷向曹操投降。曹操趁机收编三郡乌桓，将乌桓精锐骑兵编入自己军中，从此三郡乌桓骑兵为曹操所用，成为曹军中的精锐。

有人劝曹操趁势率军杀入辽东将袁尚等残余势力彻底消灭，以免后患，顺便将割据辽东的公孙康也一起铲平。曹操听了微微一笑，说："不必，你们看着吧，要不了多久，公孙康就会派人把袁尚等人的人头给我们送来。"

九月，曹操下令从柳城班师。大军还在途中，公孙康果然派人追上，送来袁尚、袁熙、速仆丸等几人的人头。众将见事情的发展果如曹操所料，都对曹操佩服得五体投地，说主公您简直料事如神，您怎会知道公孙康一定会杀了袁尚？

曹操哈哈大笑说："这也不难，公孙康一向畏惧袁氏势力，袁绍在时也一直想吞并辽东。他们彼此之间本就心存猜忌，如果我军进攻辽东，公孙康为自保必然跟袁尚等人合兵一处联合对付我们；但如果我军撤军表示对其并无敌意，公孙康也就放心了，如此一来，袁尚对他就没有用处反而成了威胁，杀袁尚，可以保住自己的地盘还可讨好我们，他何乐而不为！所以我料定公孙康必杀袁尚。"众将听了对曹操更加钦佩，敬如神明。

事情的发展与曹操所料一般不二，袁尚、袁熙、速仆丸逃进辽东的时候身边还有几千骑兵，随后被打散的旧部听说袁尚在辽东也陆续来投，这样，袁尚手里还有一支数量可观的部队。

袁尚等人来投奔公孙康时，公孙康心里并不情愿，但还是笑脸相迎，把袁尚等人接入辽东。

袁尚本人勇武好斗，对自己的文韬武略颇有自信，打算伺机干掉公孙康，自

三国之决战中原

立为辽东之主，袁尚的小算盘打得挺好，他想自己虽然丢了冀州等四州，但辽东也有数郡之地，部众数十万，凭这些力量也可以成事，加上乌桓铁骑，打回冀州反败为胜也不是不可能。

袁尚把自己的兄弟袁熙找来，兄弟两人一拍即合。正巧这时，公孙康有请，袁尚、袁熙就准备找机会下手，可他们万万没想到的是，此时的公孙康也在打着同样的主意。曹操大军近在咫尺，就是冲着袁氏兄弟来的，自己如果收留他们，势必得罪曹操。曹操何等人，如何得罪得起。再说，袁氏父子昔日对自己并无恩惠，还总想吞并自己，不如杀了他们，结好曹操，对，就这么办。打定主意，公孙康这才派人来请两位还在做着美梦的袁公子。

事先，公孙康派刀斧手埋伏在自己的专用马厩内，然后把袁尚、袁熙骗进马厩，说是要送几匹自己的好马给两人，两人并未起疑乖乖进了马厩，刚一进来就被早已埋伏多时的刀斧手们一拥而上，打翻在地捆了起来。

被五花大绑的袁尚、袁熙被扔到地上，等候处置。这时已是初秋九月，辽东的天气已经十分寒冷，袁尚坐在冰凉的土地上，屁股被冻得生痛，从小娇生惯养的袁公子哪受过这种罪，哭着喊着说，地太凉，请公孙康给张垫子。旁边的袁熙看到自己的弟弟这副熊样都觉得丢人，他也知道事到如今必死无疑，冲着袁尚嚷道："我们的脑袋就要搬家了，还要什么垫子。"袁熙说得很对，公孙康逮捕两人后，也不客气，很快就把两人还有一起逃来的速仆丸斩首，人头被放进精致的小匣子里派人骑快马送给曹操。

其实，曹操也很想顺道把公孙康一块儿灭了，但此时的曹军长途行军几千里已经非常疲劳，又经过激战，急需休整，更重要的是随军携带的粮草也不多了，再不及时撤军，大军能不能活着回来都难说。

建安十二年（207）九月，曹操率军从柳城出发，踏上归途。

这次班师曹操走的是另一条路线，即从今辽宁朝阳沿海，经辽西走廊向南而行。

大胜而还，曹操心情澎湃不能自已，随兴写下了《步出夏门行》乐府旧题组诗，开篇是序"艳"，接下来是《观沧海》《冬十月》《土不同》《龟虽寿》四章。

艳

云行雨步，超越九江之皋。

临观异同，心意怀犹豫，不知当复何从？

经过至我碣石，心惆怅我东海。

建安十二年孟冬十月，曹操征乌桓班师途中途经碣石（今辽宁绥中），留下千古诗篇《观沧海》。

曹操的习惯是登高必作诗。所以当曹操班师途中到达碣石时，望海远眺，见惊涛拍岸的场景，不禁壮怀激烈，写下《观沧海》的千古名句。

观沧海

东临碣石，以观沧海。水何澹澹，山岛竦峙。

树木丛生，百草丰茂。秋风萧瑟，洪波涌起。

日月之行，若出其中；星汉灿烂，若出其里。

幸甚至哉，歌以咏志。

碣石宫到底位于何处，曾引发激烈争论。现可以确定曹操所作《观沧海》中提到的碣石就是位于辽宁绥中的姜女石。

1954 年，毛泽东来到当年曹操吟咏《观沧海》的碣石，熟知三国历史的领袖触景生情，以他诗人特有的豪迈写下了那首著名的《浪淘沙·北戴河》。

浪淘沙·北戴河

大雨落幽燕，白浪滔天，秦皇岛外打鱼船。

一片汪洋都不见，知向谁边？

往事越千年，魏武挥鞭，东临碣石有遗篇。

萧瑟秋风今又是，换了人间。

大军班师途中，塞外恶劣的天气终于显示了它的威力，沙漠被狂风吹起，漫天黄沙铺天盖地，吹得人眼睛都睁不开，士兵每走一步都相当吃力。曹军就在黄沙狂风中行军，备尝艰辛。

接下来的《冬十月》《土不同》可说是曹操这段经历的真实写照。

冬十月

孟冬十月，北风徘徊，天气肃清，繁霜霏霏。

鹍鸡晨鸣，鸿雁南飞，鸷鸟潜藏，熊罴窟栖。
钱镈停置，农收积场。逆旅整设，以通贾商。
幸甚至哉！歌以咏志。

初冬十月，北风呼啸，气寒肃杀，寒霜厚密。鹍鸡在清晨鸣叫，大雁向南方远去，猛禽藏身匿迹，就连熊罴也都入洞安眠。农民放下农具不再劳作，收获的庄稼堆满谷场，旅店忙于迎来送往过往商旅。我能到这里是多么幸运啊！

土不同

乡土不同，河朔隆冬。流澌浮漂，舟船行难。
锥不入地，蘴藾籟深奥。水竭不流，冰坚可蹈。
士隐者贫，勇侠轻非。心常叹怨，戚戚多悲。
幸甚至哉！歌以咏志。

这里的乡土与河南（黄河以南）大不相同。河里漂浮着冰块，舟船难以前行；地被冻得用锥子都扎不进去，田地荒芜长满干枯厚密的蔓菁和蒿草。河水冻结不流，坚冰覆盖，人可在上面行走。隐居的士人穷困潦倒，而好勇斗狠的人却随意犯法。我为此叹息怨恨，心中充满了悲伤和忧愁。

十月，塞外天气寒冷，曹军还穿着出征时的夏衣，衣装单薄，这也是曹操急于回撤的原因之一。大风狂沙、天寒地冻，这些还能克服，最要命的是曹军所经过的地区是沙漠边缘，这里常年干旱，缺乏水源，大军时常因缺水而陷入窘境。

一次，大军走了二百里，竟然没找到一处可饮用的水源，士兵们口渴难忍，雪上加霜的是，随军带的干粮也吃光了，最后只好杀马充饥，幸好跟乌桓一战缴获了不少马匹，就这样一路靠杀马吃马肉勉强行进，部队才得以维系。

虽然能吃饱，但没有水喝的滋味实在难以忍受，这里不同中原，曹操再不能用"望梅止渴"的小聪明。最后，曹操只得下令大军暂停行进，令水工勘察地势，凿井取水，一直挖到地下三十余丈才出水。

回师路上，虽无敌军，却依旧险象环生。应了那句老话，福不双至祸不单行，路上，曹操最为信任倚重的谋士郭嘉病倒了。郭嘉的身子本来就弱，加上长途奔波，旅途艰辛，郭嘉到底没撑住，还是倒下了。曹操十分挂念郭嘉，派专人护送郭嘉先行回去，一路上曹操派来询问病情的使者络绎不绝相望于道。

大军还未到邺城，郭嘉就病死在路上，终年三十八岁。曹操听闻噩耗，痛心不已，对失去这个左膀右臂十分惋惜，郭嘉足智多谋是曹操的智囊，每逢有军国大事，曹操一定要找两个人商量，一个是荀彧，另一个就是郭嘉，荀彧常常留守，郭嘉则经常随军出征。曹操曾感叹："只有郭奉孝能明白孤的心意。"

曹操为郭嘉举行了隆重的葬礼，曹操对在场的荀攸众人说："你们年纪跟我相仿，只有奉孝最少，孤之本意百年之后欲将大事托付奉孝，未承想中途作别，这难道是天意吗？"在给朝廷的表章中，曹操满怀深情地写道："军祭酒郭嘉，随臣征战十有一载，每有决策，郭嘉则献计谋妙策，臣思虑未详，郭嘉之计已成。臣能平叛四方扫清河北，郭嘉决策谋划功劳甚著。郭嘉之勋不可忘。"这与其说是说给皇帝不如说是曹操自己对这位心腹谋士的一生的肯定。

曹操与郭嘉感情深厚，亲近程度远超其他谋士，郭嘉去世后，曹操悲痛之余下令追加郭嘉的封邑。

建安十二年（207）十一月，大军行至易水，代郡乌桓单于普富卢、上郡乌桓单于那楼率领部众纷纷来军前道贺曹操远征胜利归来，这些家伙之前一直态度暧昧不肯明确表态，坐山观虎斗，现在眼看曹操实力强大，连蹋顿都被平灭，实力远不如蹋顿的他们哪里还敢得罪曹操。

建安十三年（208）正月，曹军长途跋涉数月后终于回到邺城，结束历时十个月的远征。远征塞外让曹操跟他的手下们饱尝了塞外的风沙，凶悍的乌桓骑兵，还有那噩梦般的沙漠行军经历，这一切都让曹操对这次远征刻骨铭心，心有余悸。但这次远征总算彻底消灭了袁氏的残余势力，也让那些袁氏旧部彻底归附，直到这时，曹操在冀州的地位才算真正坐稳。同时这次远征也让乌桓人领教了中原军队的厉害，此后不敢轻举妄动，边境也得以安宁。

这次远征唯一的不足或者说是遗憾的话，就是没有趁势消灭辽东的公孙势力，未能实现北方的彻底统一。

并非曹操不想解决辽东的公孙康，像曹操这种霸气外露的人怎肯让别人睡在自己的卧榻旁，他不打是因为，此时他对辽东鞭长莫及。远征乌桓，曹军战力及出击距离已经达到当时后勤保障的极限。

曹军远征最大的困扰不是公孙康而是后勤，曹军远离后方，长途远征，需要冒很大风险，虽然做了精心准备，最后回师时还是不得不杀马充饥，如此狼狈，自然没有余力再去攻公孙康。

曹操最早跟公孙家族有所接触还是在北上攻击袁尚、袁谭之前，当时曹操为了不让辽东的公孙度（公孙康他爹）插手，特意封官许愿以稳住这位辽东"王"，令其作壁上观，不让他南下增援袁氏兄弟。

公孙度，字升济，辽东襄平人，公孙度父亲公孙诞为躲避仇家带着一家人迁到辽东玄菟郡，没想到这个无奈之举却让公孙家因祸得福，玄菟郡太守公孙琙因与公孙度家同姓公孙，公孙琙早年有个儿子叫公孙豹，公孙琙很喜欢这个儿子，但不幸的是公孙豹长到十八岁得了一场病死了，凑巧的是，公孙度小时候也叫公孙豹，且两个公孙豹还是同岁，所以公孙琙见到公孙度就想到公孙豹，对他非常喜爱，出钱供他读书，又为他娶妻安家，公孙度长大后，凭借干爹的"官照"走上仕途，步步高升，居然一度做到冀州刺史，后来被排挤丢了官，但好运依然眷顾着公孙度。

董卓在洛阳掌权，董卓手下得宠的中郎将徐荣跟公孙度是老乡，徐荣便向董卓推荐公孙度做了辽东太守。公孙度一路走来有干爹力推又有老乡相助，春风得意！

公孙度坐镇辽东对外东伐高句丽、西征乌桓，对内诛灭地方豪族田韶等百余家，俨然就是一方霸主。

公孙度上位并非正途，但不可否认，此人很有能力。

公孙度割据辽东，中原群雄对他无可奈何，但塞外乌桓与高句丽却近在咫尺，几方势力彼此时战时和。高句丽王伯固在位时，曾派兵助剿山贼。

伯固死后，长子拔奇与次子伊夷模为争王位而举兵相攻。公孙度一度卷入其中，高句丽与公孙氏关系恶化。早在伯固在时便数次入侵辽东，公孙度之子公孙康率军反击，大破高句丽。

公孙氏欲进取中原，必须先解决后顾之忧高句丽；高句丽想独霸辽东，也必须赶走公孙氏。双方势不两立，彼此敌对，但因实力有限，一时谁也无法吞灭对方，各自心怀鬼胎，互相提防。公孙康大败高句丽后，趁胜深入焚毁其国都国内城，高句丽被迫迁都山城丸都（今吉林集安西之山城子）。

中原大乱，诸侯并起，辽东的公孙度见天下混乱，越发嚣张，自封辽东侯、平州牧，平州今天你在东汉十三州里是找不到的，原因很简单，这是公孙度自己设立的，所谓平州就是辽东。

公孙度还学中原皇帝祭祀天地，这是只有天子才能做的，公孙度此举与叛逆无异，公孙度的仪仗舆服器物都模仿皇帝，与袁术相比，公孙度除了没称帝，其他已同皇帝毫无分别。

公孙度胆敢如此，就是仗着自己偏居辽东，朝廷对他毫无办法。公孙度愈发得寸进尺，派兵渡海攻入青州东莱，占据几座县城，又设了一个营州。

中原的曹操对公孙度的所作所为也早有耳闻，只是曹操当时无暇北顾，他的势力还伸不到那么远，也就只能对公孙度睁一眼闭一眼。

甚至，曹操为了拉拢公孙度，保奏公孙度为武威将军、封永宁乡侯。公孙度听说曹操封他做永宁侯，不但不高兴反而大发脾气，说："我是辽东王，不稀罕什么永宁侯。"但骂归骂，公孙度还是有自知之明的，曹操不能惹，虽然不满最后还是接受了。

公孙度死后，儿子公孙康继位，公孙康很会来事主动把袁尚、袁熙的首级送给曹操，曹操也投桃报李，加封公孙康为襄平侯，晋升左将军。这对两家是皆大欢喜的结果。

但如果你以为这两家是亲密的战友加同志的关系，那就大错特错了，事实上，曹氏集团与割据辽东的公孙氏之间的矛盾始终存在。

就在围攻袁谭的时候，曹操想用拉拢公孙氏的方式拉拢乌桓峭王，派曾在冀州牧袁绍手下统领过乌桓骑兵的牵招去安抚峭王。

牵招，字子经，冀州安平郡观津人。袁绍当冀州牧时曾任命牵招训练统领乌桓骑兵，袁绍死后，牵招继续追随袁尚。

曹操围攻邺城，袁尚派牵招去上党督运军粮。牵招运粮还没回来，就传来邺城被曹军攻破的消息，袁尚跑到中山，牵招听到消息也想去，但此时的他远在并州上党，中间隔着曹操，曹操当然不会让牵招从自己这去找袁尚，牵招就劝时为并州刺史的高干迎接袁尚进并州，按道理说高干能有今天全是靠着袁绍父子，如今袁氏有难，他于情于理都应挺身而出，可人性的丑恶在高干身上完美地体现出来，高干可不打算让那个倒霉的公子哥进自己的地盘，事情摆在那，袁尚如果进了并州，那并州第一把交椅的位置就轮不到他高干了。

高干不但不打算救袁尚，反而对留在自己身边整天嚷着要他去救人的袁尚部下牵招起了杀心。牵招听到风声，找了个机会悄悄溜走，打算去找袁尚，但出了并州才发现，冀州已是曹操的天下，想越过曹操去找袁尚事实上已不可能。走投无路的牵招只好到曹操的大营表示归顺。

因为牵招长期跟乌桓人打交道，对乌桓的风土人情特别是上层人物很熟，所以曹操才派他来。

就在牵招到达峭王大帐不久，辽东公孙康派来的使者韩忠带着赐给峭王的单于印绶也几乎同时到了乌桓部落，两家来此的目的都一样，让乌桓人站到自己这边。

乌桓峭王这时还没想好站到哪边，峭王迟疑不能决定，召集各部酋长会议，并请牵招、韩忠一同入座。峭王问牵招："从前袁公曾许诺我，要表奏天子，封我做单于；如今，曹公也说要奏请天子，封我为单于；辽东也派使者带来单于印绶，到底哪个才是合法的，我该接受谁的任命？"

关键时刻到了，牵招看着很傻很天真的峭王探询的目光，不慌不忙地答道："当初袁公奉天子之命镇守北边，天子的确给了袁公这个权力，不过，凡事都有变化，此一时也彼一时也。如今天子让曹公代袁公履行职责，所以袁公与曹公的任命都是得到天子授权的，也都是真的。辽东不过汉朝一郡，有什么权力做这种事！"

牵招话音刚落，那边辽东使者韩忠不干了，韩忠接过话说："我们辽东地方千里拥兵百万（随口吹牛切勿当真），当今天下，强者为王，曹操又能有何作为。"

韩忠的话彻底激怒了牵招，牵招大吼一声怒斥韩忠："曹公乃当世周公，内辅天子外伐叛逆，天下之定，四海获安，皆曹公之功。你们割据一方，不服王化，天子早有征讨之意，你们还敢在这里诋毁曹公大言不惭。"说着一把揪住韩忠的头发拔出佩刀就要把韩忠就地"正法"。坐在一旁的峭王被突然发生的这一幕吓傻了，来不及穿鞋（古人席地而坐，鞋子都放在旁边。）光着脚跑过来抱住牵招为韩忠求情。

其实，牵招是在演戏，他要是真想杀韩忠早就杀了，以他的身手，在峭王抱住他之前，韩忠的脑袋就搬家了。牵招的这场戏演得很逼真也很成功，把包括峭王在内在场的所有人都镇住了。

牵招在控制了场面后又对峭王动之以情晓之以理，峭王答应归服曹操，立即下令让准备出发增援袁谭的五千骑兵停止行动。

牵招以自己的机智勇敢在这场与辽东争夺乌桓的行动中为曹操打赢了这一回合。但两者之间的较量才刚刚开始。辽东直到曹操的孙子曹叡时才被司马懿率军平定，这是后话暂且不提。

建安十三年（208）正月，曹操回到邺城犒赏三军，休养士马。

接下来，曹操却干了一件事，下令调查自己远征之前反对自己出征的人的名单。这一举动，让那些曾经反对远征乌桓的人，忐忑不安。这次远征已经获胜，事实证明了曹操的正确，这时调查这事摆明了是要惩罚这些多事的人。

之后，曹操把这些人都召集起来开会，正当众人以为要经历一场疾风暴雨接受处分的时候，让他们意外的事出现了，曹操并没有他们想象中那样对他们横眉冷对，怒气冲冲，反而和颜悦色。曹操接下来的举动更让这帮人手足无措，曹操当着众人的面向这些提反对意见的部下作揖。

当在场的众人嘴巴大张还没有合拢的时候，曹操说出了他这样做的理由："此次远征虽然获胜，却险象环生，孤率军深入险境，几乎遭遇大难，大军取胜平安返回实属侥幸，大家的意见是正确的，我以后不会再这样冒险了。还请大家今后一如既往地辅佐我，直言劝谏，匡正我的过失。"说完，又下令重赏众人。这就是水平，居功不自傲，即使获胜依然头脑冷静。袁术、袁绍兄弟是绝对干不出这种事的，曹操之胜，袁氏之败，答案就在这里。

此时的曹操兵强马壮在中原再无人能与他匹敌，曹操成为北方的新主人，这时的他与他的部下特别是那些独立性很强的宗族武装首领的关系越发微妙。早在曹操刚刚攻破邺城的时候，处于半独立状态的青州宗族武装首领臧霸就主动要求把自己的子弟与手下将领们的家属送到邺城，臧霸如此乖巧识相，让曹操很欣慰，当即批准了臧霸的请求，与此同时，臧霸也得到了回报，曹操提升了他的官职，臧霸的新职位是威虏将军，特加封都亭侯。

多年来中原风云变幻，比臧霸实力强的诸侯多得是，如吕布、袁术、公孙瓒、袁绍，一个个都倒下了，反倒是这个家伙历经风雨依然屹立不倒，奥妙就在于臧霸练就的见风使舵、左右逢源的本领，能在群雄辈出的江湖上混这么多年，成为政坛不倒翁，臧霸的混功实在不是盖的。臧霸此举十分及时，凭借乖巧、圆滑，臧霸总算是躲过了曹操接下来的政治清洗，得以平安度过曹操时代。

臧霸很聪明，但事实很快证明，聪明人不止他一个。同为宗族首领也是曹操手下大将的李典，在追随曹操讨平高幹叛乱被加封捕虏将军、都亭侯之后，也向曹操提出了同样的要求，请求把自己的宗族跟自己的部曲三千多家迁往邺城。曹操自然很高兴地答应了这一"合理"请求。

榜样的力量是无穷的，在这两位仁兄的带领和启发下，各地的宗族首领纷纷跟风也把自己的家属送到邺城当人质，邺城很快人满为患，成为一座人质之城。随着各地人质大批涌入邺城，曹操对地方的控制也得到加强，长期以来宗族武装割据一方不服号令的混乱状态宣告结束，曹操也终于找到了久违的安全感。

地方上的问题解决了，曹操又把主要精力转到了中央。就在这一年的正月，发生了一件事，开启了曹操"政治改革"的序幕。本年，按照官场潜规则，所谓潜规则就是指那些不能拿到台面上却为大家心照不宣所认同遵守的不是规定的规

决战中原

定。司徒赵温礼聘司空曹操的儿子曹丕入朝为官，在赵温看来这是一次再平常不过的人事征聘，朝廷三公征聘世家子弟符合朝廷制度更符合官场潜规则，赵温此举当然也有自己小算盘，是人都看得出来，如今曹操扫平北方一统中原，风头正盛，以后的朝廷将是曹家的天下，要是能讨好曹操博取他老人家的欢心，那自己以及子孙的仕途就更加光明了。

赵温抱着巴结投机的心态向曹丕发出了邀请，他本以为自己此举会赢得曹氏父子的好感，却没想到，马屁拍到了马腿上，曹操不但不领情，反而把投机钻营的赵温给了一顿免去官职赶出了朝廷。偷鸡不成蚀把米说的就是赵温这号人。

赵温的厚颜无耻却成全了曹操的一场蓄谋已久的政治改革——废三公，立丞相。

东汉王朝秉承了西汉武帝削弱相权的政治理念，不设实权丞相而改制成有职无权徒有虚名的政治花瓶三公（"司徒""太尉""司空"），与西汉初年大权在握的丞相不同，东汉的三公完全就是一种象征，属于坐而论道的养老型职位。这几年，曹操接连扫平北方群雄为他在朝野聚集了足够的威望，除了扩大地盘之外，也积累了雄厚的政治资本，这一切的一切激发了曹操的雄心壮志，他的那颗五十四岁的心焕发第二春，春风得意的曹操决定趁着自己如日中天的人气开始一项重大的改革，重新建立丞相制度，取消现行的三公制。

实力、威望已不是问题，蠢货赵温又提供了借口。建安十三年的夏天，曹操终于走出了关键性的一步，借傀儡皇帝之口正式向天下臣民宣布：取消三公，正式重设丞相。至于丞相的人选，那当然是劳苦功高的曹操曹孟德。这种事，曹操向来是"当仁不让"。

新官上任的曹操，履职之后马不停蹄开始组建自己的政治班底，冀州人袁绍旧部的政治代表冀州别驾从事崔琰被任命为丞相西曹掾，曹操的旧部心腹兖州人司空东曹掾毛玠当选为丞相东曹掾，两人共同负责丞相府的人事任免官员选拔。简单地说这是两个主管人事的官，相当于曹操的组织部部长、副部长。

崔琰、毛玠，这两位仁兄在士大夫中都属于那种一身正气两袖清风的正人君子，不赌不嫖的廉政干部，自古以来管人事都是肥差，负责官员的升迁任免，手握实权，每天来走门路送礼的人都排成排，在这个位置上要是不发财那就真是没天理了。

但崔琰和毛玠手握大权却从不以权谋私、吃拿卡要，两人人格之高尚就连曹操也不能不深表敬畏。曹操找来这两位刚正不阿铁面无私的仁兄主管人事，他们

249

选的人可想而知，物以类聚人以群分，这句话是经过无数实践检验的真理，在这里真理再次被证明，经两位人事部长的层层选拔，被选入政府部门的都是跟他们一样认死理的书呆子。诚实敦厚的人受到重用，相反那些油嘴滑舌阿谀奉承、游手好闲之徒理所当然被拒之门外。

两位部长生性朴素，对同样衣着简朴的年轻后辈尤其喜欢，上有所好下必甚之。于是乎，流行风尚突然大变，原先在贵族子弟中流行的华美服饰不见了踪影，满大街见到的都是穿着朴素的"谦谦君子"，个别的甚至在衣服上还打着补丁，贵族子弟云集的邺城大街上出现了越来越多的"布衣"，在这种风气的引领下，衙门里的官员们也一个个跟比赛似的，穿得一个比一个破，蓬头垢面，每天上班连脸都不洗，穿的衣服比街上那些招摇过市的"布衣"还寒酸，简直比丐帮还丐帮。

曹操是个知恩图报的人，对当年推荐他担任洛阳北部尉的河内人京兆尹司马防始终心怀感激。虽然那个小小的洛阳北部尉是曹操一生中担任的最小职位但却是第一个。曹操想提拔司马防，但此时的司马防已六十高龄，早已退休在家。司马防有八个儿子，长子司马朗二十二岁被曹操招致麾下，先后历任成皋县令、堂阳县长、元城县令。这时经过多年的官场历练已成长为一名真正的职业官僚。曹操当上丞相后调司马朗做了自己的丞相主簿。

建安十三年六月，登上丞相宝座的曹操达到了他人生的巅峰，汉朝丞相也是他此生担任的最高官职（他死后被追尊魏武帝，但这里只算他生前担任的职务），此时的曹操志得意满意气风发，指点江山，慨然有席卷四海吞并八荒之志。但高峰之后就是低谷，就在这年年底，就在他自以为胜利在望的时刻，曹操迎来了他出世以来最惨痛的失败——赤壁大战彻底打碎了一代枭雄曹操一统华夏的美梦，却开启了另一个纵横捭阖、波澜壮阔、精彩纷呈的时代——三国时代。

请看下部《天下三分》

一国之决战中原